《아주 특별한 상식 NN-유엔》

유엔,
강대국의 하수인인가, 인류애의 수호자인가?

《아주 특별한 상식 NN-유엔》

유엔,
강대국의 하수인인가, 인류애의 수호자인가?

매기 블랙 | 추선영 옮김

이후

《아주 특별한 상식 NN》이란?

우리 시대의 핵심 주제를 한눈에 알게 하는《아주 특별한 상식 NN》

이 시리즈는 2001년에 영국에서 처음 출간되기 시작했습니다. 'The NO-NONSENSE guide'라는 이름을 갖고 있었으나 한국판을 출간하면서 지금 이 시대를 살아가는 우리가 꼭 알아야 할 '특별한 상식'을 이야기해 보자는 뜻으로《아주 특별한 상식 NN》이란 이름을 붙였습니다. 세계화, 기후변화, 세계의 빈곤처럼 복잡하면서도 중요한 전 세계의 쟁점을 쉽게 이해할 수 있도록 기획된 책입니다.

각 주제와 관련된 주요 논쟁거리를 쉽게 알 수 있도록 관련 사실, 도표와 그래프, 각종 정보와 분석을 수록했습니다. 해당 주제와 관련된 행동에 직접 나서고 싶은 독자를 위해서는 세계의 관련 단체들이 어디에 있으며, 어떤 일을 하고 있는지 소개해 놓았습니다. 더 읽을 만한 자료는 무엇인지, 특별히 염두에 두고 읽어야 할 정보들은 어떤 것이 있는지도 한눈에 들어오게 편집했습니다.

우리 시대의 핵심 주제들을 짧은 시간에 쉽게 파악할 수 있게 도와주는 이 시리즈에는 이 책들을 기획하고 엮은 집단 〈뉴 인터내셔널리스트New Internationalist〉가 지난 30년간 쌓은 노하우가 담겨 있으며, 날카로우면서도 세련된 문장들은 또한 긴박하고 역동적인 책읽기의 즐거움을 느끼게 해 줄 것입니다.

　　다음 세대를 살아가는 데 알맞은 대안적 세계관으로 이끌어 줄 《아주 특별한 상식 NN》 시리즈에는 주류 언론에서 중요하게 다루지 않는 특별한 관점과 통계 자료, 수치들이 풍부하게 들어 있습니다. 이 시대를 살아가는 데 꼭 필요한 주제를 엄선한 각 권을 읽고 나면 독자들은 명확한 주제 의식으로 세계를 바라볼 수 있게 될 것입니다.

　　《아주 특별한 상식 NN》이 완간된 뒤에도, 이 책을 읽은 바로 당신의 손으로 이 시리즈가 계속 이어질 수 있기를 바랍니다.

《아주 특별한 상식 NN》, 어떻게 읽을까?

〈본문 가운데〉

▶ 용어 설명

본문 내용 가운데 특별히 중요한 용어는 따로 뽑아 표시해 주었다. 읽는 이가 꼭 짚고 넘어가야 할 개념이나 중요한 책들, 사회적으로 의미가 있는 단체, 역사적 사건에 대한 설명들이 들어 있다.

▶ 인물 설명

역사적으로 중요한 인물, 각 분야 문제 인물의 생몰연도와 간단한 업적을 적어 주었다.

▶ 깊이 읽기

본문 내용을 이해하는 데 부차적으로 필요한 논거들, 꼭 언급해야 하는 것이지만 본문에서 따로 설명하지 않고 있는 것들을 적어 주었다.

▶ 자료

본문을 읽을 때 도움이 될 통계 자료, 사건 따위를 설명하고 있다.

〈부록에 실은 것들〉

▶ 본문 내용 참고 자료

본문과 따로 좀 더 심도 깊게 들여다보면 좋을 것들을 부록으로 옮겨 놓았다.

▶ 관련 단체

해당 주제와 관련된 활동을 펼치는 국제단체를 소개하고, 웹사이트도 실어 놓았다.

▶ 원서 주석과 참고 문헌

더 찾아보고 싶은 자료들이 있다면 해당 주제와 관련된 정보를 친절하게 실어 놓은 부록을 통해 단행본, 정기간행물, 웹사이트 주소를 찾아보면 된다.

▶ 함께 보면 좋을 책과 영화

이 책과 더불어 읽으면 좋을 책, 도움이 될 만한 영화를 소개해 놓았다.

▷ 차례

▷ 1장 부푼 기대

2장 전쟁을 끝내다

3장 구조와 구호

4장 유엔의 개발원조, 선과 악 사이

5장 인권, 법과 예언자

6장 지구 환경의 보호와 관리

7장 유엔은 개혁될 수 있을까?

부록

유엔에 대한 오해와 진실

제러미 그린스톡Jeremy Greenstock
(1998~2003 유엔 주재 영국 대사, 〈디칠리재단Ditchley Foundation〉 이사장)

　　인류의 역사는 공동체의 역사다. 인류는 가족에서 집단으로, 집단에서 부족으로, 부족에서 사회로, 사회에서 국가로 발전해 왔다. 그러나 새천년을 맞은 오늘날, 우리는 다국적 공동체를 구성하기 위해 20세기에 기울였던 지대하고 열정적인 노력이 무위로 돌아가고 있음을 목격하고 있다. 세계화는 사람들의 소통과 무역, 여행 방식 및 세계관을 바꿔 놓았지만 문화, 종교, 정치의 힘을 통합해 강화하는 데까지 이르지는 못했다. 20세기를 거치면서 국가 간의 동맹이나 연합이 수차례 결성되어 왔음에도 실질적인 의사 결정이 이뤄지는 최상위 단위는 여전히 개별 국가다. 초국적 활동 가운데 인류 최대의 모험이라 할 수 있는 유엔이라는 실험은 아직도 현재진행형인 것이다.

　　나는 1998년 뉴욕에 위치한 유엔 본부 주재 영국 대사가 되었다. 전 세계를 아우르는 유일한 조직인 유엔의 활동에 대해 내가 아는 것이 거의 없다는 사실을 깨닫는 데는 그리 오래 걸리지 않았다. 유엔은 논의의 장으로, 규범을 정하는 기관으로, 행위자이자 조언자로 전 세계의 다양한 문제들과 연관돼 왔다. 그리고 나는 30여 년을 전문 외교관으로 생활하면서 유엔이 관련된 여러 외교 문제를 붙잡고 씨름해 왔다. 그런 나조차도 유엔에 대해 아는 게 극히 적은데 국제 문제와는 아무 상관없이 살아가는 사람들이 유엔이라는 독특한 기구의 진정한 본성을 제대로 이해하고 있으리라 기대하는 것은 무리다. 내 목표는 그렇게 정해졌다. 2003년 유엔 주재 영국 대사직을 떠나면서 존경해 마지않는 유엔에 대한 글을 쓰기로 마음먹은 것이다. 유엔이 전 세계 공동체를 위해 할 수 있는 일이 무엇이고, 그보다 더 중요한 사안인, 유엔이 할 수 없는 일은 무엇인지, 유엔에 관심을 가지는 전 세계시민이라면 누구라도 명료하게 이해할 수 있는 글을 쓰고 싶었다.

그런데 하필 그해에 미국이 주도하는 연합국이 이라크를 침공해 점령하는 일이 벌어졌다. 미국은 국제 공동체라는 이름을 내걸었지만 명분이 부족해서 공감대를 형성하지 못한 상황이었다. 결국 나는 연합국이 새로운 이라크 건설이라는 납득할 만한 성과를 낼 수 있도록 활동 방향을 설정하는 일을 돕기 위해 퇴임도 미룬 채 바그다드로 건너가야 했다. 자연히 쓰기로 마음먹은 책은 물 건너가고 말았다. 막상 업무를 시작해 보니 기존에 수립한 계획이나 배치된 자원만으로는 감당하기 어려울 정도로 엄청난 일이었고 이라크와 유엔 모두 심대한 타격을 입었다. 사담 후세인의 도발을 합의를 통한 방법으로 해결했다면 오히려 타격이 덜 했을 것이다.

각설하고, 대체 그러면 유엔이란 무엇인가? 유엔은 무엇으로 구성되며 어떻게 운영되는가? 누가 유엔을 이끌어 가는가? 유엔은 누구에게 책임을 지며 실제 역량은 어느 정도인가? 이 같은 의문 외에도 제2차 세계대전이 끝난 뒤 국제연맹League of Nations을 계승하면서 결성된 유엔의 기원, 실질적으로 업무를 처리하는 유엔 사무국과 유엔의 여러 기관, 안전보장이사회의 실효성 문제, 분쟁과 빈곤 같은 문제에 대한 초국적 행동의 필요성과 외부의 간섭을 받지 않고 국내 문제를 처리할 주권국가의 권리 사이에 흐르는 긴장, 강대국과 약소국 사이에 놓인 의혹과 오해, 전 세계적 차원에서 인류가 벌였다 실패한 다양한 문제들에 대한 궁금증도 크다. 『유엔, 강대국의 하수인인가, 인류애의 수호자인가?』는 이런 의문이나 궁금증에 대한 답을 찾아가는 훌륭한 길잡이다.

무엇보다 우리는 유엔의 성과와 점점 경계가 허물어져가는 지구촌 사회에서 유엔이 담당하는 역할을 이해할 필요가 있다. 유엔 같은 기구 덕분에 우리는 인간 사회에 도사리고 있는 경쟁과 분쟁의 원인을 제어하는 방법을 조금씩 터득해 가고 있다. 인류가 지구상에 있는 서로 다른 모든 공동체의 모든 문제를 들여다볼 능력은 없어도 다른 공동체를 파괴할 힘은 있다는 사실을 납득하기까지는 상당한 시간이 걸렸다. 인간이나 인간이 아닌 생물

종이 살아가고 진보하려면 일단 세계가 안정되어야 하고, 그러기 위해서는 규범, 법, 구조, 타협이 필요하다. 그렇기에 모든 나라의 모든 구성원이 유엔에 투자하는 것이다. 당장은 투자한 만큼의 결과가 나오지 않는다고 느낄 수도 있다. 그러나 우리 앞에는 유구한 시간이 펼쳐져 있다. 가장 부강한 나라라도 국제사회의 도움과 이해 없이는 자국의 이해관계를 보존하는 것은 고사하고 생존조차 보장받을 수 없다. 21세기의 위대한 이야기는 이런 다양한 이해관계를 수용해 나가려는 시도에서 찾을 수 있을 것이다. 세계인으로서의 정체성을 의식하고 있는 사람이라면 우리 시대의 이야기가 긍정적인 방향으로 흘러갈 수 있는 최선의 방법이 무엇인지 찾아나가야 할 것이다.

매기 블랙은 《아주 특별한 상식 NN》 시리즈 가운데 국제 문제를 다룬 책을 낸 바 있으며 물, 개발, 아동의 권리에 대한 책도 다수 저술했다. 유엔을 명료하게 설명한 이 책은 유엔에 대한 사람들의 인식과 유엔의 현실 사이에 놓인 간극을 메울 소중한 기회를 제공한다. 한편 이 책은 국제 분쟁이라는, 해결하기 어려운 문제에 더 효과적으로 개입하기 위해 유엔에 필요한 것이 무엇인지 이해할 수 있는 계기가 될 것이다. 유엔은 인간이 다음 단계로 진화하기 위해 필요한 근본적인 발판이다. 그런 유엔을 활성화하고 개선하지 않으면 큰 실수를 저지르는 셈이다. 되도록 많은 사람들이 이 책을 읽고 그런 우愚를 범하지 않기 바란다.

1. 한글과 외래어 표기는 〈국립국어원〉 표준국어대사전 표기 및 '외래어 표기법'을 따랐다. 단, 원칙대로 표기할 경우 현실과 지나치게 동떨어진 음이 나오면 실용적 표기를 취했다.

2. 단행본, 정기간행물에는 겹낫쇠(『 』)를, 논문이나 기고문, 에세이 등에는 홑낫쇠(「 」)를, 단체명과 영화명의 경우 꺾쇠(〈 〉)를 사용했다. 그 외, 영문 단행본이나 정기간행물은 이탤릭체로, 영문 논문은 큰따옴표(" ")로 표시했음을 밝힌다.

3. 옮긴이가 독자의 이해를 돕기 위해 첨언한 부분은 대괄호([ ])로 묶어 표시했고 용어나 인물 설명, 깊이 읽기 가운데 옮긴이가 추가한 내용에는 옮긴이 표시를 붙였다.

4. 원서에 있던 본문 주석은 모두 부록으로 뺐다.

5. 이 책에 나오는 유엔 산하 국제기구 이름은 약자로 쓰지 않고 되도록 풀어 썼지만 약자로 더 널리 알려진 기구는 그대로 사용했다. 국제기구의 위상과 성격을 한눈에 볼 수 있도록 236쪽과 237쪽에 걸쳐 유엔 조직도를 실었다.

6. 필요한 경우가 아니면 본문에는 국제기구의 영문명이나 약자를 따로 표기하지 않았다. 「부록2―유엔의 기구」에서 각 기구의 정식 명칭과 홈페이지 주소를 확인할 수 있다.

그럼에도 유엔은 필요하다

유엔에 대한 글을 쓰는 사람치고 편견이든 애증이든, 마음의 앙금 하나 없는 사람은 없을 것이다. 나 역시 별반 다르지 않다. 그렇기에 내 경력을 미리 밝혀 두는 것이 나을 것 같다.

지난 30년 동안 나는 사무실이 아닌 현장에서 유엔의 개발 프로그램 대부분을 직접 경험했다. 그중 11년 동안은 〈유니세프〉에 몸담았는데 처음에는 동아프리카의 여러 나라를 돌아다니면서 개발계획을 수립했고 나중에는 뉴욕의 사무실에서 근무했다. 한편 〈유니세프 직원협의회〉 의장으로 활동하면서 직원 채용이나 관리 문제에 대해서도 많은 것을 알게 되었다. 〈유니세프〉에서 일하는 동안 유엔과 국제사회라는 너른 맥락에서 〈유니세프〉의 발전상을 논의한 『유엔과 아동 The Children and the Nations』을 발간했고 유엔을 떠난 뒤에는 〈유니세프〉, 〈세계보건기구〉, 〈유엔개발계획〉, 〈국제노동기구〉, 〈유엔사회개발연구소〉, 〈세계은행〉, 그 밖에 유엔의 인권 관련 기구에서 의뢰한 많은 업무를 수행했다.

내가 국제적인 시야를 제대로 갖추지 못했던 더 젊은 시절에 유엔에 투신했다면 몇 달도 되지 않아 때려 치고 말았을지 모른다. 유엔에 근무하면서 내가 가졌던 이상이 모두 물거품이 되어 버리는 것 같은 시절도 있었기 때문이다. 그러나 여러 유엔 기구와 그중에서도 내가 가장 잘 안다고 할 수 있는 〈유니세프〉에는 헌신적으로 일하는 직원들이 많았다. 그렇기에, 그들이 처음 품었던 이상을 실현하기 위해 열심히 잘해 나가리라는 확신만은 잃지 않을 수 있었다. 유엔에 대해 냉소적인 반응을 보이는 사람들은 많지만 그 사람들 가운데 유엔의 활동 방식, 유엔 자체와 유엔 산하 기구들 사이의 관계 등에 대해 제대로 파악하고 있는 사람은 거의 없는 것이 사실이다. 때마침 《아주 특별한 상식 NN》을 통해 이 어마어마한 규모의 복잡한 조직을 소개할 기회를 얻게 되었다. 비평가들은 갈팡질팡하는 관료, 이런저런 사건 사고, 타성, 국제기구 직원들의 윤택한 생활 등을 근거로 들면서 유엔 기구를 싸잡아 비난하지만 이 책을 통해 유엔 조직은 거대한 공룡이 아니라 다양한 구조를 가진 조직이라는 점을 사람들이 이해했으면 한다. 또, 그렇기에 유엔 조직 전체가 같은 실수를 동시에 저지르는 조직이 아니라는 점도 이해했으면 한다.

유엔 직원 대부분은 유엔 원조 프로그램의 지원을 받는 사람들의 삶의 현실과 동떨어져 있다. 논쟁 가능성이 있는 내용을 최대한 배제하고, 기부국의 비위를 맞추려고 기부국이 확신을 가질 만한 말만 채워 넣다 보니 유엔에서 발간되는 문서들은 대부분 알맹이는 없이 그저 그런 말만 난무한다. 텔레비전 연예 오락 프로그램 같은 형식으로 작성되는 '소통'의 결과물도 있다. 그런 경우 해결하기 까다로운 복잡한 문제를 식은 죽 먹기로 처리할 수 있다는 인상을 주게 마련이다. 권위만 내세우는 '전 세계 보고서'도 쓸데없이 많다. 그러다 보니 일반적인 해결책만으로 지역의 특수한 현안을 충분히 해결할 수 있다는 잘못된 인식이 팽배하게 되었다.

그러나 아무리 단점이 많다 해도 국제기구를 구축하고 조직하기까지 들어간 공이나 그 과정에서 쌓인 막대한 경험은 그 자체로 이루 말할 수 없는 가치가 있다. 내 마음 깊은 곳에는 유엔에 대한 호의가 자리 잡고 있다. 그러므로 유엔을 구성하는 국가들이 결국 유엔의 발목을 잡을 텐데 그런 '유엔'이 무슨 일을 할 수 있겠냐고 비판하는 사람들이 있다면 나는 온 힘을 다해 유엔 체계를 옹호할 것이다.

1 부푼 기대

THE UNITED NATIONS

유엔은 어떻게 탄생했나?

유엔 헌장의 각 조항은 어떤 시대적 맥락에서, 어떤

바람을 품고 만들어졌을까?

유엔의 구조가 복잡한 이유는 무엇일까?

부푼 기대

1945년 6월 26일 각국은 유엔 헌장에 서명함으로써 전쟁의 참화를 종식시키고 국제사회의 협력을 촉진할 새로운 기구를 탄생시켰다. 냉전은 국제 협력이라는 유엔의 정치적 약속을 헌신짝으로 만들어 버렸지만 이미 모양새를 갖춘 유엔을 해체시키지는 못했다. 오히려 여러 기구들이 유엔이라는 울타리 안으로 속속 합류했다. 시간이 흐르면서 유엔에 대한 혹평이 쏟아졌다. 주로 유엔이 성립될 당시 품었던 이상에 부응하지 못한다는 이유에서였다. 도대체 '유엔'의 진짜 모습은 무엇인가? 독자적인 정체성과 행정력을 가지고 세계의 도덕 질서를 극대화하는 조직인가 아니면 각국이 모여 논쟁을 벌이는 토론장에 불과한가?

1945년 4월 새로운 국제기구의 윤곽을 잡기 위해 50개국 대표들이 샌프란시스코에 모였다. 제1차 세계대전이 끝난 뒤 세계에 평화를 정착시키려는 노력의 일환으로 1919년 결성된 국제연맹이 제2차 세계대전의 발발로 유명무실해졌기 때문이다. '유엔'이라는 단어는 역사가 '동맹국'이라는 이름으로 기록한 국가, 즉 1939년에서 1945년 사이 추축국과 전쟁을 벌여 승리한 국가들을 지칭하기 위해 만들어진 단어로, 전쟁이 끝나기도 전인 1942년에 이미 만들어졌다. 각국 대표들이 샌프란시스코에 모였을 때는 전쟁이 아직 끝나지 않았으므로 당연히 추축국 대표는 참석하지 않았다. 이렇듯 초기의 유엔은 세계의 모든 국가를 포괄하는 기구가 아니었다. 각국 대표들은 추축국뿐 아니라 프랑코의 파시스트 정권이 장악한 에스파냐 역시 새로 출범하는 '세계 기구' 회원국으로 인정하지 않기로 결의했다.[1]

교착상태에 빠져 우물쭈물하면서 9주를 보낸 각국 대표들은 결국 새로 작성된 "세계안보헌장"에 최종 동의했다. 러시아 대표만이 본국으로 문서를 보내 승인을 받아야 한다고 주장했을 뿐, 나머지 대표들은 모두 현장에서 서명할 권한을 가지고 있었다. 기념식은 환하게 불을 밝힌 샌프란시스코 오페라 하우스에서 6월 26일 오전 6시부터 시작해 오후까지 이어졌다. 커다란 원탁에 모인 200명의 각국 대표는 5개 공식 언어로 협약에 서명했다. 알파벳순으로 따지면 아르헨티나가 첫 번째 서명국이 되어야 마땅했지만 국민당에서 파견한 구웨이진(顧維鈞, Wellington Koo) 박사가 대표로 참석한 중국이 첫 번째 서명국이 되었다. 중국이 제국주의 침략자인 일본을 상대로 힘겨운 투쟁을 벌이는 중이라는 것이 표면상 이유였지만 진짜 이유는 페론의 신파시스트 정권이 장악

후안 도밍고 페론Juan Domingo Perón, 1895~1974
아르헨티나의 군인 출신 대통령이다. 1943년 보수 성향의 라몬 카스티요 대통령에 반대해 일어난 쿠데타에 참여했다. 쿠데타가 성공한 뒤 노동부 장관 겸 국방부 장관에 임명되었고, 노동부 장관을 지내면서 노조를 자신의 지지 기반으로 만드는 데 성공해 1946년 대통령에 당선되었다. 통치 기간 동안 '페론주의'로 알려진 광범위한 사회보장 정책과 산업 부흥 정책, 그리고 자립 경제를 내세운 자본의 국유화 정책을 실시했다. 페론에 대한 평가는 대중 추수적인 정치인이자 언론 탄압에 앞장 선 독재자라는 평과 아르헨티나의 공업화를 이끌고 아르헨티나 역사상 처음으로 재분배 정책을 실시한 혁신적인 정치가라는 평으로 크게 엇갈린다. 옮긴이

하고 있는 아르헨티나에 최초로 서명할 영예를 주지 않으려는 것이었다. 유엔의 아주 사소한 활동조차 민감한 사안이 될 것임을 예감하게 하는 사건이었다. 유엔 헌장이 탄생하고 몇 달 뒤 중국에서 국공 내전*이 재발했다. 국민당 정권이 포모사(Formosa, 지금의 타이완)로 탈출하자 새로 출범한 세계 기구에서 누가 중국을 대표할 것인지를 두고 격렬한 논쟁이 벌어졌다.

서명을 마친 뒤 5대 '강대국'(중국, 프랑스, 러시아, 영국, 미국) 대표와 중소국 대표(이라크의 파이잘 왕, 체코슬로바키아 외교관 얀 마사리크, 남아프리카공화국의 스뫼츠 장군 등)의 간단한 연설이 있었고 마지막으로 해리 트루먼 미국 대통령이 연단에 올랐다. 사망한 프

* 깊이 읽기

국민당과 공산당의 힘겨루기

중국 국민당과 공산당의 국공 합작은 1927년 국민당이 상하이에서 공산당과 공산당 지지자를 탄압한 사건(4.12 사건)으로 막을 내린다. 그 뒤 항일 전쟁에 공동으로 대응할 필요에서 다시 한 번 제2차 국공 합작이 성사되는데, 이 역시 일본의 패색이 확실시되면서 유명무실해진다. 1945년 8월, 국민당의 장제스와 공산당의 마오쩌둥은 "화평교섭회담"을 개최해 일본 패망 후 어떤 일이 있어도 내전은 피한다는 원칙에 합의했지만 미국의 지원과 4대 1이라는 압도적 군사력을 배경으로 국민당이 국공 합작을 거부하면서 내전이 발발했다. 민중의 지지를 얻는 데 실패한 국민당이 1947년 말부터 서서히 세력을 잃기 시작해 타이완으로 쫓겨나면서 1924년부터 이어진 국민당과 공산당의 힘겨루기도 끝이 난다. 옮긴이

랭클린 루스벨트 대통령의 뒤를 이어 불과 몇 주 전 백악관에 입성한 트루먼에게는 유엔 연설이 미국 대통령으로서 치른 첫 번째 주요 일정이었다. 트루먼 대통령은 호소력 있는 목소리로 좌중을 지배하고 있던 낙관주의를 표출했다. "이 결정적인 행동은 이미 고인이 된 사람들, 여기 살아 숨 쉬는 우리들, 앞으로 태어날 미래 세대의 희망을 바탕으로 한 것입니다. 바로 품위 있는 생활수준을 보장하는 자유국가로 이루어진 세계에 대한 희망, 우호 관계를 바탕으로 상호 협력하는 세계에 대한 희망, 국가들로 이뤄진 문명 공동체를 이루려는 희망입니다. (…) 전 세계에 적용되는 합리적인 규범을 구축하고 오랫동안 평화롭게 살아갈 바탕을 마련할 최상의 기회를 반드시 살려야 합니다. 이것이야말로 신의 뜻에 따르는 길입니다." 연설이 끝나자 "우레와 같은 박수 소리가 오페라 하우스를 가득 메웠다."[2]

고조된 분위기

유엔 헌장 초안은 1944년 8월 워싱턴디시의 덤바턴 오크스에서 열린 컨퍼런스에서 작성되었다. 최종 문서가 초안에 비해 더 길어지고 "완벽하지 못하다"고 불평하는 사람도 있었지만 유엔 헌장은 대체로 큰 환영을 받았다. 유엔 헌장이 "인류의 평화와 안전을 보장할 권리장전"이며 "문명의 역사에 한 획을 긋는 획기적인 사건"이라고 치켜세우는 허버트 후버 전前 미 대통령 같은 인물도 있었다.[3] 1919년 제정된 국제연맹 협약을 비준하지 않았던 미국 상원도 유엔 헌장만큼은 지체 없이 승인했다.

샌프란시스코에서 열린 다국적 외교는 여러 걸림돌을 이겨 내고 만장일치라는 개가를 올리며 최고조에 달했다. 돌이켜 보면 유엔 헌장이 채택되는 과정 자체도 지금 평가되는 것보다 훨씬 더 큰 의미를 지닌다. 6월 27일 런던에서 발행된 『타임스』에 실린 유엔 헌장 전문은 1쪽도 채 안 될 정도로 짧은 분량이었다. 최근 작성 중인 유럽연합의 기초를 이루는 리스본 조약과 비교해 보면 유엔 헌장은 기적이라 해도 좋을 만큼 간결하다. 9주 만에 협상이 타결되었다는 사실과 러시아를 제외한 모든 국가의 대표들이 그 자리에서 정부를 대신해 서명할 권리를 지니고 있었다는 사실 역시 오늘날에는 있을 수 없는 일이라는 점에서 되새겨 볼 만하다.

•리스본 조약─유럽연합 헌법을 대체한 조약. 2007년 12월 31일에 각국 대표가 공식 서명하고 2009년 12월 1일 발효됐다. 옮긴이

•오키나와 전투─제2차 세계 대전 말기인 1945년 3월부터 6월까지 오키나와에서 미군과 일본군 사이에 벌어진 전투. 일본의 패배로 끝이 났지만 미국과 일본 양측 모두 막대한 피해를 입었으며 특히 오키나와 주민은 사망자가 12만 명에 이른 것으로 추산된다. 옮긴이

새로 창설된 유엔이라는 기구의 응집력은 역사상 그 어느 때보다도 높았다. 샌프란시스코 컨퍼런스는 베를린에 머물던 히틀러가 벼랑 끝에 몰려 있었다고는 하나 독일이 아직 항복하기 전에 시작되어 오키나와 전투가 치열하게 진행 중일 때 마무리되었다. 따지고 보면 살육과 파괴의 시간이 세계를 새롭게 할 강력한 기구를 창조한 것이나 다름없었다. 전쟁이 대중과 정치인들에게 안긴 심리적 충격이 어찌나 컸던지 아무도 '국제 안보'의 필요성을 부인하지 않았

고 여기서 말하는 안보가 실질적으로 무엇을 의미하든 괘념치 않고 합의할 수 있었다. 중동과 폴란드의 위기 상황이 현재진행형이었기 때문에 자칫 샌프란시스코 초안 검토 위원회에서 논의되던 내용이 수포로 돌아갈지도 모를 급박한 상황이었다. 결단을 내린 미국은 특사를 보내 출범을 눈앞에 둔 유엔을 물거품으로 만드는 장본인이 되지 말라고 스탈린을 설득했다. 마침내 스탈린은 안전보장이사회 투표 절차에 거부권을 포함시키는 데 동의했다. 당시의 독특한 상황이 아니었다면 이와 같은 국제 조약은 체결되기 어려웠을 것이다. 당연한 말이지만 당대의 현실을 제대로 이해하려면 당시의 떠들썩했던 사건을 온전히 되살려 봐야 한다.

유엔 헌장의 문구에 아로새겨진 크나큰 기대가 순진한 발상이라는 사실은 부인할 수 없다. 그렇다고 해서 유엔 헌장 작성자들이 품었던 이상이 그저 한낱 꿈에 불과한 것이었다고 나무랄 수 있을까? 유엔 헌장은 실질적인 개정을 거친 적도 없고 폐지되지도 않은 채 오늘날까지 이어져 왔다. 유엔 헌장에 아로새겨진 드높고 고결한 이상이 그동안 한 치의 오차도 없이 꾸준히 실현되어 온 것은 아니다. 또한 오늘날 유엔 헌장 조문이 시대착오 이상의 의미를 지닌다고 말할 사람도 없을 것이다. 그럼에도 우리는 결국 제재로 끝나고 마는 국제 외교라는 다자간 게임에서 유엔 헌장의 조항이나 그 조항들이 예시하는 취지가 국제 외교 활동과 떼려야 뗄 수 없다는 사실을 알고 있다. 그런 이유로 사실 이미 오래 전부터 유엔 기구를 개혁할 필요성이 대두되었다. 특히 1939년에서 1945년 사이 벌어진 전쟁에서 승리하면서 입지를 다진

*빅5─제2차 세계대전의 승전국으로, 미국, 영국, 프랑스, 중화민국, 소비에트연방을 가리킨다. 옮긴이

'빅5'나 '강대국'이 지닌 무소불위한 권한이 큰 문제로 지적되어 왔다. 그러나 안타깝게도 전혀 다른 세계에 속한 국가들이 모여 지배권 공유에 대해 논쟁을 벌이는 소란스러운 현장의 한복판에서 유엔을 개혁한다는 것은 쉽지 않아 보인다.

그렇다면 헌장을 통해 새로 탄생한 기구들은 대체 무엇인가? 우리가 '유엔'이라고 이해하고 있는 바를 온전히 표현하고 있는가? 아니면 더 복잡한 기구의 부속 집단에 불과한가? 1945년에는 없던 문제들을 해결하기 위해 새로운 기구들이 계속해서 만들어져 왔고 그 아래로 하위 기구들이 속속 설립되어 왔지만 유엔 설립자들이 마련한 큰 틀 자체는 흔들림 없이 건재하다. 국제 문제를 다루는 장에서는 그 자체만으로도 큰 성과임에 틀림없다. 그러나 그것으로 충분한가?

유엔 헌장

유엔 헌장의 내용은 당대의 시대적 맥락을 바탕으로 이해해야 한다. 영국, 미국, 소비에트연방의 '빅3'는 전 세계적 참화의 재발을 방지하기 위한 틀을 마련하려고 했다. '빅3'는 세계 평화를 위협하는 일차적 요인으로 지나친 민족주의를 꼽았는데, 독일이 주변국을 침략한 것도 그 때문이었다. 약소국들은 그런 위협에 맞설 방어력을 독자적으로 구축할 수 없었으므로 이들을 보호하기

위한 국제 연대가 최우선 과제로 대두됐다. 따라서 유엔 헌장 2조에 명시된 주권국가에 대한 불가침 원칙은 유엔 체계를 구축하는 토대이자 대전제가 되었다. 유엔 헌장 2조는 팽창을 목적으로 한 타국의 침략으로부터 각국을 보호한다는 실용적인 목적을 표방한다. 그 바탕에는 유엔 같은 '세계 조직'은 그 조직을 구성하는 개별 국가가 품은 것보다 더 고결한 도덕적 이상을 품어야 하며 회원국에게 귀감이 되도록 조직 운영 원칙을 수립해야 한다는 염원이 깔려 있었다.[4]

유엔 헌장에는 이 같은 도덕적 명분이 반영되어 있다. 고결한 염원의 본보기인 유엔 헌장 전문前文은 "우리 연합국 국민들은 우리 생애에서 두 번이나 말할 수 없는 슬픔을 인류에 안겨 준 전쟁의 참화에서 다음 세대를 구하고"로 시작해 기본적 인권, 남녀 및 대소 각국의 평등, "더 폭넓은 자유 속에서 사회의 진보와 생활수준의 향상을 촉진할 것"을 결의한다. 이를 위해 국제 평화와 안전을 유지할 원칙과 방법을 수립해 공동의 이익을 위한 경우가 아니면 무력을 사용하지 않을 것을 보장하고, "모든 국민의 경제적, 사회적 발전"의 촉진을 위해 국제기구를 활용하기로 결의한다.

그러나 염원을 담은 문구들은 사실상 가면에 불과했다. 새로운 세계 질서가 아니라 또 하나의 새로운 틀이 구축된 것에 불과했기 때문이다. 그 틀 안에서 국가들은 개별 국가 체제를 그대로 유지한 채 여전히 독자적인 길을 걸어가면서 국제 행동에 나섰다. 물론 이전보다는 상호 협력 수준이 조금 더 높아졌지만 새로 탄생한 세계 조직은 독자적인 권력을 가지고 있지 않았다. 권력은 세계 속에 배치된 새로운 기구들에 있었고 더 구체적으로는 빅5, 더 정확하게는 미국, 소비에트연방, 영국에게 있었다. 권력은 앞으로도 영원히 세계 속에 존재할 때만 권력으로 존재할 수 있을 것이었다. 이는 유엔과 관련된 불변의 진리다.

새롭게 구축된 틀 안에서도 강대국은 여전히 약소국의 지배자로 군림했다. 국가 간의 평등이 신기루라면 "우리 연합국 국민들은"으로 시작하는 유엔 헌장은 망상일 뿐이었다. 유엔의 회원은 국가로 제한되었다. 추축국은 제외되었고 영국령, 프랑스령, 네덜란드령, 포르투갈령 식민지 역시 가입 대상이 아니어서 51개국만이 회원이 될 자격이 있었다. 지금은 전쟁 중 열렸던 샌프란시스코 회의에서 퇴짜를 맞았던 국가를 비롯해 총 193개국(2012년 현재)이 회원으로 가입해 있다. 헌장에 따르면 "우리 연합국 국민들"은 유엔의 활동을 참관하거나 유엔의 활동에 영향을 미칠 수 있어야 한다. 그러나 각국 정부의 대표와 공식 관리 말고는 누구도 공식 절차에 참여할 수 없었고 지금도 그렇다. 당시 세계 정부의 원형을 탄생시킨 협상국 중 어느 국가도 이 조직에 결함이 없다고 생각하지는 않았다. 그러나 유엔의 역사를 연구하는 저명한 미국 역사가 토머스 프랭크Thomas Franck의 말대로 미국 정부가 미국 대중에게 유엔 헌장을 "실제보다 좋게 포장해 선전"한 덕분인지는 몰라도 대중이 품은 과도한 기대는 오랫동안 유엔을 괴롭혔다. 아직도 살아 있는 그 신화는 비단 미국의 극우 자유주의자만 품고 있는 것이 아니다. 역사가 폴 케네디Paul Kennedy가 최근 출간한 『인류의 의회: 유엔과 세계 정부 모색The Parliament of Man:

the United Nations and the Quest for World Government』같은 책 제목에서도 그런 오해를 찾아볼 수 있다. "인류"는 그렇다 하더라도 유엔은 의회가 아니다. 유엔은 세계를 통치하려 한 적이 없었고 지금도 그렇다. 유엔 설립자들이 유엔을 만든 까닭은 덤바턴 오크스나 샌프란시스코에서 이뤄진 것과 같은 일회성 행사나 개최하려고 한 것이 아니라 어렵고 고통스럽고 복잡하고 좌절하기 쉬운 다자간 외교를 지속해 나갈 바탕이 되는 틀을 마련하기 위해서였다.

'연합국'이 역할을 하는 신 국제 시대가 시작된 바로 그때부터 이미 정보에 밝은 정부 관리나 외교관이 가진 기대와 시민이나 유엔 지지자가 품은 기대가 판이하게 달랐다. 기능이 마비된 국제연맹을 대체하고 나선 이 기구가 과연 무엇을 성취해야 하는가를 둘러싸고 양측이 품은 기대 사이에 틈이 벌어진 것이다. 만일 틀에 박히고 기계론적인 관점이 좀 더 지배적이었다면 '유엔'의 실패에 대해 항의하는 대중의 목소리 대부분은 묻혀 사라지고 말았을 것이다. 그러나 샌프란시스코 회의장에서 만장일치로 결정된 내용은 전쟁이 끝나고 세계가 열광에 휩싸인 영광의 순간에 전 세계에 전해졌고 대중은 지금까지와는 전혀 다른 세계 질서에 대한 꿈을 키우게 되었다.

이와 같이 분열된 기대는 그동안 유엔이 걸어온 길에 오롯이 반영되어 있다. 유엔 산하 기관에서 급료를 받으며 일하는 직원을 비롯한 이상주의자나 국제 활동가들은 서로 다른 여러 유엔 기구들이 각자의 정체성을 유지하면서 가장 영향력 있는 정부 위에도 우

뚝 설 수 있는 독립적인 기구가 되기를 바라지만, 그 바람은 언제나 여러 나라의 감독을 받고 회원국의 기부금에 재정을 의존하며 독자적인 행정력을 갖추지 못한 유엔의 조직적 특성에 부딪혀 좌절되고 만다. 반면 외교관들은 유엔을 다소 중립적인 환경에서 모든 회원국 또는 일부 회원국에게 중요한 쟁점을 토의하는 논의의 장, 어떤 결정이든 합의를 거쳐 타협해야 하는 국가 간의 모임 정도로 인식한다. 따라서 외교관들은 자신들이 원하는 것을 이룰 수 있도록 도움을 받을 수 있다면 모를까, 기본적으로는 유엔이 독자적인 행정력과 권한을 가지는 기구로 발돋움하기를 원하지 않는다. 권한이라고는 전혀 없는 기구가 집행력을 발휘해야 하는 모순이 유엔과 관련된 모든 문제의 핵심에 자리 잡고 있다.

유엔의 기구

'유엔'이라고 하면 의도했든 아니든, 유엔 헌장에 따라 설립되어 가장 널리 알려진 세 기구만을 떠올리는 것이 보통이다. 회원국이 모여 의사 결정을 하는 '총회'와 '안전보장이사회'는 유엔의 주요 정치 활동과 외교 활동이 이뤄지는 장이고 '사무국'은 회원국을 위해 일하는 국제공무원들의 행정 기구다.(238쪽~239쪽 참고) 주권국의 평등 원칙을 대변하는 총회에서는 모든 회원국이 동등한 지위를 누린다. 총회는 매년 한 차례의 회기를 가지며 회기의 첫 2주 동안은 각국 정상이나 외무부 장관들이 회동하지만 1년 내내 운영되는 위원회와 소위원회에는 대사관 직원들이 참석한다. 실질적인 권력을 행사하는 안전보장이사회는 15개 이사국으로 구성되는데 다섯 자리는 거부권을 행사할 수 있는 '상임이사국'이 차지하고 나머지 열 자리는 정기적인 투표를 통해 나머지 회원국이 돌아가며 맡는다.

 사무총장을 필두로 하는 사무국은 유엔 헌장을 통해 독자적인 권한과 업무를 부여받은 신탁통치이사회와 경제사회이사회를 지원하는 업무도 겸한다. 신탁통치이사회는 식민 권력이 포기하고 떠났지만 독자적인 생존이 어려운 지역을 관리하고 자치가 가능한 정권을 수립하도록 감독하는 업무를, 경제사회이사회는 국제사회 차원에서 경제 문제와 사회 문제를 해결하는 업무를 담당한다. 유엔 본부는 존 데이비슨 록펠러의 기부로 뉴욕 이스트 강이 내려다보이는 부지에 세워졌고 국제 영토로 간주된다. 이에 대해 뉴욕 시민들은 유엔 주재 외교관과 유엔 직원이 세금도 내지 않으면서 주차장만 더 비좁게 한다는 등 불만을 터뜨리기도 한다. 그들이 가져다주는 수입보다 그들 때문에 뉴욕이 지불해야 할 비용이 더 많다는 것이다. 신탁통치이사회와 경제사회이사회는 1956년 유엔 본부로 자리를 옮겼다. 마지막으로 헤이그 국제사법회의를 계승한 것으로 여겨지며 흔히 세계 재판소로 불리는 〈국제사법재판소〉는 회원국 간에 발생한 분쟁을 다룬다.

존 데이비슨 록펠러John Davison Rockefeller, 1839~1937
미국의 실업가. 〈오하이오스탠더드석유회사〉를 설립하고 미국 내 정유소의 95퍼센트를 지배하는 〈스탠더드오일트러스트〉를 조직해 '석유왕'이라 불렸다. 1911년 미 연방최고재판소가 반反트러스트법 위반으로 기업 해산 명령을 내리자 기업을 해체하고 재계에서 물러나 자선사업에 몰두했나. 옮긴이

•헤이그 국제사법회의 — 1893
년부터 1956년까지 네덜란드
헤이그에서 국제 사법을 통일
할 목적으로 소집된 국제회의
를 말한다. 민사소송이나 혼인
등과 관련된 여섯 개 조약이
채택되었으나 유럽 일부 국가
만 가입하는 등 한계가 많았
다. 옮긴이

보통은 지금까지 설명한 이 기구들을 기본 조직이라고 말하지만, 대부분의 유엔 관련 용어가 그렇듯, 잘못된 생각이다. 신탁통치이사회는 활동하지 않아 과거의 유물이 된 지 오래고, 2002년 설립된 〈국제형사재판소International Criminal Court〉와 자주 혼동되는 〈국제사법재판소International Court of Justice〉 역시 지난 일이십년 동안 거의 활동하지 않았으며, 경제사회이사회와 경제사회이사회 소속의 여러 위원회 및 전문기구 역시 탈식민 세계가 된 이후 유엔이 활약해 온 가장 중요한 활동 영역, 즉 경제개발과 사회 발전을 위한 국제 협력에서 단 한 번도 중심 세력으로 활약해 보지 못했다. 국제 평화와 안보 증진이라는 중요한 과업을 수행한다는 점을 감안할 때 총회, 안전보장이사회, 사무국이 유엔 체계의 최고봉이라는 주장도 있다. 그러나 사무국은 '유엔'이라는 이름을 달고 있는 모든 기구를 관리하거나 감독하면서 군림하는 기구가 아니다.

유엔은 단일한 조직이 아니다. 유엔의 주요 회원 기구는 각자의 고유한 지위와 권한 및 행정력을 가지며 저마다 통치 기구, 직원을 두고 있다. 예산도 각자 수립한다. 유엔의 분권 구조는 정치적 문제로 인해 국제 안보 기구가 제대로 기능하지 못하게 될 경우 다른 기구들까지 마비되어 기능을 못 하게 되는 사태를 방지하려는 의도에서 수립된 구조다. 각국 대표로 구성되는 운영 이사회는 대체로 같은 체계를 공유하면서 구매, 계약, 고용조건, 직원 혜택 같은 행정 활동 및 절차와 조직을 관장하지만 거기서 더 나아가지는 않는다. 조직과 조직을 잇는 구조적 연계가 없는 것은 아니지만 개별 조직이 각자 알아서 활동할 여지가 훨씬 많은 느슨한 네트워크라는 점이 유엔 체계의 가장 중요한 특징 중 하나다. 정치 시스템이 핵심적인 역할을 하면서 우위를 점하고 있지만 그뿐이고, 총회와 안전보장이사회도 유엔 자체는 아니다. 사무국은 총회와 안전보장이사회를 보좌하며 유엔 공직자 중 가장 서열이 높은 사무총장이 속해 있기는 하지만 역시 하나의 행정조직에 불과하다. 이제 유엔을 **한 덩어리**로 보고 싸잡아 평가할 수 없는 이유를 알게 되었을 것이다.

사무총장

　유엔 사무총장의 권한과 권한 밖의 일은 그 어떤 직위보다 모호하게 규정돼 있다. 지금까지 남성의 전유물이었던 사무총장은 전 세계를 통틀어 최고의 외교관이자 안전보장이사회와 총회의 심부름꾼이다. 사무총장은 권한 강화라는 야망을 추구하거나 유엔 헌장에 규정된 좁은 운신의 폭 안에서만 활동하는 두 가지 길 사이를 오간다.[5] 여러 사무총장의 경험을 토대로 사무총장이 (과거에는 미국과 소비에트연방이었고 오늘날에는 미국을 의미하는) 가장 강력한 회원국의 심기를 건드리면 안 된다는 사실이 입증되었다. 사무총장은 8만 명에 달하는 평화유지군을 지휘하는 총사령관이기도 하다. 회원국은 때로는 최선이라고 생각해서, 또는 무책임의 결과로 사무총장에게 과업을 떠넘기지만 사무총장과 사무국 직원의 활동에 필요한 자원을 지원하고 적법성을 인정하는 역할을 맡고 있다. 자금 지원국은 까다롭게 구는 것으로 유명하고 지원을 거부하는 일도 왕왕 있다. 회원국이 승인한 활동이라도 자금 지원을 철회하는 경우가 많고 실행에 옮기기 어려울 정도로 까다로운 절차가 기다리고 있는 경우도 많다.

사무총장은 국제공무원들의 조직인 사무국의 수장이다. 사무국 안과 나머지 유엔 체계 일부에서 간접적으로 수행하는 탁월한 국제 행정가로서의 역할이야말로 사무총장이 지닌 유일한 실질적인 권한이다.(37쪽 참고) 나머지는 개념상의 권한이자 변덕스러운 유엔 구조에 좌우되는 권한으로, 도덕과 합의의 이름으로 행사된다. 부트로스 부트로스 갈리 같은 사무총장은 다른 '세계 지도자'와 비교할 때 독자적인 영향력이라고는 거의 행사할 수 없는 유엔 사무총장의 현실을 순순히 받아들이지 않고 독단적인 행보를 보이기도 했지만 쿠르트 발트하임 같은 사무총장은 기꺼이 자신의 한계를 받아들여 강대국의 심기를 건드리지 않았기 때문에 "시종장"이라는 평을 듣기도 했다.[6] 우 탄트 사무총장은 야심찬 원칙주의자여서 베트남 전쟁 당시 미 국무부의 딘 러스크Dean Rusk에게 "당신이 누군지 잊어버렸어요? 유엔 사무총장은 국가가 아니란 말입니다"라는 항의를 듣기도 했다.[7] '사무'와 '총장' 사이의 균형을 잡는 일이야말로 모든 사무총장이 감당해야 할 긴장이다. 오죽하면 트리그브 할브란 리 초대 사무총장이 후임자에게 자리를 넘겨주면서 "축하합니다. 지상에서 가장 힘든 직업을 가

역대 유엔 사무총장

트리그브 할브란 리(Trygve Halvdan Lie, 노르웨이) 재임 1946~1952
다그 함마르셸드(Dag Hammarskjld, 스웨덴) 재임 1953~1961
우 탄트(U Thant, 미얀마) 재임 1961~1971
쿠르트 발트하임(Kurt Josef Waldheim, 오스트리아) 재임 1972~1981
하비에르 페레스 데 케야르(Javier Prez de Cullar, 페루) 재임 1982~1991
부트로스 부트로스 갈리(Boutros Boutros Ghali, 이집트) 재임 1992~1996
코피 아난(Kofi Atta Annan, 가나) 재임 1997~2006
반기문(潘基文, Ban Ki-moon, 대한민국) 재임 2007~

사무총장과 임명권

사무총장은 사무국 고위직 임명권과 주요 기금 및 프로그램의 수장 임명권을
가지는데, 일반적으로 각 조직의 집행 이사회나 운영 이사회의 조언을 받는다.
〈유엔개발계획〉과 〈유니세프〉의 수장은 늘 미국인이었고, 비공식적으로도 그
자리는 미국 차지로 여겨진다. 〈유니세프〉에 미국보다 더 많은 기부금을 내는
북유럽 국가들은 이런 관행을 깨뜨리려는 노력을 기울여 왔지만 아직까지는 성
공을 거두지 못했다. 북유럽 국가에서 정말 역량 있는 후보를 내지 못한다면 앞
으로도 성공하기는 어려울 것이다. 더 큰 문제는 미국 정부의 입김에 신경을 쓸
수밖에 없는 사무총장이 굳이 미국 후보의 임명을 거부해 미국과 대립각을 세
울 이유가 없다는 데 있다. 전문기구의 단체장은 각 기구의 운영 이사회에서 선
출하는데, 가끔은 무시무시한 선택을 내려야 할 때도 있다.(2장, 4장 참고) 유엔의
최고위직 인사 선출 구조를 경쟁 방식으로 바꿔야 한다는 목소리가 높지만 그
러려면 현재 사무총장과 운영 이사회를 구성하는 회원국이 가진 임명권을 포기
해야 한다. 당연히 그럴 가능성은 높지 않다.

지게 되셨어요" 라고 말했을까.[8]

유엔 헌장에는 사무총장의 책임이 명확하게 규정되어 있지 않
다. 그저 유엔 직원은 회원국의 압력에서 자유로워야 하며 오직
유엔에 대해서만 책임진다는 내용이 명시되어 있을 뿐이다. 이
원칙은 숨어 있는 미국 공산주의자를 색출한다는 매카시의 마녀
사냥이 기승을 부리던 시기에 크게 흔들렸다. 트리그브 할브란
리 사무총장이 유엔 본부 안에 사무실을 차리고 미국인 직원을
검열하겠다는 미 연방수사국(FBI)의 요청을 수락했던 것이다. 해
당 사무실은 결국 해체되었지만 이 사건은 두고두고 유엔 역사에
오점이 되었다. 사무총장이나 유엔 공무원들의 중립성을 의심하
게 된 소비에트연방은 트리그브 할브란 리 사무총장과 후임으로
온 다그 함마르셸드 사무총장 모두와 갈등을 빚었다.

유엔 헌장 99조는 "사무총장은 국제 평화와 안전 유지에 위협
이 된다고 판단되는 사안에 대해 안전보장이사회에 의견을 제시
할 수 있다"고 규정하고 있다. 따라서 사무총장은 이따금 폭넓은
재량을 행사하기도 한다. 이 재량권을 바탕으로 함마르셸드 사무
총장과 냉전이 종식된 뒤 취임한 부트로스 갈리 사무총장, 코피
아난 사무총장은 사무총장이 독자적으로 행동할 수 있는 여지를
넓혀 갔는데, 물론 늘 성공했던 것은 아니다. 트리그브 할브란 리
사무총장은 회원국의 요청이 없었는데도 특정한 국제 위기 사태

에 대한 자기 의견을 전달해 초창기 안전보장이사회를 당혹스럽게 만들었다. 하지만 이 전례는 시간이 흐를수록 강화되어, 이를테면 세속 교황으로서 사무총장이 지닌 도덕적 권한으로 받아들여졌다. (물론 사무총장에게는 바티칸을 지키는 스위스 근위병이나 보물이 없다.) 그러나 막강한 회원국들이 정한 한계선을 너무 자주 넘나든다면 사무총장직에서 물러나게 될 수도 있다.

안전보장이사회는 다소 비밀스러운 절차를 거쳐 사무총장을 선출한다. 다섯 개 상임이사국은 후보에 대한 거부권을 행사할 수 있다. 따라서 차례가 돌아온 지역에서는 자연히 큰 반대를 받지 않을, 대체로 평범한 인물을 추천하게 된다. 함마르셸드 사무

• 깊이 읽기

트리그브 할브란 리는 왜 쫓겨났나?

트리그브 할브란 리는 초대 사무총장으로서 유엔 사무총장의 정치적 권한을 확대한 인물로 널리 알려져 있다. 리는 1896년 노르웨이에서 태어나 법학을 공부했고 뒤에 노동운동가로 활동하다 노르웨이 법무부 장관, 국회의원을 거쳐 초대 유엔 사무총장 자리에 오른다. 유엔 헌장 99조를 발동하기 위해서는 사무총장에게 안보를 위협하는 활동을 조사할 수 있는 '진상조사권'이 주어져야 한다고 주장해 사무총장의 정치적 역량을 재고하게 했고, 소련의 이란 간섭 문제를 논의하는 안전보장이사회 회의에서도 자신의 의견을 적극적으로 개진했다. 덕분에 안전보장이사회에서 사무총장이 발언하는 일이 자연스러운 일로 자리 잡게 됐지만 정작 리 자신은 한국전쟁에 유엔 연합군을 파견해야 한다고 주장해 소비에트연방의 눈 밖에 났고 결국 사퇴하게 된다. 옮긴이

총장과 아난 사무총장은 유엔의 명성을 크게 드높이면서 세계적인 인사가 되었지만, 그들이 그렇게 왕성한 활동을 할 것이라고 예견했다면 아예 선출조차 되지 못했을 것이다. 사무총장은 자신이 안전보장이사회나 총회에 제출한 획기적인 제안에 무턱대고 '반대'하는 회원국을 설득해 '찬성'하게 만들어야 한다. 1956년 수에즈 위기 당시 창설되고 하비에르 페레스 데 케야르 사무총장과 부트로스 갈리 사무총장 시절에 확대된 평화유지군이 좋은 사례라 할 수 있다.

유엔의 발돋움

유엔 헌장에는 유엔 체계에 속한 비非정치적인 기구의 운영에 관한 내용은 등장하지 않는다. 기존의 국제기구가 유엔이라는 새로운 체계로 편입된 것에 불과하기 때문이다. 연합국이 해방시킨 국가를 돕기 위해 1943년 설립된 최초의 '유엔' 기구인 〈연합국구제부흥기관(UNRRA)〉을 예로 들어보자. 〈연합국구제부흥기관〉은 전쟁이나 자연재해로 폐허가 된 지역의 사람들에게 인도주의 차원의 원조를 시행하는 역할을 맡았는데, 이 업무는 날이 갈수록 그 중요성이 커졌다.

1946년 트루먼 정부는 소비에트연방의 지배하에 있는 국가에 대한 전후戰後 재건 프로그램에 자금 지원을 거부했다. 〈연합국구제부흥기관〉이 담당하던 역할은 서유럽 국가에만 자금을 지원하는 미국의 마셜 계획으로 넘어갔고 그 밖에 남은 자산은 아동만을 돕는 목적으로 신설된 유엔의 국제 구호 기구인 〈유니세프〉로 넘어갔다.[9] 총회가 창설한 최초의 유엔 기구인 〈유니세프〉는 특정 상황에 대처하기 위해 만들어진 임시 기구였지만 해체되지 않은 채 오늘날까지 이어지고 있다. 이처럼 한두 국가의 이해 때문에 발생한 특수한 위기 상황이나 당면한 쟁점을 다루기 위해 거의 모든 유엔 기구가 임시 기구로 구성되지만 일단 구성된 뒤에는 사실상 해체가 거의 불가능하다. 가령 새로 수립된 이스라엘과 그 주변국 사이에 맺어진 휴전 협정의 이행 여부를 감시하기 위해 1948년 창설된 〈유엔팔레스타인 난민구호사업기구〉는 오늘날까지도 여전히 예루살렘에서 업무를 수행하고 있다.

아무튼 제2차 세계대전이 끝난 뒤 '중립'을 표방하며 시행에 들어간 유엔의 인도주의 프로그램은 마셜 계획에 자리를 내주게 된다. 마셜 계획 역시 인도주의 차원에서 이뤄지는 일이기는 하지만 국제 관계의 동향에 따라 변하는 전략적 이해에 좀 더 많이 좌우되는 특징이 있었다. 그러나 60년이 지난 오늘날에는 상황이 달라졌다. 전후戰後 또는 재난 후의 특수한 상황에 대

● **마셜 계획Marshall Plan**─유럽 부흥 계획(European Recovery Program, ERP)이라고도 불리는 마셜 계획은 제2차 세계대전 이후 황폐해진 서유럽 경제의 재건을 돕고 공산주의의 확산을 막기 위해 당시 국무장관이던 조지 마셜이 제안한 경제 원조 프로그램이다. 1947년 7월부터 4년 동안 총 130억 달러에 이르는 기술적·경제적 지원이 이루어졌고 이 시기 서유럽 경제는 36퍼센트의 성장률을 기록했다. 옮긴이

● **〈유엔팔레스타인 난민구호사업기구(UNRWA)〉**─1948년 아랍-이스라엘 갈등으로 난민이 발생하자 구호 활동과 사업을 벌이기 위해 유엔 총회 의결을 거쳐 설립된 기구. 팔레스타인 난민 문제가 해결점을 찾지 못하면서 기구의 권한 종료 시점도 계속 갱신되어 가장 최근에는 2014년 6월 30일까지 잠정 연장됐다. 옮긴이

처하기 위해 설립된 임시 기구를 비롯한 유엔 기구가 인도주의 차원의 국제적인 노력을 기울이는 중심 기구로 인정받고 있는 것이다. 비정부기구를 비롯해 유엔 체계 안에 포함되는 많은 회원 조직이 인도주의 활동에 일익을 담당한다. 사무국에는 사무차장이 이끄는 인도주의업무조정국 같은 특별 조직이 신설되었다. 1945년 이후 인도주의 차원에서 이뤄진 예외적 프로그램 중 중요한 것으로는 "난민 구호 및 정착 프로그램"이 있으며 제네바에서 업무를 시작한 〈국제난민기구(IRO)〉는 이후 〈유엔난민기구〉로 전환되었고 1961년에는 식량 원조 프로그램이 시행되면서 다자간 기구인 〈세계식량계획〉이 새로 설립되었다.

독립 기구

국제연맹 시절에 구성된 '전문기구'는 기능을 되살리거나 일부 조정을 거쳐 재구성되었다. 1868년 설립된 〈국제전기통신연합(ITU)〉, 1878년 설립된 〈만국우편연합(UPU)〉처럼 유서 깊은 기구도 있다. 그러나 이 기구들은 형식적으로만 유엔에 포함돼 있다고 보는 것이 맞다. 〈세계기상기구(WMO)〉, 〈국제해사기구(IMO)〉 같은 다른 여러 기구도 마찬가지다. 1919년 설립된 〈국제노동기구〉는 주요 전문기구 네 곳 중 가장 오래된 기구로 각국 정부, 고용주, 노동조합이 동등한 비율로 참여하는 삼자 구조를 갖춘 독특한 체계로 운영된다. 〈유엔식량농업기구〉는 1945년에 전임 기구로부터 업무를 이어받은 기구다. 〈세계보건기구〉는 1946년에 재정비되었고 〈유네스코〉도 마찬가지다.

이 전문기구들은 각자 알아서 재정을 충당하기 때문에 (44쪽 참고) 사무국과 완전히 분리된 독자 조직으로 자율적으로 운영되지만, 그 수장은 사무총장이 의장을 맡는 고위급 운영 이사회에서 임명한다. 전문기구의 본부는 국제주의 정신에 기여한 유럽의 공로를 인정해 유럽 각국에 배치되었다. 그 밖에도 유엔 가족으로 오해받는 독립 기구가 많은데 1944년 7월 브레튼우즈에서 국제 통화와 금융 질서를 규제하기 위해 설립하기로 한 기구들이 대표적이다. 그 주요 기구로는 〈국제부흥개발은행(IBRD)〉과 〈국제통화기금(IMF)〉이 있다. 저렴한 이자율로 자금을 제공하는 기능을 담당했던 〈국제부흥개발은행〉은 오늘날 〈세계은행〉으로 확대 개편되었다. 브레튼우즈 회의를 통해 설립된 이 기구들은 국제적인 체계와 기능을 가지고 국제기구와 비슷한 절차에 따라 움직이지만 유엔과는 전혀 무관한 기구로, 독자적으로 움직인다. 다자

●**브레튼우즈 회의**―1944년 미국 뉴햄프셔 주의 브레튼우즈에서 전후 국제 통화 질서를 규정하기 위해 개최한 회의. 44개 연합국 대표들이 참석했으며, 미 달러화를 중심으로 한 '고정환율제'를 도입해 브레튼우즈 체제의 시작을 알렸다. 옮긴이

간 원조 프로그램이 중요한 역할을 하는 국제 개발(4장 참고) 분야에서는 유엔과 브레튼우즈 기구들이 경쟁하는 경우가 많은데 보통은 브레튼우즈 기구들의 승리로 끝난다.

유엔 위원회와 기금, 사무소, 연구소, 대학교 등으로 유엔 기구가 정신없이 확장되면서 유엔이 포괄하는 범위도 넓어졌다. 〈유엔개발계획〉, 〈유엔인구기금〉, 〈유엔환경계획〉 같은 기구는 사무

유엔의 재정

유엔 자체(사무국과 사무국 산하 프로그램) 예산은 2년에 한 번씩 총회의 승인을 받는다. 2004년에서 2005년 유엔 예산은 31억 6천만 달러였다. 회원국은 국민총소득(GNI)과 기타 요인을 고려해 얼마나 부담할지를 결정하고 그에 따른 분담금을 낸다.(240쪽~241쪽 참고)

유엔의 재정 상태는 불안정하다. 회원국이, 그중에서도 예산의 22퍼센트를 분담해 유엔 예산에 가장 크게 기여하는 미국이 분담금 납부 기한을 미룰 수 있기 때문이다. 유엔은 재정 확보를 위해 회원국에게 자발적인 분담금 납부를 호소하거나 내부 업무 운영자금에서 차입하거나 별도로 책정된 평화 유지 예산을 전용하기도 한다. 2006년에서 2007년 16개 평화유지군에 배정된 예산은 약 50억 달러였다.

유엔의 각종 기금과 프로그램은 회원국의 자발적인 기부금을 받아 각자 예산을 확보한다. 따라서 각 기금과 프로그램이 얼마나 열심히 활동해 국제적인 명성을 얻느냐에 따라 예산이 출렁이기 쉽다. 37개국에 위원회를 둔〈유니세프〉수입의 3분의 1은 일반인이 내는 기부금으로 채워진다. 재정 압박에 시달리는 다른 유엔 기구들 역시 각국 정부와 관계 없는 곳에서 자금을 모으는 데 박차를 가하고 있다. 각 기구별 예산 규모를 살펴보면〈유엔여성개발기금〉예산을 포함하고 있는〈유엔개발계획〉의 경우 92억 달러(2006년~2007년),〈유엔난민기구〉의 경우 15억 달러(2007년),〈유니세프〉의 경우 67억 달러(2008년~2009년)에 이른다.

전문기구는 사무국과 비슷한 방식으로 회원국의 자산 규모에 따라 분담금을 받는데 자발적인 기부금도 받는다. 2006년에서 2007년 사이〈세계보건기구〉예산은 32억 달러,〈유네스코〉의 정기 예산(추정)은 6억 1천만 달러다. 예산 관련 정보는 (때로 찾기 어려운 경우도 있지만) 해당 기구 홈페이지에서 찾아볼 수 있다.

다른 기구에 비하면 유엔 체계 전체가 사용하는 비용은 그리 많지 않다. 가령 런던 시정부의 일 년 예산은 100억 달러로 유엔 평화유지군 예산의 두 배, 사무국 예산의 세 배에 달한다.

▶출처―UN websites and Basic Facts about the United Nations, UN New York, 2003

국의 지휘 아래 운영되며 밀접한 상호 협력 체계를 구축하고 있지만 그와 동시에 독자 노선을 표방하며 고유한 정체성을 가지고 있다. 이 기구들은 매년 총회 위원회에 활동상을 보고한다. 그러나 나아갈 방향에 대한 진정한 조언을 구하는 절차라기보다는 형식적인 수준에 그치는 게 사실이다. 이 기구들의 활동 범위와 조직 규모는 얼마나 효과적으로 기금을 모으느냐에 달렸다. 이 책을 읽다 보면 이 기구들의 본질에 대해 더 명확히 알게 될 것이다.

1946년에서 1989년 사이 두 거대 권력이 세계를 양분하면서 계획에 차질이 빚어지기는 했지만 유엔 헌장이 구축한 틀은 유엔 체계가 무너지지 않고 지속될 수 있을 만큼 충분히 유연했다는 점을 기억해 두어야 한다. 새로 등장한 쟁점이나 특수한 문제가 발생한 지역의 현안을 해결하기 위해 경제사회이사회 안에 새로운 기구들이 설립되었고 총회의 결의안에 따라 다소 독립적인 기구들도 새로 만들어졌다. 화려하고 불필요한 미사여구보다 이런 유엔의 역사 자체가 유엔 체계의 근본적인 유연성을 더 잘 설명해 줄 것이라 생각한다. 또한 유엔의 역사를 따라가다 보면 회원국이 크게 확대되면서 토착 원주민의 처지부터 국경 간 수자원 문제에 이르기까지, 그리고 기후변화부터 여성의 인권에 이르기까지 인류 공통의 과제로 제기되는 쟁점들이 유엔 체계를 통해 해결될 수 있고 해결되어야 하는 문제가 되었다는 사실을 알 수 있을 것이다.

유엔 기구들이 업무를 원활히 수행할 수 있는가, 일부 기구가 그 유용성에 비해 지나치게 오랫동안 존속하고 있는 것은 아닌가 하는 또 다른 차원의 문제도 있다. 새로운 기구를 신중하게 설립하고 그 기구들이 저지른 실수나 해체에 책임 소재를 명확히 하는 일은 유엔 체계 자체의 몫이 아닌 회원국의 몫이다. 회원국이 유엔의 체계를 간소화하자는 제안에 동의하지 않는다면 개혁의 꿈은 물거품이 될 것이기 때문이다. 지금까지 제한적이나마 개혁이 이뤄져 왔던 것은 엄청난 외교적 노력을 기울였기 때문이다.(7장 참고)

유엔 구조의 무정부주의

유엔 체계가 작동하는 방식을 가늠하려다 보면 너무 어려워서 머리가 아플 지경이다. 사실 유엔 체계에는 서로 중첩되는 두 가지 무정부적 방식이 공존한다. 하나는 동등한 지위를 갖는 유엔 회원국이 집행 이사회와 운영 이사회 임원을 선출하는 방식으로 유엔의 각 기구들을 통치하는 구조에 도사리고 있는 무정부주의다. 다른 하나는 비슷한 임무를 부여받아 자원을 더 많이 차지하려 하거나 우열을 가리려고 끊임없이 다투는 것처럼 보이는 유엔 조직들 사이에 도사리고 있는 무정부주의다. 유엔은 자신을 표현한 조직도(236쪽~237쪽)를 작성해 보여 주지만 실제 존재하는 유엔 조직을 표현한 것이라기보다는 깔끔하게 정돈해 보기 좋게 그려낸 것일 뿐이다. 그것만으로는 각 조직의 상대적 규모나 범위는 고사하고 무슨 조직이 무슨 일을 하는지, 하위 조직이 서로 어떤 관련을 가지는지 전혀 알 수 없다.

설리 해저드Shirley Hazzard는 1973년 발간된 책에서 유엔 고위 관리나 세계 지도자들이 대중에게 단 한 번도 유엔 조직에 대해,

유엔이 처할 수 있는 어려움이나 유엔이 효과적으로 기능하려면 어떤 지원이 필요한지에 대해 설명한 적이 없다고 지적했다.[10] 그렇지만 해저드 본인도 유엔 자체에 대해서만 언급할 뿐 유엔 체계에 속한 나머지 기구들에 대해서는 다루지 않았다. 변한 것은 거의 없다. 변한 것이 있다면 냉전이 끝난 뒤 유엔 체계에 잠재해 있었던 긴장이 수면 위로 떠올랐다는 것 정도다. 각국 정부조차 "자신들이 회원으로 가입한" 유엔 조직에 대해 피상적으로 이해하는 수준에 그치고 있다. 수많은 외교관과 공직자가 있지만 자신들이 관여하는 업무를 넘어서면 유엔 체계가 어떻게 운영되는지 모르는 경우가 다반사다. 이 책도 그런 한계에서 자유로울 수 없다. 유엔 체계와 그들의 활동에 대해 알아보기 위해 여행하는 동안 필자가 가진 편견이 반영되기도 할 것이고 필자가 놓치고 지나가는 구멍도 있을 것이며 짧은 지면이라는 한계에 부딪히기도 할 것이다.

1장에서는 유엔이라는 틀 안에 속한 기구들이 직면하고 있는 커다란 어려움, 특히 정치적 다양성, 독자적인 활동 영역 구축 문제를 다루려고 노력했다. 동시에 그와 같은 제약이 없었다면 그 기구들이 탄생할 수조차 없었을 거라는 사실을 알고 있던 사람들의 혜안에도 존경을 표하려고 했다. 전쟁에 발목을 잡혀 유엔 체계 전체가 꼼짝달싹 못할 때도 여러 차례 있었지만 어쨌든 조금씩 전진해 가고 있다. 어이없게도 이것이야말로 유엔 체계가 가진 최대 강점이다. 이러한 모순에 대해서는 뒤에서 자세히 다룰 예정이고, 그 전에 먼저 유엔의 활동 영역에 대해 알아보려고 한다. 우선 유엔의 정수라 할 수 있는 '국제 안보' 영역부터 시작해 보자.

2 전쟁을 끝내다

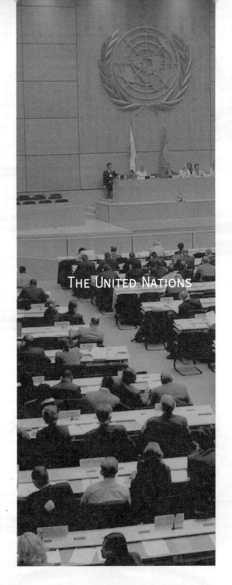

THE UNITED NATIONS

냉전 시기 강대국의 힘겨루기는 유엔이라는 무대에
서 어떻게 표출되고 봉합되었나?
강대국 중심의 국제 질서를 바꾸려는 노력은 어떤
성과를 남겼나?
유엔의 평화 유지 활동을 가로막는 장애물로는 어
떤 것들이 있을까?

전쟁을 끝내다

제2차 세계대전으로 수많은 국가가 큰 피해를 입었다. 이런 일이 다시는 발생해서는 안 된다는 바람은 유엔 창설로 이어졌다. 그러나 유엔은 전쟁을 예방하거나 멈추지 못했고 이는 두고두고 유엔을 비난하는 근거가 됐다. 사실 유엔은 회원국이 모이는 논의의 장으로 기능하기 때문에 본질적으로 한계를 지닐 수밖에 없다. 1946년부터 1989년까지는 강대국 사이에 끼어 업무가 거의 마비되다시피 했었다. 이런 유엔이 강대국들과 거리를 유지하기란 여간 어려운 일이 아니다. 그럼에도 유엔은 세계의 안전을 증진하는 정치적 역할을 수행하는 기구로 입지를 다지는 데 성공했고 냉전이 끝난 뒤에는 그 역할을 점차 확대해 왔다.

평화 유지 활동은 유엔을 창설한 목적에 전적으로 부합하는 과업이다. "전 인류의 안전을 보장"한다는 생각을 실현하기 위한 평화 정착 활동이 새로 창설된 유엔의 과업이 되었다. 평화 유지 활동은 다른 국가의 안전을 위협하는 국가가 있다면 모든 회원국이 '유엔'의 이름으로 그 국가에 맞설 수 있다는 아주 단순한 기본 가정을 바탕으로 한 것이었다.[1] 1장에서 보았듯이 개별 국가의 통솔력을 온전히 인정해 국내 문제에 대해서는 개입하지 않는다는 비개입주의가 새로운 국제 체계의 기반이었지만 침략과 관련된 내용을 담은 핵심 조문인 유엔 헌장 7장은 국제연맹 협약에는 없던 '무기'를 유엔의 손에 쥐어 주었다. 유엔이 활용할 수 있는 무기로는 '외교'와 '제재'가 있는데 회원국으로부터 병력을 지원받아 군사적 행동도 취할 수 있다.

　1946년 1월 안전보장이사회 취임식이 열리고 이틀도 채 지나지 않아 동구권과 서구권 사이에 균열이 커지면서 유엔은 활동에 큰 영향을 받았다. 안전보장이사회가 마주친 '평화'를 위협한 최초의 사건은 이란과 관련됐다. 미국군이나 영국군처럼 러시아군도 철수하리라 예상했지만, 러시아군이 철수하지 않고 점령지에 눌러앉으려 하자 이들을 돌려보내야 하는 문제가 생긴 것이다.[2] 여러 차례 항의하고 설득한 끝에 겨우 소비에트연방을 철수시킬

▪ 깊이 읽기

소련의 이란 점령과 철수

1925년 군부 출신 레자 샤는 쿠데타를 일으켜 팔레비 왕조를 세운 뒤 독일과 긴밀한 관계를 유지했는데 이것을 빌미로 2차 세계대전 중이던 1941년 소비에트연방과 영국이 이란을 침공했다. 2차 세계대전 종전 후 영국군은 이란에서 철수하지만 소비에트연방은 이란 북부 지역에 주둔하고 있는 자국 군대의 철수를 고의로 지연시켰다. 그러자 당시 이란을 대소련 기지로 만드는 정책을 추진하던 미국 측이 1946년 3월 소련군의 이란 철수 문제를 유엔 안전보장이사회에 회부해 결국 소비에트연방은 이란에서 철수하게 된다. 옮긴이

수 있었다. 이 때는 유엔이 이란을 도와주었지만 오늘날에는 유엔이 이란 때문에 골머리를 앓고 있다는 점을 생각할 때 여간 흥미로운 일이 아니다.

자본주의 세계와 공산주의 세계 사이에 진정한 협력이란 있을수 없다는 생각을 공표한 소비에트연방은 사무총장과 유엔 기구를 불신했다. 돌이켜 보면 초창기 유엔이 살아남았다는 것 자체가 신기할 지경이다. 유엔은 이제 강대국들이 대치하는 새로운장이 되었다. 유엔은 서로 무력 공격을 할 가능성이 있는 강대국들이 무대 뒤편에서 만나 모종의 합의를 하는 완충 지대로 기능했다. 쿠바 미사일 위기˙가 좋은 예다. 1950년대와 1960년대의 유엔은 지금보다 더 많은 언론의 주목을 받았고 더 큰 유명세를 탔다. 1960년 10월 총회에서 반反소비에트연방 발언이 나오자 니키

▪ 깊이 읽기

제3차 세계대전의 위기에서 벗어나다

1962년 쿠바는 소비에트연방과 무기 원조 협정을 체결해 쿠바에 미사일을도입했다. 미국은 이를 서방 세계에 대한 소비에트연방의 위협으로 규정하고 쿠바 해상을 봉쇄하는 조치를 취하는 한편 흐루시초프 정권에 유엔 감시하에 공격용 무기를 철거할 것을 요구했다. 자칫하면 제3차 세계대전으로 비화될지 모르는 일촉즉발의 상황에서 소비에트연방은 미국 해군과 소비에트연방 미사일 기지의 상호 철수를 제안하고 케네디 정부가 이를 수용하면서 사건은 일단락됐다. 이 사건을 계기로 1963년 미소 간에 핫라인이개설됐다. 옮긴이

타 흐루시초프가 이에 항의하며 신발로 책상을 두드리는 장면은 전 세계 언론의 카메라 세례를 받으며 유엔 역사상 최악의 장면이 되었다.

1948년 타이완으로 탈출한 국민당 정권 대신 공산주의 중국을 유엔 회원국에 포함시키는 안건이 미국 주도하에 부결됐다. 이에 소비에트연방은 안전보장이사회에 협력하지 않겠다고 선언했고 1950년 북한이 자행한 남한 침략에 대한 논의에도 불참했다. 소비에트연방이 유엔에 복귀했을 때는 이미 한반도 문제가 미국이 주도권을 쥐고 있는 것이 분명한 총회로 넘어간 상태였다. 따라서 소비에트연방은 거부권을 행사할 수 없었고 유엔은 남한 방어를 위해 군사력을 동원했다.[3] 1991년 걸프전이 일어나기 전까지 유엔군이 평화 강제를 위해 개입한 유일한 전쟁은 한국전쟁이

●**평화 강제**─유엔 평화 유지 활동의 여러 유형 가운데 하나로 교전 집단 가운데 어느 일방이라도 합의 사항을 파기해 분쟁을 일으킬 경우 유엔 평화유지군은 무력으로 평화를 강제할 수 있다. 옮긴이

었다. 유엔에서 평화 강제라는 용어는 '공격에 저항한다'는 뜻을 지닌다. 이 사건을 통해 교훈을 얻은 소비에트연방은 비협조라는 실수를 다시는 저지르지 않았다.

소비에트연방은 서구 세계가 유엔을 지배한다는 의심을 풀지는 않았지만 일단 후퇴하는 전략을 취하며 마지못해 유엔에 합류했다. 소비에트연방은 위성 국가나 베트남을 비롯한 전략적 우방국의 울타리가 되어 주고 그들을 대신해 거부권을 행사하는 등, 갈등 관계에 있는 서구권을 상대로 대리전을 벌이는 장소로 유엔

을 활용했다. 한때 미국은 유엔을 '자신의 소유'라고 생각했던 적도 있었지만 점차 흥미를 잃어가던 참이었다. 그러나 소비에트연방의 움직임 때문에 미국도 유엔의 궤도 안에 안착하게 되었다.

화약고 중동

유엔이 출범할 당시에는 팔레스타인 문제가 유엔이 해결해야 할 유일한 정치적 문제인 것처럼 보였다. 중동 분쟁은 소비에트연방과 미국 사이에 흐르는 긴장에서 비켜나 유대인, 아랍인, 몰락해가는 대영제국이라는 비교적 약한 주체들 사이의 싸움이었다.

유엔은 1948년 유대인 국가가 탄생하는 데 산파 구실을 했고 그 뒤에도 아랍과 이스라엘 사이의 분쟁을 해소하기 위해 많은 시간과 노력을 투입했다. 그러나 더 많은 국가가 회원으로 가입하게 되면서 유엔이 이스라엘만 편애한다는 의구심이 생겨났다. 중동 문제와 관련해 안전보장이사회가 보여 준 가장 의미심장한 행보는 1967년 결의안 242호를 채택한 일이었다. 결의안 242호는 이스라엘을 비롯해 그 지역에 있는 모든 국가의 주권과 통솔권을 온전히 인정하는 대가로 이스라엘군이 6일 전쟁˘으로 점령한 지역에서 철수한다는 내용이었다. 이는 1979년 캠프 데이비드에서 이스라엘과 이집트 사이에 체결된 협정을 비롯한 모든 협약의 기초가 되었다. 그러나 유엔은 1993년 이스라엘과 팔레스타인해방기구 사이에 오슬로 협정이 체결되는 순간까지도 멀리서 사태를 관망하는 참관인에 불과했고 이러한 상황은 오늘날까지 이어진다. 수렁에서 빠져나가기 위해 필사적으로 애쓰는 유엔은 미국, 러시아, 유럽, 유엔으로 구성된 '4중주단'의 리더는 고사하고 일개 단원 자리를 지키는 데 급급한 형편이다.

많은 역사가들이 제국주의 시대의 종말을 고한 사건으로 평가하는 1956년의 '수에즈 위기' 역시 유엔의 역사에서 기억해 두어야 할 중요한 사건이다. 영국과 프랑스는 나세르 이집트 대통령이 국유화한 수에즈 운하에 대한 지배권을 되찾으려고 이스라엘과 은밀히 결탁해 이집트를 공격했다. 국제사회는 영국과 프랑스를 강력하게 비난했고 미국은 이 문제를 유엔에 회부했다. 이때 다그 함마르셸드

● 오슬로 협정─1993년 이스라엘 라빈 총리와 팔레스타인 해방기구의 아라파트 의장이 만나 팔레스타인 독립 국가와 이스라엘의 평화적 공존 방법을 모색한 합의로, 이 협정으로 팔레스타인 임시자치정부가 수립된다. 옮긴이

● 깊이 읽기

제3차 중동 전쟁

1967년, 아랍 국가와 이스라엘 사이에 벌어진 전쟁. 1967년 6월 이스라엘은 이집트, 시리아 등 아랍 국가의 지원에 힘입어 이스라엘에 무차별 테러 공격을 자행한 팔레스타인해방기구를 응징하고 이스라엘의 안보를 지킨다는 명분으로 시나이 반도에 대한 대공세를 전개했다. 전쟁은 시리아와 요르단으로까지 확대되었고 이스라엘은 전쟁 발발 나흘 만에 시나이 반도와 요르단 강 서안지구, 골란 고원 등을 점령하는 데 성공했다. 6월 6일 유엔 안전보장이사회가 마련한 정전 결의안에 양측이 서명하면서 전쟁이 종결되었다. 옮긴이

사무총장의 지원 아래 유엔의 정치적 능력이 그 진가를 발휘하게 된다. '수에즈 위기'는 유엔의 도덕적 우월성을 내세운 사무총장이 기민한 외교 수완을 발휘해 국제 무대에 일어난 파동을 진정시킨 중요한 사건이다.

영국과 프랑스의 거부권 행사로 안전보장이사회가 결론을 내리지 못하자 이 문제는 총회로 넘어갔고 총회는 유엔 역사상 최초로 유엔 평화유지군의 활동을 승인했다. 이 결의안은 냉전이 끝날 때까지 이뤄진 모든 유엔 평화 유지 활동의 청사진이 되었다. 수에즈에 파견된 유엔 평화유지군의 목적은 수에즈 운하 지역을 점령한 영국-프랑스 연합군과 이스라엘군의 피해를 최소화하면서 그들을 물러나게 하는 것이었다. 따라서 유엔은 퇴로를 열어 두어 갈등이 더 깊어지지 않도록 조치했다.

이런 식의 평화 유지 활동은 유엔 헌장에 명시되어 있지 않았기 때문에 평화유지군 유지에 들어가는 비용은 회원국에 호소해 별도로 마련해야 했다. 평화유지군은 함마르셸드 사무총장과 보좌진이 창안한 획기적인 기획이었다. 유엔은 이때 구축된 평화유지군 모델을 바탕으로 냉전기 내내 제3군군이나 참관인 자격으로 콩고, 예멘, 인도-파키스탄, 키프로스(1964년, 이때부터 유엔 평화유지군은 파란색 베레모를 쓰게 되었다), 레바논(1978)에 개입했고 성공과 실패를 모두 맛보았다. 어느 경우든 강대국은 깊이 관여하지도, 안전보장이사회에서 효과적으로 거부권을 행사하지도 않았다.

최근 유엔 평화유지군은 수적으로도 지나치게 열세인 데다 발포권도 없고, 분쟁 당사자 중 어느 한편으로 지나치게 편향되는 바람에 여러 차례 실패를 맛보아야 했다. 이는 지켜야 할 평화가 없는 상황에서 평화 유지 활동을 수행한다는 것이 얼마나 무기력하고 무의미한 일인지 잘 보여 주었다. 여러 차례 실패를 겪으면서 유엔의 평화 유지 활동에 관한 논의는 새로운 차원으로 접어들었고 유엔의 정치 활동을 위한 새로운 구조가 만들어졌다. 여기 관련된 내용은 나중에 다시 다룰 것이다.

탈식민화

국제 문제는 역동적인 맥락에서 발생한다. 따라서 유엔은 항상 새로운 흐름을 반영하고 거기에 대처해야 한다. 1960년대와 1970년대의 가장 중요한 흐름은 탈식민화였다. 식민지에서 벗어나 독립한 새 국가들이 아프리카, 인도차이나 반도, 카리브해 연안, 태평양 지역에서 우후죽순 생겨났다. 1950년대 내내 아프리카에서는 해럴드 맥밀런에 의해 불멸의 용어가 된 "변화의 바람"이 거세게 불었다. 지난 세기 유럽 열강들은 앞다퉈 아프리카 영토를 차지하기 위해 치열한 싸움을 벌였지만 이제는 그 영토를 포기하기 위해 허둥지둥 대는 실정이었다.

함마르셸드 사무총장은 민족자결의 기치를 높이 들었다. 랜프

모리스 해럴드 맥밀런Maurice Harold Macmillan, 1984~1986

제2차 세계대전 전후 국방장관과 외무장관 등을 거쳐 영국 총리가 되었다. 동서 진영 사이의 긴장 완화와 서구 진영의 단결에 주력했으나 영국의 유럽경제공동체(ECC) 가입이 좌절되자 책임을 지고 사퇴했다. 옮긴이

번치가 이끄는 신탁통치 부서는 각 나라들이 정부를 구성하고 권력을 이양받을 수 있도록 도왔다. 1960년이 분수령이었다. 프랑스령이던 14개 국가와 콩고, 소말리아, 나이지리아 3개국이 독립해 유엔에 가입했고 이후 몇 년 동안 유엔에 가입하는 독립국의 행렬이 이어졌다. 그 뒤로도 오랫동안 유엔은 저항하는 사람들에 대한 관심을 놓지 않았는데, 남아프리카공화국 민주화의 발목을 잡고 있던 인종차별주의도 그중 하나였다.

대충 짜깁기 된 국가들의 분열은 유엔에 가장 즉각적인 영향을 미쳤다. 콩고에는 분열을 막기 위해 평화유지군이 파견되었는데 1961년 다그 함마르셸드 사무총장은 분쟁 조정을 위해 이동하던 중 잠비아에서 비행기 추락 사고로 목숨을 잃었다. 유엔은 비개입 원칙을 어기면서까지 카탕가 주의 분리 독립을 막으려고 했지만, 이 일로 소련과 특히 함마르셸드 사무총장을 향한 적대감과 분노만 커지고 말았다. 그 결과 '다시는 이런 일이 없어야 한다'는 공감대가 형성되었고 1992년까지 유엔 평화유지군은 아프리카에 발을 들이지 않았다.

그렇다고 해서 유엔이 나이지리아 내전(1968~1971)이나 여러 긴급 사태에 대한 인도주의 활동까지 포기한 것은 아니었다. 이와 관련된 내용은 3장에서 더 자세히 다룰 것이다. 1990년 남아프리카공화국의 오랜 지배를 벗고 독립한 나미비아에서는 유엔의 민간 구호 인력이 중요한 역할을 수행했다. 남아프리카공화국의 아파르트헤이트 정책이나 1980년 짐바브웨의 독립과 함께 사라진 남로디지아의 불법 백인 정권처럼 유엔이 적극적으로 개입해 문제를 해결한 경우도 있었다. 그러나 1964년에서 1989년까지 아프리카에서 벌어진 전쟁에서 유엔은 직접 관여하기보다 관망하는 입장을 택했다. 대부분의 전쟁이 부실한 국가들이 분열하는 과정에서 발생한 것이었기 때문에 주권 인정 원칙과 국내 문제에 대한 불간섭 원칙에 따라 운신했던 것이다. 그 밖에도 에티오피아

●**아파르트헤이트**―분리, 격리를 뜻하는 아프리칸스어로 남아프리카공화국의 악명 높은 인종차별 정책을 일컫는다. 아파르트헤이트는 넬슨 만델라가 대통령에 당선된 1994년 완전히 폐지된다. 옮긴이

와 소말리아 사이에 위치한 아프리카의 뿔 지역에서 일어난 전쟁, 앙골라와 모잠비크에서 일어난 전쟁같이 적대 관계에 있는 강대국이 선동해 전쟁이 일어난 경우에는 유엔이 행동에 나설 여지가 전혀 없었다. 남아프리카공화국의 경우 아파르트헤이트 정권과 안보 동맹을 맺은 서구 세력 때문에 사태가 더 악화되기도 했다.

회원국 확대

탈식민화의 결과 유엔 회원국은 급속히 늘어났다. 51개국으로 시작했던 유엔은 1961년 100개국, 1985년 159개국, 1993년 184개국의 회원국을 거느리게 되었다. 2012년 현재 회원국은 193개국이다.[4] 회원국 확대는 전적으로 식민 상태에서 벗어난 나라들이 분열한 결과다. 그 사이 통합된 나라는 유일하게 독일 하나 뿐이다.

탈식민화가 시작되자 미국과 소비에트연방은 신생국을 자기 편

●**비동맹운동**─미국과 소비에
트연방으로 양극화된 국제 질
서 속에서 강대국 중심의 국
제 질서에 맞서기 위해 신생
국가들이 주도한 운동으로 주
로 국제 정치 및 안보 현안을
다룬다. 2011년 현재 12개 회
원국과 18개 참관국을 두고
있다. 옮긴이

●**77그룹**─1964년 제1회 유
엔무역개발회의 총회에서 선
진국에 대한 협상 능력을 강
화하기 위해 개발도상국가들
이 모여 만든 국제회의다. 주
로 경제, 금융, 발전 문제를 다
루며 처음에는 한국을 포함한
77개 국가들의 모임이었지만
현재 회원국은 133개 국가로
늘었다. 한국은 1997년 OECD
가입으로 자동 탈퇴된 뒤 참
관국 자격으로 있다. 옮긴이

으로 끌어들이기 위해 경쟁했지만 1955
년 네루 인도 대통령, 수카르노 인도네시
아 대통령, 나세르 이집트 대통령, 티토
유고슬라비아 대통령, 은크루마 가나 대
통령은 **비동맹운동**을 주창하면서 어느 강
대국과도 손잡지 않겠다고 천명했다. 77
그룹으로 알려지게 된 '신생 회원국' 때
문에 미국과 그 동맹국들은 총회에서 다
수의 힘을 발휘할 수 없게 되었다.

77그룹은 유엔을 발판 삼아 신식민주
의, 인종차별주의, 여타 모든 종류의 예
속이나 차별에 반대하는 자신들의 열망
을 국제무대에 구현했다. 77그룹은 공동
행동을 통해 유엔 안에서 미국이 행사하
던 주도권을 제한했다. 1971년 공산주의
중국이 결국 유엔 회원국이 된 것도 총
회 회원국을 좌우하는 미국의 힘이 줄어들었기 때문이었다. 회원
국 확대는 유엔의 정치적 기능에 중대한 영향을 미쳤다. 유엔이
원활히 기능하려면 회원국 사이에 의견 일치를 보는 것이 중요한
데 회원국이 많아지고 더 다양해질수록 유엔의 단합은 더 어려워
졌다.

또한 탈식민화는 "당사국의 경제문제와 사회문제에 주목해 결
핍에서 벗어나게 하는 활동"을 지원할 목적으로 이뤄지는 유엔의

또 다른 주요 활동 영역에 힘을 불어 넣었다. 이는 유엔 설립자들이 제창한 활동이기도 하다.[5] 그러나 사실 이것은 지나치게 이상적인 기대였다. 더 폭넓은 사회 진보를 이루도록 지원하는 유엔의 네트워크도 결국에는 국제 정치의 흐름에서 자유로울 수 없었기 때문이다. 존 케네디 미국 대통령은 1961년 "제1차 유엔 경제 개발 10개년 계획"을 선언하면서 경제 진보와 사회 진보를 향한 유엔 활동이 정치와 밀접하게 관련되어 있음을 공개 석상에서 강조했다. 한편 '개발도상국'에 주어지는 자금은 서구가 제공하는 것이었으므로 때로 개발 자금은 동맹국을 늘리려고 혈안이 되어 있는 자본주의 진영과 공산주의 진영의 도구가 되기도 했다.

유엔에 대한 공격

신생 회원국이 물밀듯이 밀려들면서 유엔은 처음으로 명실상부한 전 세계 보편 기구로 자리매김하게 되었다.[6] 유엔의 회원국이 된다는 것은 전 세계가 그 국가의 적법성을 인정한다는 표시였으므로 모든 신생국이 앞다퉈 유엔에 가입하려 했다. 그러나 신생국이 국제적 역량을 키워 나가면서 상황은 미국에 불리하게 전개됐다. 신생국이 숫자의 힘을 앞세워 총회나 유엔의 여러 기구를 지배해 나갔기 때문이다.

1970년대에 소속 국가가 100여 개를 넘어서면서 77그룹은 하나의 어엿한 연합체로 유엔 안에 자리 잡았다. 77그룹은 자신들을 국제 사회주의의 부역자이며 "더 큰 자유"의 도래를 막는 적으로 몰아붙이는 조악한 수사에 맞서(그 시절에는 조악한 해석이 유행이었다) 반제국주의 논리를 내세웠다. 1976년 유엔 주재 미국 대사를 지낸 대니얼 패트릭 모이니헌은 매카시즘을 연상케 하는 분위기를 풍기는 대담한 인사였는데 어느 날엔가 사회·인권·문화에 관한 유엔 총회 제3위원회[*]에 흐르는 이상한 기류를 눈치 챘다. 민주적 가치를 훼손하려는 전체주의의 음모를 감지한 것이다.[7] 당시 미국은 베트남전쟁에서 크게 패해 의기소침한 상태였기 때문에 서구를 폄하하는 이데올로기적 수사에 과민 반응을 보였다.

1975년 알제리는 유엔의 모든 권고 사항에 반反시오니즘 수사를 도입하려고 애쓰고 있었다. 같은 해 멕시코에서 열린 유엔 여성 회의는 "여성인권선언"을 채택하면서 처음으로 반시오니즘을

도입했는데, 이는 77그룹의 활동 중 최악의 활동으로 기록되었다. 결국 유엔 총회 제3위원회에서 "시오니즘은 인종차별주의"라는 결의안이 채택됐다. 모이니헌 같은 인물에게 이 사건은 유엔이 더 이상 신뢰할 수 있는 토론장이 아니라는 사실

• 시오니즘─유대인의 고향으로 여겨지는 팔레스타인(시온)에 유대인만의 독립국가를 건설하려 한 유대 민족운동. 옮긴이

을 의미했다. 이보 리처드Ivor Richard 유엔 주재 영국 대사 같은 인물은 그간 모이니헌이 보여 준 행보가 패배를 자초했다고 여기면

대니얼 패트릭 모이니헌Daniel Patrick Moynihan, 1927~2003
유엔 주재 미국 대사이자 민주당 상원 의원을 역임한 인물로 유엔 대사 시절 강력한 반공주의 입장을 견지했으며 이스라엘을 적극적으로 지지했다. 옮긴이

서 그 결의안을 일고의 가치도 없는 우스운 것으로 치부했다.[8] 이디 아민Idi Amin 우간다 대통령처럼 인권을 남용한 인물들이 반反시오니즘을 옹호했음에도 1975년 총회는 이 결의안에 박수갈채를 보냈다. 오스트리아 출신의 쿠르트 발트하임 당시 사무총장도 무대 뒤편에서 은밀히 애썼지만 이 결의안을 무효화시키지는 못했다. 발트하임은 훗날 나치의 잔혹 행위에 가담한 장교 출신이라는 비밀스러운 배경이 밝혀진 인물이다.

새로운 국제 질서는 없다

1973년 〈석유수출국기구〉가 석유 파동을 일으켰다. 석유를 생

■ 깊이 읽기

유엔 총회 산하 여섯 개 위원회

총회에는 총 6개 위원회가 있고 각 위원회는 고유한 주제를 취급한다. 위원회별 담당 분야는 다음과 같다.

제1위원회: 군축 및 국제 안보Disarmament and International Security Committee
제2위원회: 경제 및 재무Economic and Financial Committee
제3위원회: 사회, 인도주의 및 문화Social, Humanitarian and Cultural Committee
제4위원회: 특별 정무 및 탈식민지Special Political and Decolonization Committee
제5위원회: 행정 및 예산Administrative and Budgetary Committee
제6위원회: 법무Legal Committe

▶출처─『최신 유엔 가이드북』, 김정태 지음, 럭스 미디어, 2010.

산하는 개발도상국이 똘똘 뭉쳐 석유 소비국을 볼모로 삼고 석유 값을 올린 것이다. 그 뒤 유엔에는 정치적 수사가 한층 더 난무하게 되었다. 한동안은 상대적으로 가난한 국가들이 하나의 세력으로 뭉쳐 수출 상품을 무기로 유엔에서 정치적 영향력을 발휘하면서 큰 혜택을 누리는 것처럼 보였다. 개발도상국이 속한 제3세계에 연민을 품은 사람들은 산업화된 '북반구'와 가난한 '남반구'의 소득 불평등을 줄이는 것이 세계가 해결해야 할 가장 시급한 문제라고 여겼다. 유엔에서는 아르헨티나 경제학자이자 〈유엔무역개발회의〉 의장인 라울 프레비시Raúl Prebisch가 이러한 입장을 옹호했다.(4장 참고)

1974년 유엔은 특별 총회를 열어 신국제경제질서(138쪽 깊이 읽기 참고)˙를 수립하기로 결의했다. 세계시장과 세계 통화 체계에서 남반구에 더 큰 영향력을 부여하자는 취지였다. 신국제경제질서에 반대하는 미국은 모이니헌 같은 비판가들의 지원을 받으며 유엔의 모든 활동을 사사건건 비난하기 시작했다. 유엔이 자원을 낭비한다는 둥, 직원이 너무 많다는 둥, 대체로 쓸모없는 조직이라는 둥 악의적인 모함이 대중, 특히 미국인의 뇌리에 박히기 시작한 것도 바로 이때였다. 발트하임 사무총장은 자신의 팔자를 한탄하면서 유엔의 한계를 개탄했지만 유엔이 이스트 강에 빠져 눈앞에서 사라져 버리기를 바라는 사람들은 사무총장의 무기력함을 반가워했다. 미국은 할당된 분담금 지급을 미루기 시작했다. 민주주의나 인권 신장에는 관심 없는 회원국들이 전체 예산의 아주 작은 몫만 감당하면서 중요한 유엔 기구를 모조리 독차지한 채 미국의 뜻을 거스르는 마당에 유엔 정규 예산의 25퍼센트나 되는 돈을 대 줄 이유가 없다는 말이었다. 이 문제는 오늘날까지 해결되지 않았고 유엔 내 권력 균형은 숙제로 남았다.

최악의 시절

1970년대 후반에서 1980년대 초반까지는 유엔 역사상 최악의 시대였다. 레이건 정부에 자문했던 〈헤리티지재단〉은 1982년 발간한 연구 보고서에서 "유엔이 없어야 세상이 더 나아질 것"이라고 결론짓기도 했다.[9] 1985년 유엔 출범 40주년 기념 강연을 한 쉬리다스 람팔Sridath Ramphal 영연방 사무총장의 첫 강의록에는 이런 기록이 있다. "여러 나라가 공동으로 국제 문제에 대처해야 할 필요성이 더욱 명백해져 가는 오늘날에도 과거 세계의 지도자를 자처했던 일부 강대국의 방해로 국제주의를 지지하는 세력이 약화되고 있다는 사실은 모순과 비극이 아닐 수 없다. 다자주의 구조를 약화시키는 행보를 보이는 미국뿐 아니라 유엔 스스로도 국제주의에 대한 지지를 약화시키는 실정이다."[10] 람팔 사무총장은 유엔 사무총장 후보로 나섰으나 선출되지는 못했다.

당시 유엔에 반대한 활동 가운데 가장 충격적인 사건은 미국과 영국이 〈유네스코〉에 자금 지원을 끊고 기구에서 탈퇴한 사건이었다. 유엔 체계 전체로 보면 신규 회원국이 유입되면서 유엔의 관리 기구에 새로운 자금줄이 돼 주고 있었지만 〈유네스코〉의 경우 세네갈 출신인 아마두 마흐타르 엠보우Amadou-Mahtar M'Bow

사무총장이 지나치게 정치화되었다는 비판을 받고 있던 상황이어서 문제가 한층 더 복잡했다. 〈유네스코〉 이사진 다수의 지지를 받고 있던 엠보우 사무총장은 국제기구를 운영하는 방법으로는 매우 부적절한 개인 후원에 바탕을 두고 자기 식대로 기구를 운영해 나갔다. 〈유네스코〉는 신국제경제질서와 궤를 같이 하는 신국제정보질서를 제안하면서 국제사회의 정보 흐름을 통제하는 서구 매체의 '자유'를 제한해야 한다고 주장했는데, 이는 너무 지나친 주장이었다. 1984년 레이건 정부와 대처 정부는 〈유네스코〉에서 탈퇴하면서 기금을 회수해 갔고 엠보우 사무총장은 1987년 직위에서 물러났다. 서구권과 협력할 방안을 모색하던 미하일 고르바초프도 엠보우 사무총장에 대한 지지를 철회했다. 이에 따라 광범위한 정치 변화가 일어났고 냉전이 끝날 무렵에는 수적 우위를 바탕으로 유엔에서 상승세를 타던 남반구의 기세가 꺾이고 말았다.

1980년대 초에 이르면 남반구와 유엔의 영향력은 크게 줄어 국제 문제에 거의 개입하지 못하게 된다. 1973년 석유 파동을 일으킨 산유국 카르텔인 〈석유수출국기구〉만이 유일하게 선진 산업 세계의 이해관계로 제3세계가 위협에 처할 때 단결을 통해 그 위기를 극복할 수 있다는 사실을 보여 주었다. 그 뒤에도 비슷한 시도가 이어졌지만 위험성을 인식한 서구 세계가 사전에 차단했다. 남반구 세력이 약화되면서 권력을 재분배할 '신질서'를 수립한다는 전망도 함께 사라졌다. 국제주의자들은 이런 흐름을 사회주의와 전체주의의 광기를 정복한 즐거운 사건으로 받아들이지 않았다. 그저 세계를 지금과 같이 매우 불평등한 상태로 유지해 자신들에게 유리한 방향으로 이끌어 가려는 목적을 가진 사람들, 즉 서구 자본주의자들의 승리일 뿐이었다. 돌이켜 보면 당시 일련의 흐름은 1945년과 1960년 이후 세계가 크게 바뀌었다는 사실을 알리는 지표이자 유엔이 국제 문제의 윤곽을 정하는 포괄적인 존재가 아니라 북반구와 남반구, 자본주의와 사회주의, 선진 산업 국가와 개발도상국과 같은 축을 중심으로 돌아가는 세계 정치의 축소판일 뿐임을 드러내는 지표였다.

1970년대와 1980년대 유가가 상승하면서 아라비아 사막 지역의 가난한 전제 정권들이 세상에서 가장 부유한 국가로 부상했고 남반구 국가들이 분열하기 시작했다. 막대한 천연자원을 보유해 투자 가치가 높은 국가의 경우 경제 호황이 찾아오면서 소비 시장이 성장했지만 천연자원을 보유하지 못한 국가들은 같은 전략으로 경제를 '개발'할 수 없어 1인당 국민소득 150달러조차 달성하지 못했다.[11] 과거 '남반구'에는 탈식

민 국가라는 동질성이 있었지만 이제는 통합을 유지하고 이해관계를 같이할 이유가 없어졌다. 세계화가 속도를 더해 갈수록 호랑이 경제국 대 실패한 국가, 새뮤얼 헌팅턴이 주창한 문화 간 "문명의 충돌"[12], 핵무기 보유국 대 비보유국 등 새로운 이분법이 속속 등장했다. 유엔이라

• 호랑이 경제국 경제가 급속하게 발전한 국가를 말한다. 일본, 남한, 싱가포르, 홍콩과 대만을 가리키는 말로 쓰이다가 1990년대 이후 두바이, 아일랜드 공화국, 슬로바키아와 발틱 해 주변 국가까지 포괄하게 됐다. 옮긴이

는 한 가족을 이루는 국가들이 이런 저런 차이를 근거로 헤쳐 모이는 현상이 지속되면서 '국제 안보'를 목적으로 하는 세계 체계

구성은 한없이 복잡한 문제가 되었다.

새로운 전망과 생각

1982년 하비에르 페레스 데 케야르 사무총장의 임기가 시작되었다. 총회에 제출한 첫 보고서에서 케야르 사무총장은 다음과 같이 경고했다. "이사회는 무력해 보이고 (…) 유엔 헌장에 기술되어 있는 평화 정착 과정은 내팽개쳐지기 일쑤입니다. 유엔 헌장 7장은 세계에 평화를 가져다 줄 더 단호한 조치를 규정하곤 있지만 (…) 그런 조치를 실행에 옮길 가능성은 거의 제로에 가까운 상태입니다. 지금 우리는 국제적 무정부 상태로 빠져들고 있습니다."[13] 몇 년 뒤 소비에트연방이 서구권과 협력하는 방향으로 선회하면서 새로운 길이 열렸다. 케야르 사무총장은 미국과 소비에트연방이 화해한 틈을 이용해 안전보장이사회의 핵심 대사들이 참석하는 비공식 모임을 주도했다. 공식 회의가 아니기에 검토할 안건도 없었다. 그저 안전보장이사회 이사국 간의 결속을 다져 이사회의 영향력을 증진하고자 하는 목적이었다. 케야르 사무총장의 뒤를 이은 부트로스 갈리 사무총장은 이런 모임이 시간 낭비라고 생각해 참석하지 않았다.

당시 진행 중이던 대부분의 분쟁은 국가 간이 아니라 국가 안에서 일어난 것이었고, 알다시피 유엔은 국내에서 일어난 전쟁에 간여할 권한이 없었다. 그럼에도 유엔이 회원국의 신뢰를 얻으려면 인도주의 차원에서 이루어지는 구호 활동 이상의 역할을 해야

만 했다. 1980년대 말 미국과 소비에트연방 사이에 화해 분위기가 새롭게 조성됐다. 당시 미국은 평화 중개인인 유엔이 중앙아메리카 내전에 개입하는 것이 자국의 이해에 부합한다는 것을 눈치챘고 소비에트연방 역시 아프가니스탄에서 자국 군대를 철수할 때 유엔이라는 울타리가 유용한 피난처 역할을 해 줄 수 있다는 사실을 깨달았다. 미국과 소비에트연방이 유엔의 쓸모를 알게 되면서 사무총장 개인이나 유엔 기구가 전쟁의 참화를 끝내는 데 도움이 될 만한 조직과 인력(푸른 베레모를 썼든, 사복을 입었든)을 제공할 여건이 마련되었다.

1990년대 초반, 유엔의 정치적 역량이 뒤늦게 꽃피면서 유엔이 다시 한 번 전 세계에 평화를 가져다 줄 것이라는 기대가 한껏 달아올랐다. 사담 후세인이 쿠웨이트를 침공하자 안전보장이사회가 단결해 1991년 유엔의 기치 아래 걸프전*을 치렀다. 그러나 국가 분열 사태나 국내 분쟁으로 빚어진 폭력에 대한 통제는 강대국의 관심사 밖이었다. 개발 실패로 격화되는 국내 분쟁은 무장 세력들이 부富나 생존 수단을 둘러싸고 벌이는 권력 투쟁 양상을 띠었다. 이런 분쟁은 아프가니스탄, 소말리아, 앙골라, 아이티, 동티모르, 구舊유고슬라비아, 수단 등 헤아릴 수 없이 많은 곳에서 일어났다. 유엔은 비개입 원칙을 어기고 이런 분쟁에 뛰어들 만한 명분을 찾아야 했다. 명분을 찾기가 쉽지는 않았지만 국내에서 벌어지는 분쟁에는 끔찍한 폭력이 수반되었으므로 이러한 분쟁을 제어하는 것은 유엔의 중요한 관심사였다.

1992년 1월 안전보장이사회 사상 최초로 각국 정부 수장이 회동했다. 각국 정상들은 냉전의 종식으로 "더 안전하고, 더 평등하며, 더 인간적인 세계가 도래하리라는 희망이 고조되었다"고 선언했다. 안전보장이사회는 부트로스 부트로스 갈리 사무총장에게 유엔 헌장의 테두리를 벗어나지 않으면서 유엔의 예방 외교, 평화 조성, 평화 구축 능력을 한층 높일 원칙을 수립할 것을 요청했다.[14] 뛰어난 지식인이자 지금까지 유엔이 관여한 국제 문제에서 두루 경험을 쌓은 부트로스 갈리 사무총장도 유엔의

＊ 깊이 읽기

중동의 화약고 폭발하다

이라크와 쿠웨이트는 오랫동안 접경 지대 유전을 둘러싸고 영유권 분쟁을 계속해 왔다. 1990년 8월 2일 사담 후세인이 이란-이라크 전쟁 승리의 여세를 몰아 쿠웨이트를 침공했고, 이에 미국, 영국, 프랑스 등 강대국과 이집트, 시리아 등 중동 여러 나라가 다국적군을 구성해 1991년 1월 이라크 공습을 개시함으로써 걸프 전쟁이 발발했다. 유엔이 이라크에 대한 경제제재와 해상 및 공역 봉쇄를 결정했음에도 이라크가 쿠웨이트에서 철수하지 않자 안전보장이사회의 결의(결의안 678호)를 통해 다국적군이 개입하게 되었다. 걸프 전쟁은 1991년 4월 11일 이라크가 유엔의 항구 정전 결의(결의안 687호)를 받아들이면서 끝이 났고 2003년 미국의 이라크 재침공과 구분하기 위해 제1차 걸프 전쟁이라고도 불린다. 옮긴이

임무를 다시 설정해 새로운 시대에 부응해야 한다고 보았다. 부트로스 갈리 사무총장의 제안을 담은 『평화를 위한 의제Agenda for Peace』는 "어려운 결정을 내려야 한다는 요구가 급증하는 오늘날, 공동의 정신을 새롭게 할 의지를 보이지 않는다면 실질적인 진전은 불가능하다"고 경고한다. 그러나 국가 간 공동의 정신이란 규정하기도 어려울 뿐더러 변화무쌍한 일시적인 것일 뿐이었다.

유엔 후원하에 가능한 안보 활동은 두 종류였다. 하나는 분쟁이 끝난 지역에 개입해 선거를 처리 민간 정부를 구성하는 일을 돕고 그렇게 구성된 민간 정부가 원활히 기능할 수 있는 환경을 조성하는 일로, 예방 외교, 평화 조성, 평화 구축 활동이 여기에 속한다. 유엔이 이런 활동을 하려면 분쟁 당사자들이 유엔의 개입을 요구하거나 적어도 동의해야 한다. 대부분의 국가는 다른 나라에서 내부 분쟁이 발생하면 유엔이 나서서 해결해야 한다고 생각하면서도 정작 자기 나라에 분쟁이 생기면 유엔의 개입을 원하지 않는다. 북아일랜드 문제가 발생했을 때 영국이 취한 태도가 그러했다. 이 점을 감안할 때 이런 방식으로 유엔이 중재에 나서 문제를 해결한 사례의 수는 생각보다 많았다. 두 번째 유형의 활동은 제재나 '평화 강제'다. 안전보장이사회와 거부권을 행사할 수 있는 다섯 개 상임이사국의 합의가 있을 경우 당사국이 원하지 않아도 유엔이 개입할 수 있다.

1990년대에는 유엔이 맡아 수행한 평화 활동의 규모가 이례적으로 컸다. 유엔은 1987년 11건, 1994년 28건의 분쟁에 개입해 문제 해결에 기여했다. 평화 유지 활동은 5차례에서 17차례로, 군 인력은 9천5백7십 명에서 7만 3천4백 명으로, 비용은 2억 3천만 달러에서 36억 1천만 달러로 늘어났다.[15] 대부분의 분쟁은 국내 분쟁이었다. 아프리카에서 발생한 분쟁의 경우 경찰과 사법부를 포함한 국가기구의 붕괴, 공무원이나 전문가 암살, 그리고 '실패한 국가'의 통치 불능 상태가 빚어 낸 문제들과 관련된 분쟁이 주를 이뤘다. 그런 업무를 수행하기 위해 설립된 조직도 아니고 자원도 없는 다자간 기구로서는 이와 같이 지극히 복잡하고 위험한 상황을 해결하기에는 원칙적으로나 실질적으로 역부족이었다. 훨씬 더 많은 자원을 가진 정부들조차 도움을 주다가 손을 떼기도 했다. 그러나 안타깝게도 평화 정착에 대한 기대는 자꾸만 부풀어 올랐고 유엔의 기능에 대한 과대망상 역시 커져 갔다.

큰 기대는 할 수 없는 상황이었지만 냉전이 끝난 직후 유엔은 성공적으로 평화 유지 활동을 수행했다. 케야르 사무총장 재임 당시 평화 유지 활동은 새로운 차원으로 승화되어 니카라과(1989~1991), 캄보디아(1991~1993), 엘살바도르(1991~1995)[16]에 유엔 평화유지군과 민간 인력이 파견되었고 선거 관리, 인권 침해 감시, 군대 해산, 정부 기구 복원 및 재구축을 도왔다. 그러나 부트로스 갈리 사무총장 시절 완성된 효율적인 평화 유지 활동은 오늘날 거의 잊혀지고 말았다.

유엔 평화 유지 활동의 급격한 증가

1990년대 말에서 2000년대 초 유엔 평화 유지 활동은 투입 인력이나 예산 면에서 급성장했다.

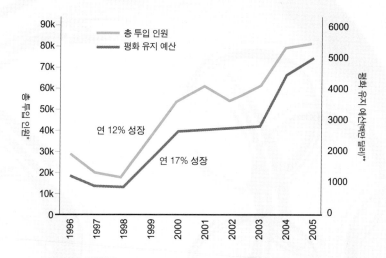

	1996	1997	1998	1999	2000	2001	2002	2003	2004	2005
평화 유지 활동 횟수	16	14	14	16	14	12	12	11	15	15
활동당 평균 투입 인력	1,816	1,443	1,223	2,200	3,917	5,198	4,465	5,519	5,315	5,524

▶출처—*Investing in the United Nations for a Stronger Organization Worldwide*, Report of the Secretary-General, March 2006.

---

*평균 2년간 근무하는 군 인력 및 민간 인력, 본부 지원 인력을 포함한 수치다.
**연간 예산은 금년 7월에서 이듬해 6월까지의 예산을 뜻한다. 예) 1996년 예산은 1996년 7월부터 1997년 6월까지의 예산을 뜻한다.

재난은 유엔이 맡아 처리해야 할 또 다른 임무였지만 유엔 초
창기에는 별다른 주목을 받지 못했다. 그러다가 1992년 대규모
유엔군이 소말리아에 파견되어 오랜 전쟁으로 황폐해진 나라에
서 기아로 죽어 가는 사람들을 구했다. 안전보장이사회가 승인한
이 활동은 국내 인권 문제를 국제 평화에 대한 위협으로 간주하
고 유엔 헌장 7장에 따라 개입한 최초의 사건이었다.[17] 인도주의
원조 활동이 어느 정도 진척되자 유엔은 1993년 중반부터 소말리
아에 소규모 평화유지군을 가동했다. 하지만 소말리아 군벌의 비
타협적인 태도, 그들을 돕는 동맹국들의 변덕, 무장해제의 어려
움은 제대로 파악하지 못한 상태였다. 따라서 사무총장이 직접
지휘했다는 의미에서 역시 '최초'로 기록된 두 번째 작전은 실패
로 끝나고 말았다.

유엔군이 소말리아 군벌 모하메드 파라 아이디드 장군과 전투
를 벌이면서 유엔의 공정성도 사라졌다. 유엔군 수뇌부는 혼란에
빠졌고 유엔과 소말리아 대표단의 질타를 받았다. 아이디드 장군
을 생포하려고 노력했지만 소득이 없었고 일부 평화유지군과 수
많은 소말리아인들의 목숨만 잃었다. 1993년 블랙호크 헬리콥터
두 대가 아이디드군의 공격을 받고 추락해 미 해병대원 17명이
목숨을 잃는 끔찍한 사건이 벌어졌다. 미국 내 반응이 격해지자
클린턴 대통령은 부트로스 갈리 사무총장의 의견도 묻지 않은 채
1994년 3월 일방적으로 미군 철수를 선언했다. 미 행정부와 사무

총장이 임무 실패의 책임을 서로의 탓으로 돌리면서 둘 사이의 관계가 악화되었다. 유엔은 작전을 제대로 수행할 역량이 없는 상태에서 평화 유지와 아무런 관련이 없는 일을 무리하게 추진하다가 혼란스러운 무장투쟁의 소용돌이에 휘말려 헤어나지 못했다. 수십 년이 지난 오늘까지도 소말리아에는 평화나 정치적 안정이 깃들지 못하고 있다.

소말리아 사건을 계기로 케야르 사무총장이 작성한『평화를 위한 의제』가 과연 실용적인 의제인가 하는 의문이 제기됐다. 그러나 소말리아 사건만 그런 깨우침을 준 것은 아니다. 전쟁에 휘말린 발칸 반도에 휴전 상태를 감독하고 민간인 구호 활동과 보호 활동을 전개하는 임무를 받고 유엔 평화유지군이 파견되었다.(3장 참고) 1992년에서 1993년 보스니아-헤르체고비나 내전이 심화되자 안전보장이사회가 유엔 헌장 7장에 명시된 '평화 강제'를 실행에 옮긴 것이다. 그러나 규모가 작아서였는지 군사적 역량이 부족해서였는지 평화유지군은 전쟁을 멈추지 못했다.[18] 정치적 해결 가능성이 전혀 보이지 않는 가운데 1995년 스레브레니차 학살˚이 일어났다. 평화유지군이 감독하는 '안전지대'조차 안전하지 않다는 사실이 입증된 것이다. 보스니아 사태를 두고 미국 정부는 유엔이 나토군의 도움을 거부해 전쟁이 오히려 길어졌으며 결국에는 공격을 시작한 보스니아-세르비아계와 부당하게 결탁하기에 이르렀다며 부트로스 갈리 사무총장을 비난했다. 유엔은 침략자를 진압하고 무력화시킬 정치적, 군사적 역량이 있는 국가들을 한데 모으는 장으로는 훌륭하게 기능할지 모르지만 전

시 작전을 펼치기에는 정치적으로나 군사적으로 무능력한 조직
이라는 사실만 다시 한 번 확인하고 말았다.

소말리아 사태를 겪은 뒤에도 유엔과 안전보장이사회는 50년
역사상 최악의 실패로 기록될 만한 사건에 다시 뛰어들었다.
1994년 4월 르완다에 파견된 유엔 평화유지군은 후투족 극단주
의자들의 집단 학살을 막지 못했다.

유엔을 좌절하게 한 스레브레니차 학살 사건

스레브레니차 학살 사건은 보스니아 내전 당시 유엔이 '안전지대'로 선포
한 스레브레니차 지역에 세르비아군이 침공해 약 8천 명의 이슬람교도를
학살한 사건으로, 제2차 세계대전 이후 가장 규모가 큰 학살로 기록되었고,
인종 청소 목적이 뚜렷했다.

당시 스레브레니차에는 네덜란드 평화유지군 4백 명이 무장한 채 주둔 중
이었는데, 2002년 〈네덜란드 전쟁기록연구소(NIWD)〉가 정부에 제출한 상
황 보고서에 따르면, 정부가 3만여 명의 난민을 지키기 위해 위험 지대에
병력을 파견하면서 수차례의 경고를 무시한 채 제대로 무장하지 않은 병력
을 파견해, 스레브레니차 학살을 막지 못했다고 한다. 또 당시 군이 대학살
에 대한 정보를 입수하고도 비난을 두려워해 보류하고 있었으며, 유엔 또한
'안전지대'에 대한 명확한 정의 없이 임무를 맡겼다고도 지적했다.

스레브레니차 학살 사건과 관련해 〈구유고슬라비아 국제형사재판소(ICTY)〉
는 학살의 주범인 세르비아 사령관 라트코 플라디치Ratko Mladi를 전범으로
기소했고, 플라디치는 지난 2011년 16년의 도피 생활 끝에 세르비아에서
체포돼 헤이그의 〈국제전범재판소〉에서 판결을 기다리고 있다. 옮긴이

▶출처－http://terms.naver.com/entry.nhn?docId=69590

유엔은 대체로 지나치게 과감한 게 문제였는데 르완다에서는 지나치게 소심한 것이 문제였다. 고위 관리가 아니라 일국의 수장처럼 행동했던 부트로스 갈리 사무총장의 결정은 유엔 체계에 내재한 부정적인 측면과 약점을 만천하에 드러냈다. 회원국의 결정과 재정 지원에 전

적으로 의존하는 기구라는 점을 감안할 때 모든 비난을 유엔에 돌리는 것은 부당하지만 평화 유지 활동은 현실과 동떨어져 제대로 관리되지 못하기 일쑤였다. 부트로스 갈리 사무총장과 코피 아난 사무총장은 자원이 부족해 결국 좋지 못한 결과로 이어질 과업들을 미리 판단해 거부했어야 했다. 하지만 어떻게 그런 결정을 내린다는 말인가? 유엔은 국제사회의 난제를 해결할 최후의 보루인데다가 사무국은 안전보장이사회의 요구가 아무리 비현실적이라고 해도 거부할 수 없다. 특히 고통 받는 사람들이 도움을 호소하는 상황에서는 더욱 그렇다.

르완다 대학살의 경우처럼 미국 같은 힘 있는 회원국들의 관심 밖에 있는 일이라서 자원이나 군대를 지원받기 어려울 경우 유엔은 더욱 무력해질 수밖에 없다. 소말리아에서 큰 실패를 맛본 다음, 미국은 자국내 문제에 관련되는 사안이 아닌 한 유엔의 평화 유지 활동이나 평화 강제 활동에 참여하지 않겠다고 선언했다. 다르푸르 사태가 일어났을 때 러시아와 중국도 자신들의 정치적 이해나 재정 상황에 따라 유엔의 활동을 제한하는 태도를 보였다.

1997년 부트로스 갈리 사무총장은 순전히 미국의 고집 때문에 연임하지 못했고 코피 아난이 차기 사무총장에 선출되었다. 유엔 사상 최초로 유엔 기구 직원 출신이 사무총장이 된 것이다. 코피 아난 사무총장은 부트로스 갈리 사무총장과는 다르게 스스로를 내세우지 않는 공직자였다. 1990년대에 조종석에 앉은 아난 사무총장은 더디게 발전하는 유엔의 한계를 알고 있었고 비용 절감 및 내부 개혁에 헌신했다.

한동안 아난 사무총장의 임기는 찬란하게 빛났다. 1998년 바그다드를 방문한 아난 사무총장은 사담 후세인과의 협상을 성사시켜 이라크에 대한 공격을 간신히 모면해 큰 박수갈채를 받았다.[19] 코피 아난 사무총장은 다그 함마르셸드 사무총장이 환생한 것이 아

• 깊이 읽기

코피 아난 사무총장, 이라크 전쟁을 막다

1991년 걸프전 종전 후 맺은 합의에 따라 이라크에서 유엔의 무기 사찰이 이뤄진다. 그러나 1998년 12월, 이라크가 미국의 경제재제에 항의하여 무기 사찰을 전면 거부하고 사찰단이 이라크에서 철수하는 일이 벌어진다. 클린턴 당시 미 행정부는 이에 대해 전쟁도 불사하겠다는 강경한 뜻을 비추며 국제사회의 긴장을 고조시켰다. 그 가운데 코피 아난 사무총장이 이라크를 전격 방문, 사담 후세인에게서 무기 사찰 재개 약속을 받아내는 데 성공했다. 옮긴이

닌가 싶을 정도로 세계적인 유명인사가 되었고 2001년에는 노벨 평화상까지 수상했다. 코피 아난 사무총장이 재임하는 동안 심각한 고난에 빠진 사람들을 보호하려는 유엔의 개입을 저지할 수 없다는 사실이 더 분명해졌다. 유엔 헌장이 그 근거였다. 유엔의 중립 원칙은 여전했지만 어느 정부도 민간인에 대한 폭력을 불가침의 국가의 '주권' 행사라고 주장할 수 없게 되었다. 비공식적으로 인정되던 '인도주의 개입' 원칙이 2005년부터 "인류를 보호할 유엔의 책임"으로 공식적으로 인정 받게 되었다.

　그러나 9.11 이후 상황이 악화되기 시작했다. 북반구와 남반구의 경제 격차는 이슬람 원리주의자의 분노에 기름을 부었고, 그 분노는 서구 사상과 서구식 제도에 대한 분풀이로 표출되었다. 이슬람 원리주의자들이 선택한 '테러의 정치'라는 방법은 기존의 국제 안보 도구로 제어할 수 있는 것이 아니었다. 테러라는 새로운 문제가 등장하자 뚜렷한 위협을 미연에 방지한다는 명분하에 이슬람 원리주의자와 공모한 국가에 대한 무력 개입이 정당화됐다. 테러는 최근에 발생한 국제 문제 중 가장 역동적인 사안에 속한다. 1930년대 파시즘이 등장한 이래 세계가 직면한 가장 거대한 문제이며 국가를 기반으로 대치했던 냉전보다 심각한 문제다. 국제적 갈등을 해결하기 위해 국가들이 모여 만든 기구가 과연 '테러와의 전쟁'을 수행하는 데 적합한지 여부는 누구도 선뜻 답할 수 없었다. 게다가 조지 W. 부시 대통령 시기의 미국은 다자간 외교를 대놓고 무시하면서 유엔을 다시 한 번 위기로 몰아넣었다.

　2002년 미국이 아프가니스탄의 탈레반을 상대로 벌인 전쟁은 거의 모든 국가의 지지를 받았다. 그러나 대량 살상 무기를 없애라는 유엔의 타협안을 이라크가 이행하지 않았다고 주장하면서 사담 후세인을 상대로 새로운 전쟁을 벌이려 했을 때는 양상이 달랐다. 1991년 이후 유엔은 이라크에 대량 살상 무기 프로그램을 폐기할 것을 요구하며 제재를 가했는데, 이는 논란의 대상이 됐다. 유엔의 제재가 사담 후세인 같은 이라크의 상류층이 아닌 민간인에게 영향을 줄 것이라는 의견이 지배적이었기 때문이다. 이에 안전보장이사회는 사무국의 감독하에 이라크의 석유를 식량 및 인도주의 원조와 맞바꾸는 프로그램(석유식량계획)을 수립했다. 유엔 무기 사찰단이 이라크의 무기 제조 능력을 상당히 감축시켰지만 1998년 말에도 제재는 여전히 풀리지 않았다. 2002년 미국과 영국 정보기관은 이라크가 대량 살상 무기를 제작하고 있다는 정보를 퍼뜨려 이라크 침공이 세계 안보를 위한 것이라는 주장의 근거로 삼았다. 2003년 매파는 전쟁을 향해 부지런히 달려가고 있었다.

*매파hawks—토머스 제퍼슨이 처음 사용한 말로, 대외 강경론자, 또는 주전파主戰派를 가리킨다. 반면 온건한 협상을 지지하는 세력은 '비둘기파'로 불린다. 옮긴이

유엔은 기로에 놓였다. 안전보장이사회는 과거의 해결책을 좇아 미국 지휘하에 벌어지는 이라크 침공을 지지할 것인가? 미국이 압력을 넣었음에도 안전보장이사회의 회원국들은 주저했고 프랑스는 거부권을 행사하겠다고 나섰다. 전 세계 수백만 명의 사람들이 전쟁에 반대했기 때문에 국제 분쟁을 중재하는 토론장인 유엔이 전쟁을 승인한다면 지금까지 쌓아 온 신뢰를 한꺼번에 잃어버

릴 수도 있었다. 그러나 거절한다면 미국의 신뢰를 잃게 될 것이었다. 2004년 미국은 언론을 통해 이번 전쟁이 유엔 헌장에 규정된 '평화 강제'를 이행하는 적법한 활동이라고 공표하라며 코피 아난 사무총장에게 압력을 넣었다. 그러나 코피 아난 사무총장은 전 세계에 방송되는 유엔 뉴스를 통해 이 전쟁이 적법하지 않다고 응수했다. 코피 아난 사무총장은 미국의 지지를 잃게 됐고 미국의 관리들은 온갖 수단을 동원해 유엔과 사무총장 개인을 헐뜯고 모욕해 사임을 유도했다.

때마침 이라크 석유식량계획Oil for Food Program과 관련된 부패가 드러났다. 그러나 대부분의 부정부패는 이라크에 진출한 회원국 회사들이 이윤이 많이 나는 계약을 따내기 위해 저지른 것이었다. 사무국과 연관된 부정부패는 거의 없었고, 코피 아난 사무총장과 관련해서도 그의 아들이 부정을 저지른 회사에서 근무했다는 사실 말고는 문제될 것이 없었다. 워싱턴은 국제적인 사안에 대한 유엔의 대응이 자신의 이해관계와 부합하지 않았기 때문에 유엔을 음해했고, 결국 코피 아난 사무총장은 마크 맬럭 브라운Mark Malloch-Brown 사무부총장을 보내 워싱턴을 설득해야 했다. 큰 타격을 받았지만 코피 아난 사무총장은 2006년 임기가 끝날 때까지 자리를 보존했다. 한편 다음으로 사무총장에 오른 한국 출신 반기문 사무총장은 미국과 대립각을 세울 인사로 보이지 않는다. 미국이 유엔에 미치는 결정적인 영향력이 축복이 될 수도 있고 유엔의 발목을 잡는 걸림돌이 될 수도 있지만 어쨌든 미국의 힘은 무시할 수 없는 엄연한 사실이다. 아무리 불편해도 유엔에는 미국의 역할이 꼭 필요하다.

부트로스 갈리 사무총장과 코피 아난 사무총장은 안보 문제와 개발 문제가 또 다른 차원으로 진입하는 시대에 발맞춰 유엔의 행동 수칙, 원칙, 시행 기구를 조정하는 일에 자신들의 열정을 몽땅 쏟아부었다. 두 사람은 세계와 유엔이 도저히 눈감고 지나칠 수 없을 만큼 끔찍하게 고통 받는 사람들을 돕고자 했다. 그러나 다음 장에서 알게 되겠지만, 인도주의는 위기에 봉착하고 만다.

3 구조와 구호

THE UNITED NATIONS

인도주의 활동을 펼치는 유엔의 기구로는 어떤 것이 있는가?
유엔은 긴급 구조 및 구호 활동에서 어떤 성공과 실패를 맛보았나?
인도주의 활동에서 정치적 중립을 지키는 일은 왜 어려운가?

03

구조와 구호

제2차 세계대전이 끝난 뒤 구호 차원에서 이뤄진 인도주의 활동은 유엔의 임무로
자리 잡았다. 그러나 초기에는 유엔의 원조가 공산권 국가에는 미치지 못하는 등,
구호 활동이 정치적 소용돌이에 휘말렸다. 전쟁이나 자연재해가 유발한 피해를
수습하는 구호 활동은 유엔의 특수 기구를 통해 이뤄진다. 이들 기구는 특정한 맥
락에서 탄생했고 일부는 난민 같은 피해자 집단을 위해 설립됐다. 오랫동안 유엔
의 구호 원조 활동은 큰 주목을 받지 못했다. 일시적으로 고통 받는 사람들의 안
녕은 유엔의 중심 과업으로 여겨지지 않았던 것이다. 그러나 1980년대와 1990년
대 들어 국내 분쟁으로 고통 받는 사람들이 점점 늘면서 구호 활동이 국제 안보와
관련해 중요한 쟁점으로 떠올랐다. '인도주의 원칙'은 국내 문제에 간여하는 국제
공동체의 행동을 정당화할까? 그리고 구호와 구조 활동은 정치적 구획을 넘어서
야 하는가?

  오늘날에는 전쟁의 참화로 고통 받는 무고한 사람들이 인도주
의 차원의 구호 대상이라는 점을 당연하게 여기지만 1939년에서
1945년 사이 전쟁이 한창이던 때만 해도 그렇지 않았다. 그때는
적국에 속한 사람이라면 젖먹이에서 80대 할머니에 이르기까지
모두가 적군에 연루됐다고 보는 것이 보편적이었다. 퀘이커 교도

와 〈국제적십자〉만이 다른 생각을 가지고 있었다. 윈스턴 처칠과 영국 의회가 옹호했던 '총력전' 개념에서는 동맹국이라 해도 나치 독일에 점령당했다면 구호 활동을 하지 않는 게 원칙이었다. 포로를 돌볼 책임은 적군에게 있으니 구호 활동은 그런 적군을 돕는 효과만 가져올 뿐이라는 이유에서다.[1] 식량을 수입에 의존했던 그리스가 독일에 점령당했을 때 프랭클린 루스벨트가 처칠을 설득하지 않았다면 굶주림에 시달리고 있던 그리스 민간인에게 제공할 식량과 의약품을 실은 〈국제적십자〉 선박이 영국 전함의 방어선을 통과해 독일이 점령한 그리스로 갈 수 없었을 것이다.[2] 그러므로 인도주의 구호를 당연시하는 오늘날의 규범은 상전벽해 같은 변화를 겪은 것이나 다름없다.

1장에서 언급한 대로 유엔은 회원국들이 유엔 헌장에 서명하기 전부터 자유를 되찾은 유럽 국가에 막대한 양의 구호물자를 보내 각국의 안정을 도왔다. 동유럽이 소비에트연방으로 통합되면서 유엔의 구호 활동이 중단되었고 1947년 미국의 주도하에 서유럽만을 돕는 마셜 계획이 수립되었다. 영국에서 〈세이브더칠드런〉을 설립한 에글렌타인 젭Eglantyne Jebb 이 1919년 처음으로 아동은 적이 아니라는 원칙을 구체화했고[3] 이에 따른 예외가 인정되어 폴란드 같은 나라에서는 유엔의 후원하에 아동에 대한 구호 활동이 지속될 수 있었다. 기존에 〈국제적십자〉

• 〈세이브더칠드런Save the Children〉―제1차 세계대전 직후인 1919년 "아동에게는 생존, 보호, 발달, 참여의 권리가 있다"는 철학에 바탕해 세계 최초로 아동의 권리를 정식화한 단체다. 제2차 세계대전, 한국전쟁, 르완다와 이라크 사태 등, 전쟁과 재난 상황에서 아동의 권리를 보호하는 데 앞장서 왔다. 옮긴이

가 수립한 원칙 즉, 전투 중에 부상당하거나 사로잡힌 사람들은 인도주의 차원의 원조를 받아야 한다는 원칙과 더불어 아동에 대한 후원 역시 중립적인 구호 활동임을 확인하게 된 계기였다.

아동에 대한 구호가 필요하다는 주장이 다수의 지지를 받으면서 〈유니세프〉가 창설되었다. 〈유니세프〉는 출범할 때부터 아동 구호 활동을 정치와 전혀 관계없는 일이라고 못 박고, 동유럽이나 1945년 이후 내전을 겪고 있는 중국과 그리스의 양 진영 어디서든 아동 구호 활동이 이뤄져야 한다고 주장했다.[4] 〈유니세프〉는 의도치 않게 개별 국가의 주권을 온전히 인정하고 국내 문제에는 개입하지 않는다는 유엔의 원칙을 피해 갈 트로이의 목마가 된 셈이었다. 당시에는 대중도, 인도주의 문제를 분석하는 전문가들도 이러한 사실을 거의 눈치 채지 못했다. 따라서 대부분의 사람들은 '비정치적인' 존재인 아동에 관련된 문제를 다룬다는 점에서 〈유니세프〉를 유엔과 전혀 무관한 기구로 생각하게 되었다.

실향민과 난민

제2차 세계대전이 끝난 직후 유엔은 캠프에 남아 있는 수많은 유럽 난민을 인도주의적으로 처리해야 하는 문제에 봉착했다. 1950년 총회 결의안에 따라 〈유엔난민기구〉가 〈국제난민기구〉로부터 난민 관련 임무를 넘겨받았다. 애초에 〈국제난민기구〉나 〈유엔난민기구〉는 유럽의 난민 문제만을 다뤘기 때문에 1948년 이스라엘이 건국하면서 생겨난 팔레스타인 난민 문제는 특별 기구인 〈유엔팔레스타인 난민구호사업기구〉를 발족해 대처했다. 이후 중동 전역에서 발생한 분쟁으로 실향민이 된 사람들을 돌보는 일로 임무가 확대된 〈유엔팔레스타인 난민구호사업기구〉는 2007년 한 해에만 4억 8천3백만 달러의 예산을 집행했다.[5]

1951년 체결된 난민협약은 유엔이 체결한 국제법 중 주목할 만한 것이다.(5장 참고) 난민협약은 인종, 종교, 국적, 특정 사회집단이나 정치집단에 속해 있다는 점에서 박해를 받을 만한 '충분한 이유가 있는 공포'에 시달릴 경우 자기 국가를 떠난 사람들이 보호받고 망명할 수 있는 권리를 규정했다.[6] 대규모 이민과 망명 신청이 잇따르고 있는 요즘 시대에는 부적절하다는 비판을 받기도 하지만 난민협약은 난민의 권리를 위해 활동하는 단체나 활동가의 지지를 받으며 여전히 제 역할을 다하고 있다. 그러나 예전보다는 협소하게 해석되거나 일관성 없게 해석되는 경향을 보이는 것은 사실이다.[7]

• "난민 지위에 관한 협약" ─ 제2차 세계대전으로 발생한 난민 문제를 해결하기 위해 유엔에서 채택한 협약으로 당시에는 1951년 이전, 유럽 지역에서 발생한 난민만을 대상으로 한다는 시간적·지역적 제약이 있었다. 이러한 제약은 1967년 "난민 지위에 관한 의정서"를 통해 사라졌고 현재는 한국을 포함해 126개 당사국을 두고 있다. 옮긴이

• 국내실향민(IDP)─난민과 유사한 상황에 처해 있지만 여전히 자신의 국적국에 남아 있는 사람. 옮긴이

〈유엔난민기구〉는 이내 영구 기구로 발돋움했고 그 임무도 전 세계 난민을 대상으로 한 구호 활동으로 확대되었다. 1980년대에 〈유엔난민기구〉는 국경을 넘어와 난민 캠프에서 생활하는 사람들에 대한 대규모 구호 활동을 책임졌고 1990년대에는 국내실향민을

돌보는 유엔의 활동을 주도했다. 이런 활동은 엄밀히 말해 〈유엔난민기구〉의 임무가 아니었지만 국경을 넘어온 난민과 국내실향민의 처지가 외면하기 힘들 만큼 열악했으므로 개입하지 않을 수 없었다. 한편 〈유엔난민기구〉가 자국에 들어와 실향민을 돌보는 것을 반기지 않는 국가도 있었다. 1980년대에는 국경을 넘거나 국내를 유랑하는 난민이 모두 막대하게 증가했지만 오늘날에는 국경을 넘는 난민보다는 국내실향민이 압도적으로 많다. (둘 다 비호신청자와는 다른 개념이다.) 국경을 넘는 난민은 9백9십만 명인데 비해 국내실향민은 2천4백5십만 명에 달한

●비호신청자Asylum seeker─난민이 수용국에 보호를 요청했지만 아직 공식적으로 지위를 인정받지 못한 상태. 옮긴이

다.[8](114쪽~115쪽 참고)

시간이 흐르면서 〈유엔난민기구〉도 〈유니세프〉처럼 물자 조달, 물자 수송, 배급 등의 인도주의 사업을 수행하는 전문 기관으로 발전해 갔다. 그러나 규모가 커지고 활동 범위가 확대될수록 난민 보호라는 본래 임무는 조금씩 희석됐다. 유엔 체계 안에서 〈유엔난민기구〉는 전쟁이나 박해로 발생한 난민에게 인도주의 차원의 구호를 제공하는 임무를 맡는다. 〈유엔난민기구〉는 걸프전(1991) 이후 발생한 쿠르드 난민이나 구舊유고슬라비아와 중앙아프리카에서 발생한 위기 사태 등, 냉전 이후 벌어진 분쟁에 개입하면서 널리 알려지게 된다.

재난 구호

재난은 '천재'와 '인재'로 구분된다. 기근은 정치 실패나 전쟁으로 유발되기도 하고 기후변화로 발생하기도 하지만 이 둘을 구분하기란 여간 어려운 일이 아니다. 홍수, 지진, 가뭄 같은 천재로 고통 받는 사람들이 그런 재해에 책임이 없다는 점은 명백한 반면 '인재'의 책임 소재는 불명확하다. 비정부기구와 유엔 기구들이 "백인의 짐"을 개발도상국에서 인도주의 활동을 펼치는 것으로 재규정한 1960년대에는 '천재'와 '인재'를 구분하지 않았다. 당시 언론은 굶주리는 아동의 이미지를 전면에 내세워 인도주의 활동을 보도했다. 이런 보도들로 인도주의 활동이 유지될 수 있었던 것은 사실이지만 전통적인 자급자족 경제를 영위하는 저개발 국가에서 최저 수준으로 생계를 이어가는 사람들의 모습을 영구적인 재난 상태에 빠진 것처럼 묘사하는 바람에 혼선도 빚어졌다. 텔레비전에 방송되는 영상이 대중의 생각을 지배하기 시작했고 연민에 빠진 사람들은 재난이 휩쓸고 간 지역을 도와야 한다고 생각했다. 기부가 쇄도하면서 구호 활동이 활기를 띠었다. 그러나 경제학자 아마르티아 센이 노벨상 수상 연설에서 설명했듯 굶주림이 만연하게 된 원인으로 정치의 실패를 지목하는 사람은 드물었다.[9]

인류의 절반은 잘 먹고 잘사는데 또 다른 절반은 굶주리는 상황을 타개하기 위해 더 부유한 국가에 남아도는 식량을 식량이 부족한 지역으로 재분배하려는 노력이 이뤄졌다. 1961년 〈미국 평화를 위한 식량 계획US Food for Peace program〉 책임자 조지 맥거번George McGovern은 〈유엔식량농업기구〉 관리하에 다자간 식

아마르티아 센Amartya Kumar Sen, 1933~
인도의 경제학자이자 철학자. 불평등과 빈곤의 원인과 해결책을 경제학적으로 연구해 경제학계의 '마더 테레사'로도 불렸다. 1974년 방글라데시 기근을 비롯해 인도와 사하라 지역의 빈곤 문제를 연구해 후생경제학의 발전에 기여한 공로로 1998년 노벨 경제학상을 받는다. 옮긴이

량 원조 프로그램을 구축하자고 제안했고[10] 〈세계식량계획〉이 양자 간에 이뤄지던 식량 축적과 재분배 활동을 다자간에 이뤄지도록 재구성하는 중요한 역할을 맡았다. 다자간 프로그램이 도입되면서 일부 참여국 간에 의견 충돌이 빚어지더라도 결핍 상태에 빠진 위급한 사람들과 그렇지 않은 사람들을 규정하는 일에 전략적 이해관계가 끼어들 여지가 거의 사라졌다. 그 전에는 주요 기부국의 이해관계, 특정 프로그램에 기부하거나 또는 기부하지 않겠다는 기부국의 의사가 구호물자의 규모와 행선지에 큰 영향을 미쳐왔던 것이 사실이다. 세계에서 가장 큰 구호 기관으로 부상한 〈세계식량계획〉은 위급한 상황에 처한 사람들에게 식량을 제공할 뿐 아니라 가난한 농촌 공동체 학교에 급식을 제공하는 등, 인도주의 차원에서 이뤄지는 모든 형태의 식량 원조 활동을 펼쳤다.(95쪽 참고)

〈유니세프〉 같은 여러 국제기구와 〈옥스팜〉 같은 비정부기구는 국제 '자선 활동'을 시행하면서 너그러운 이미지를 쌓았다. 그러나 정작 '자선 기구'들은 자신들에게 덧입혀진 박애주의적 이미지를 부담스럽게 여겼다. 개발의 시대에 그들이 원했던 역할은 위기에 처한 사람들을 위기에서 끌어내는 단순한 활동이 아니라 주거 환경을 개선하고 의료 서비스를 받을 수 있게 해 기본적인 건강을 유지하게 하는 등, 인간의 조건을 향상시키기 위해 투자하는 역할이었기 때문이다. 한편 1960년대와 1970년대 라틴아메리카에 종속이론이 등장한 뒤부터 재난 구호 활동이 개발의 반反명제인지, 개발과 동일선상에 있는 것인지 하는 논란이 일었다. 종속이론에 관한 내용은 다음 장에서 더 자세히 다루겠지만 이 시기를 거치면서 '인도주의'나 '구호' 같은 용어에 신식민주의, 위선 같은 경멸의 의미가 담기게 되었다는 점을 알아둘 필요가 있다. '인도주의 원칙'은 '인재'로 인한 긴급 사태가 쏟아진 1990년대에 확산된 '인권' 개념과 결합해 더 강력한 사고로 발전해 나갔다. 그리고 종속이론이 이 과정에 중대한 영향을 미쳤다.

'자연' 재해 관련 구호 활동은 유엔 사무국 안에 설치된 재난구호국의 업무였다. 그러나 재난구호국의 가용 자원이 부족했던 탓에 지진과 같은 대형 자연 재해에 제대로 대처할 수 없었다. 1971년 방글라데시가 탄생할 무렵 불어닥친 재난에 대처하기 위해 유엔은 (1948년 이스라엘 탄생 당시와 마찬가지로) 특별 기구를 창설했다. 위기가 지나가자 해당 기구도 해체됐다. '주관 기구'에 배정할 [별도의] 긴급 구호 자금을 회원국에 요청하는 주체는 사무국이지만 실질적인 구호 활동은 적절한 권한을 가진 기구들이 담당한다.

긴급 구호, 뜨거운 맛을 보다

현대 긴급 구호 활동의 시초로 여겨지는 나이지리아 내전(1967~1970)에서 구호의 정치적 본질이 드러났다. 국내 문제에는 개입하지 않는다는 원칙을 유지하는 것이 불가능하다는 사실이 명백해

2005년, 〈세계식량계획〉 최악의 해

인도주의 차원의 원조라는 측면에서 볼 때, 2005년 〈세계식량계획〉은 제2차 세
계대전 이후 가장 큰 도전을 받았다. 인도양에서 발생한 쓰나미로 220만 명의
이재민이 발생해 식량 원조를 기다리고 있었고 아프리카에서는 다르푸르와 대
규모 메뚜기 떼가 출몰한 니제르에 식량 위기가 닥쳤다. 8월과 9월에는 허리케
인 카트리나뿐 아니라 과테말라에서 150만 명의 이재민을 낸 허리케인 스탠이
발생했고 10월에는 파키스탄 카슈미르에서 지진이 일어났다.

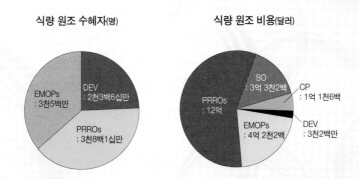

식량 원조 수혜자(명)

- EMOPs : 3천5백만
- DEV : 2천3백6십만
- PRROs : 3천8백1십만

식량 원조 비용(달러)

- SO : 3억 3천2백
- CP : 1억 1천6백
- PRROs : 12억
- EMOPs : 4억 2천2백
- DEV : 3천2백만

- DEV: 개발development projects
- EMOPs: 긴급 구호emergency operations
- PRROs: 장기 구제 및 복구protracted relief and recovery operations
- CP: 국내 구호country program
- SO: 특별 구호special operations

▶ 출처—World Food Programme annual report 2005 www.wfp.org

진 것이다. 이 불편한 진실과 마주치게 된 국제 체계는 위기에 봉착했다.

매장 석유의 대부분을 보유한 나이지리아 동부 지역은 독립 국가 비아프라를 세워 분리 독립을 꿈꿨다. 나이지리아 연방군은 비아프라를 봉쇄해 분리 독립 기도를 차단했고 〈아프리카통일기구〉도 기존의 나이지리아 국경을 온전히 인정하면서 연방주의자들을 지원했다. 그러자 기독교도 거주 지역인 동부 나이지리아는 서양 우방국에 나이지리아 연방의 봉쇄를 뚫고 굶주리는 비아프라에 구호물자를 보

●〈아프리카통일기구(OAU)〉─ "아프리카의 문제는 아프리카 스스로"를 기치로 내건 아프리카 민족주의 운동의 결합체로, 1963년 아프리카 38개국이 결성한 국제기구다. 옮긴이

내달라는 인도주의적 지원을 요청했다. 나이지리아 연방은 이런 조치를 반군에 대한 정치적 지원으로 받아들였다. 비개입 원칙을 지켜야 하는 유엔은 속수무책이었다. 우 탄트 사무총장은 하는 수 없이 〈유니세프〉로 눈을 돌렸고, 〈유니세프〉는 〈국제적십자〉와 함께 봉쇄를 뚫고 구호물자를 공수하는 위험한 작전을 펴기로 했다. 미국이 구호물자 대부분을 지원했고 인도주의 가치로 무장한 용감한 사람들이 항공기를 몰겠다고 나섰다. 그러나 반군은 결국 무너졌고 비아프라는 나이지리아에 재병합되었다. 피의 보복은 없었지만 구호물자 공수로 전쟁이 더 길어져 결과적으로는 사태만 악화시킨 것 아니냐는 논쟁이 지금까지 이어지고 있다. 인도주의자들은 자책했지만, 당시의 기아는 그들이 감당할 수 없는 규모였다. 인도주의자들은 순진했고 비아프라 지도자들은 인

도주의자들을 정치적 선전 도구로 이용했다. 이는 부정할 수 없는 사실이다.[11]

나이지리아 내전의 경험은 인도주의 구호 활동에서 중립성이 얼마나 중요한지를 명백히 보여 주었다. 〈유니세프〉와 〈국제적십자〉가 구호가 필요한 사람들에게만 구호를 제공한다는 기준을 바탕으로 원칙대로 행동해 공정성을 잃지 않았다면 구호물자를 실은 항공기가 공중에서 총격을 받는 일은 없었을 것이다. 10년 뒤 〈유니세프〉와 〈국제적십자〉는 기아에 허덕이는 것으로 알려진 캄보디아(캄푸치아)에서 국제 인도주의 활동을 다시 한 번 공동 지휘하게 된다. 여러 유엔 기구들이 지원한 물자를 후송하는 일이었는데 이번에는 전보다 더 심하게 정치가 개입했다. 서부 지역을 장악하고 있던 베트남은 1979년 캄보디아를 공격해 만행을 저지르던 잔인한 폴 포트를 축출했지만 유엔은 새로 수립된 정권을 인정하지 않았다. 비정부기구 역시 정권의 '불법성'을 강조하면서 피난민을 돕지 않기로 결의했다. 국제 체계는 이번에도 중립의 원칙을 지킬 때만이 '상대편' 민간인 인질에 대한 인도주의 구호 활동이 정당화될 수 있다는 사실을 제대로 인식하지 못했다. 국경을 넘어 태국으로 건너가 또 다른 유엔 특별 조직이 운영하는 난민 캠프에서 구호를 기다리던 사람들은 캄보디아 시골 지역을 떠나

폴 포트Pol Pot, 1925~1998
캄보디아 공산당인 크메르루주의 지도자이자 1976년부터 1979년까지 총리를 지낸 인물로, 본명은 살로쓰 사Saloth Sar. 1975년에서 1979년까지 캄보디아 전체 인구 3분의 1에 이르는 200만 명을 학살한 끔찍한 킬링필드 사건의 주역이다. 옮긴이

지 않았던 사람들보다 오히려 더 비참하게 살았다.[12]

　이 두 사례는 전쟁이 유발한 긴급 사태였지만 정치와 거의 상관없이 빚어진 기근도 있다. 많은 국가들이 국가의 자존심 때문에 기근이나 콜레라 같은 전염병 창궐로 빚어지는 비상 사태를 인정하지 않는다. 1974년 에티오피아 기근은 비정부기구가 영국 텔레비전 방송국에 제보해 다큐멘터리로 제작되고 나서야 세상에 알려졌다. 유엔 기구들은 기아 보도가 과장되었다는 하일레 셀라시에Haile Selassie 에티오피아 황제의 발언을 곧이곧대로 믿었다. 황제가 국민의 목숨을 업신여겼다는 사실이 드러나면서 혁명에 불이 붙었고 황제는 결국 보위에서 물러나야 했다. 10년 뒤 또 다시 에티오피아에 기근이 찾아왔다. 비정부기구는 나이지리아와 캄보디아에서 중립을 지키지 못했던 과거는 깡그리 잊고 국제 공동체가 인도주의 구호 활동에 나서야 한다고 촉구했다. 연민에 빠진 대중이 '지구촌', 특히 유일한 공동 기구인 유엔에 압력을 행사하면서 구호 활동이 이뤄졌지만, 유엔은 텔레비전 저녁 뉴스가 비춰 주는 죽어 가는 사람들 편에 서 행동하기를 상당히 주저하는 듯 소극적으로 움직였다.

　비정부기구는 새로운 인도주의 규범을 받아들여야 한다는 논쟁의 포문을 열었다. 고통 받는 인류의 편에 선 '시민의 대변자들'은 외교관이나 국제공무원들에게 주권 원칙의 잔해에서 벗어나 긴급 사태일 경우 선수를 쳐서라도 효과적으로 개입할 수 있도록 유엔의 구조 및 구호 역량을 키워야 한다고 주장했다.

에티오피아의 두 번째 기근이 최고조에 달했던 1985년, 인도주의 구호 활동이 심각한 정치적 어려움에 직면하게 되자 유엔은 〈유니세프〉를 '주관 기구'로 활용하는 것이 적절하지 않다는 사실을 인정하게 되었다. 이에 따라 유엔은 사무국 안에 아프리카 긴급작전국을 특별 조직으로 신설했다. 유엔이 인도주의 구호 활동에 대해 전반적인 책임을 진다는 신호였다. 1991년 총회는 긴급 구호 활동을 관장하는 사무차장직 신설을 승인했다. 1992년 신설된 인도주의사무국은 1998년 인도주의업무조정국으로 발돋움한다. 인도주의 차원의 위기에 대한 유엔의 관심이 한층 더 높아지면서 인도주의 활동은 발전을 거듭했다. 과거에는 복지나 내세운다고 주변으로 내몰렸던 인도주의자들이 드디어 국제 무대의 중심으로 진입했다.

신설된 기구는 〈유엔난민기구〉, 〈유니세프〉, 〈세계식량계획〉처럼 규모가 크고 경험도 많은 기구와 협력해야 했다. 그러다 보니 현장에서 신속성과 효율성이 생명인 일을 하게 될 경우 어려움도 크고 그만큼 조심해야 할 일도 많아졌다. 인도주의사무국이 정치적 업무나 기금 조성뿐 아니라 현장 운영에도 나서야 한다는 등, 유엔 외교관과 공무원들 사이에 혼선이 빚어지는 경우도 있었다. 예를 들어 보스니아 내전 당시 오가타 사다코(緒方貞子, Ogata Sadako) 〈유엔난민기구〉 고등판무관(재임 1991~2001)은 〈유엔난민기구〉가 '주관 기구' 역할을 해야 한다고 끈질기게 주장하기도 했다.[13] 인도주의를 내세워 횡포를 일삼거나 불필요한 요식에 갇혀 꼼짝달싹 하지 못하는 경우가 없도록 각 조직의 힘과 권한을 조정해 최대한의 협력을 끌어낼 필요가 있었다. 게다가 비정부기구가 수행하는 긴급 구호 활동의 중요성이나 언론이 가하는 압박을 생각하면, 국가 간의 관계를 따져 보며 위기 대응책을 모색하고 유엔 헌장의 원칙 앞에서 고심해 왔던 유엔 사무국은 커다란 부담을 느낄 수밖에 없었다.[14]

많은 기구들이 한데 뒤엉켜 희생자를 구조하기 때문에 구호 활동은 비일관적이고 혼란스럽게 이뤄지는 경향이 있다. 맡은 일에 대한 정보나 경험보다 열정이 앞서는 경우도 많다. 폭력이 난무하는 전쟁터가 아니라 평화가 자리 잡은 지역이라도 한번 초토화된 곳에서는 질서가 쉽게 무너지게 마련이기 때문에 손실이 발생하고 일이 비효율적으로 돌아갈 수밖에 없다. 저마다의 전문성을 갖춘 다양한 유엔 기구와 부족한 부분을 보충하는 비정부기구가 보병으로 참여하는 긴급 구호 '군단'을 유엔이 진두지휘하는 장면을 상상하는 사람도 있을 것이다. 그러나 이러한 상명 하달식 '체계'는 한낱 꿈에 불과하다. 다양한 전문성과 배경을 가졌고 다양한 기구에서 파견된 구호 인력이 중앙 통제를 받는 군인처럼 일사불란하게 움직이기란 어려운 일이다. 최고위 유엔 관료도 정치적·군사적 통제 아래 놓여 있는 여러 집단들과 함께 구호 방식을 협상하는 정도밖에 할 수 있는 일이 없다. 따라서 현장에서 일하는 사람들에게 협력이란 비일관성과 중복을 피하기 위해 기구들끼리 연락을 취하는 정도 이상의 의미는 없다. 사람들이 너 나할 것 없이 유엔의 인도주의적 활동을 개선시켜야 한다는 논쟁에 뛰어들면서 제도적이고 기술적인 어려움들이 정치적 쟁점에 휘말려 들었다. 그 결과 기존의 어려움은 더 악화됐다.[15]

인도주의 프로그램의 호시절

1990년대 초반 인도주의의 위기와 정치적 위기가 뒤섞이는 상황이 최고조에 달했다. 1992년에서 1993년 사이에는 무려 29차례의 전쟁이 일어나 역사상 가장 많은 전쟁이 일어난 시기로 기록되었다. 대부분의 전쟁은 개발도상국에서 일어났지만 1940년대 이후 처음으로 유럽에서도 전쟁의 참화가 일었다.[16] 1992년 6월 부트로스 갈리 사무총장은 『평화를 위한 의제』에서 유엔이 분쟁에 개입해야 한다고 촉구하면서 예방 외교, 평화 유지와 구축, 분쟁 종료 후 재건 활동을 강조했다. 이런 활동의 전제는 '인도주의'였다. 일반적으로 인도주의는 '가벼운' 과업을 의미했지만 이제는 주권 원칙이라는 장애물을 넘어 주권국가(또는 실패한 국가)의 문제에 개입하는 것을 정당화하는 수단으로 발돋움했다. 냉전이 끝난 뒤 사람들이 유엔에 대한 기대를 과도하게 키우면서 인도주의가 가진 위험을 간과하게 된 것이다.

걸프전이 끝나고 1백50만 명의 쿠르드 난민이 터키와 접하고 있는 이라크 국경을 넘어갔을 때 중요한 선례가 만들어졌다. 1991년 4월 안전보장이사회는 결의안 688호를 통과시켜 인권 침해가 국제 평화와 안보에 위협이 된다는 기념비적인 결정을 내렸다.[17]

결의안 688호는 "이라크 전역에 흩어져 있는" 도움이 필요한 모든 사람들에게 즉시 원조를 제공한다는 내용을 담고 있었다. 어려움에 처한 사람을 돕기 전에 먼저 국경을 넘어도 되는지 당사국 정부에 묻고 합의점을 찾는 유엔의 표준 절차는 생략되었고 이라크의 주권은 무시당했다. 이라크 북부에 안전지대를 조성하기 위해 연합군의 군사 개입도 이뤄졌다. 〈유엔난민기구〉는 '주관 기구'가 되어 쿠르드족에 대한 구호 작전을 펼쳤다. 이 작전은 이라크 북부에 쿠르드족 분리 정부를 수립하는 데 기여했다. 그러나 분리 정부 수립에는 성공했지만 연합군이 개입한 결과 인도주의 차원에서 이뤄진 대부분의 노력은 정치적 합의로 해석되고 말았다. 게다가 이라크는 언제든 쿠르드족이 장악한 지역을 공격할 수 있었다. 이런 사정으로 쿠르드족에 대한 인도주의 차원의 구호 활동은 국제적, 정치적, 군사적 강제라는 새로운 의미를 얻게 되었다.

위기가 확산될수록 국제 구호 활동의 어깨에 점점 더 큰 짐이 지워졌고 인도주의 구호 활동이 정치 영역을 침범할 가능성도 더 높아졌다. 발칸 반도에서 이뤄진 유엔 작전을 되짚어 보자. 1992년 초 보스니아-헤르체고비나는 슬로보단 밀로세비치가 지배하던 유고슬라비아에서 분리 독립했다. 그 뒤 불과 몇 달도 지나지

슬로보단 밀로세비치Slobodan Miloevi, 1941~2006

1989년 세르비아 대통령으로 선출된 뒤, 세르비아 민족주의를 고취시켜 크로아티아 내전과 보스니아-헤르체고비나 내전, 그리고 코소보 사태의 원인을 제공, 직접 개입했다. '발칸의 도살자'로 불렸으며 〈구유고슬라비아 국제형제재판소(ICTY)〉에 전범으로 기소되어 2001년 체포돼 재판을 받던 중 2006년 감옥에서 사망했다. 옮긴이

않아 밀로셰비치를 지지하는 보스니아의 세르비아인들이 자기들끼리 모여 살 영역을 확보하기 위해 이슬람교도와 크로아티아인을 상대로 무력을 휘둘렀다. 그 유명한 '인종 청소'가 시작된 것이다. 공격을 피하지 못한 보스니아계 이슬람교도들은 전쟁터가 된 집에서 쫓겨나 난민 캠프에 수용되었고 그곳에서 극한의 궁핍, 강간, 폭력에 시달렸다.

유엔은 평화유지군을 파견했다. 그러나 안전보장이사회가 세르비아계의 폭력을 저지하기 위해 무력을 사용할 권한을 승인하지 않았기 때문에 평화유지군은 군사적 수단을 동원할 수 없었다. 평화유지

● 유엔보스니아 평화유지군 (UNPROFOR)—캐나다, 영국, 네덜란드, 프랑스 군을 주축으로 3만 명의 평화유지군이 보스니아에 급파되었지만 자위 목적 외에 무력 사용이 금지된 상태에서 제 역할을 다하지 못했다. 옮긴이

군이 할 수 있는 일이라고는 사라예보 공항이 폐쇄되어 구호물자가 도착하지 못하는 사태를 방지하고, 포위된 채 고립된 사람들에게 구호물자가 안전하게 전달될 수 있도록 물자 수송을 호위하는 역할뿐이었다. 평화유지군이 인도주의 구호 활동만 수행한다는 사실이 전해지자 세르비아군은 유엔이 이슬람교도를 상대로 저지르는 학살과 전쟁 범죄를 용인했다고 아전인수로 해석했다. 이런 상황에서 '인도주의 원칙에 따른 중립'이라는 말은 어불성설이었다. 분쟁은 해결될 기미를 보이지 않았다. 중립을 지키려고 한 유엔의 정치적 노력이 사실상 세르비아계의 편을 들어준 셈이 되었다.

유엔의 인도주의 활동은 현장에서도 한계를 드러냈다. 〈유엔

난민기구〉는 폐쇄된 도로를 뚫고 불안정하나마 '평화 회랑peace corridor'을 확보한 뒤 그 길을 통해 식량을 나르기 위해 지칠 줄 모르고 협상을 벌였다. 〈유엔난민기구〉의 용기는 실로 대단했지만 구호 인력 가운데 목숨을 잃는 사람이 나오기 시작했다. 정치적 노력과 인도주의 활동이 뒤섞여 버린 탓에 구호 인력이 공격 목표가 되기도 했다. 게다가 〈유엔난민기구〉의 구호 프로그램 때문에 보스니아 시민들은 자기 집이나 '유엔의 안전지대'에서 오도 가도 못하는 볼모 신세가 되었다. 난민을 구호한다는 기구의 본래 취지를 무색하게 하는 최악의 상황이었다. 인도주의 차원에서 모집한 국제적인 주둔군만으로도 '인종 청소'를 충분히 저지할 수 있다는 유엔의 생각은 희망 사항에 불과했다. 유엔 인도주의 사무국은 "통합되고 단일한 군을 구성해" 정치적, 군사적, 인도주의적 목적을 "효과적으로 달성할 수 있을 것"이라고 생각했지만[18] 그 생각은 틀린 것으로 판명되고 말았다.

유엔 평화유지군에게는 구호 프로그램에 대한 보복 위협에 맞서 결정적인 행동에 나설 능력이 없었기 때문에 유엔 대표단은 결국 세르비아군의 인질로 전락하고 말았다.[19] 상당한 규모의 병력이 투입되어 구호 활동을 폈던 1991년 이라크나 1992년 소말리아와는 정반대의 결과였다. 과거 나이지리아에서와 마찬가지로 보스니아에서도 인도주의 구호 활동은 포화를 멈추고 정치적 해결책을 협상하기 위한 시간 벌기용으로 전락했다. 유엔은 난민의 고통조차 줄이지 못하는 소규모 도당에 불과하다는 비난을 받았다. 인도주의 구호 활동은 선제공격을 감행하는 세르비아군을 저지할 무장 인력을 지원받지 못한 채 결국 무너지고 말았다. 1995년 스레브레니차 대학살로 8천 명이 목숨을 잃었다. 유엔 관련 인사들은 무력 활동을 벌이는 대신 인도주의 구호 활동으로도 군벌을 무장 해제시킬 수 있다고 생각했지만, 나중에는 자신들의 판단 착오를 자책하면서 무력하게 참사를 지켜봐야 했다. 정치적 안정을 꾀했던 유엔의 노력은 무위로 돌아갔다. 나토군의 폭격이 이뤄지고 1995년 미국의 주도로 데이턴 협정Dayton Agreement이 체결된 뒤에야 보스니아에 평화가 정착될 기미가 보였다.

•데이턴 협정─보스니아, 크로아티아, 세르비아 3개국 정상이 미국 오하이오 주 데이턴에서 조인한 포괄적인 평화 협상. 보스니아─헤르체고비나는 평화 협정에 기초해 나토를 중심으로 한 다군적군의 감시 하에 놓이게 된다. 옮긴이

아프리카의 공포

이렇게 분량이 적은 책에서 사하라 이남 아프리카에서 최근 빚어지고 있는 분쟁과 그에 따라 발생한 긴급 사태 및 유엔의 대응을 모두 다룰 수는 없다. 앙골라, 르완다, 부룬디, 소말리아, 남수단, 콩고, 시에라리온, 라이베리아, 다르푸르, 토고, 세네갈, 짐바브웨, 케냐 등, 사하라 이남 아프리카에서는 혼란과 박해가 일상이고 그로 인해 집을 잃고 목숨을 잃는 일도 비일비재하다. 단순 나열만 하려고 해도 상당한 지면이 필요할 것이다. 안전보장이사회나 다른 중요한 외교 기구들의 대응에서 알 수 있듯 유엔은 정치적인 측면과 경제적인 측면을 모두 고려하기 때문에 아프리카

에 대한 인도주의 구호 활동은 한계가 있다. 한편 구호 활동은 기술적인 한계와 금전적인 낭비 때문에 어려움을 겪기도 한다. 그러나 군벌들이 포화를 멈추지 않고 평화 협상을 존중하지 않는다고 해서 그것을 인도주의 구호 활동 탓으로 돌리거나 국제 외교 공동체가 평화유지군을 파견하지 않은 탓이라고 비난하는 것은 온당하지 않다. 전쟁 당사자들이 전쟁을 멈추지 않기 때문에 전쟁이 그치지 않는 것이지 민간인의 목숨을 구하기 위한 구호 활동 때문인 것은 아니다.

세계의 위기 대응 역량은 점차 증가해 왔고 특별 작전을 사후 평가한 문헌도 방대하다. 일부 논평가들은 극한의 어려움을 겪고 있는 구호 현장의 현실보다는 신식민주의라는 의혹과 국제 구호 활동의 물자 부족 뒤에 숨어 있는 부도덕에 더 많은 관심을 보인다. 알렉스 드 발Alex de Waal 같은 또 다른 논평가들은 굶주리는 사람들을 도우면 부당한 체제를 전복하려는 의지가 꺾이게 되므로 돕지 않는 것이 낫다는 처칠의 격언을 들먹이며 인도주의 구호 활동을 비판한다.[20] 그러나 소말리아, 콩고, 시에라리온같이 정권이 부재한 상태에서 벌어지는 혼란은 이런 논리를 무색하게 한다. 이런 곳에서는 군벌들이 정부든 사회 구조든 가리지 않고 모든 것을 파괴하려 들기 때문에 인권 침해 수준이 상상을 초월한다. 구호 활동을 해서는 안 된다고 주장하는 비판가들은 가까이는 제2차 세계대전 당시 유럽에서 이와 유사한 잔인한 폭력이 자행되었고 퀘이커교와 〈국제적십자〉를 제외하면 아무도 원조를 제공할 생각조차 하지 않았다는 점을 벌써 다 잊었다. 그들의 논리대로라면 인간의 고통이 극에 달했을 때, 즉 독일이나 일본이 항복하기 이미 오래 전에 전쟁이 끝났어야 한다. 유엔은 국제사회의 도덕 논리를 변화시키는 데 기여했다. 그러나 한편으로는 유엔에 대한 사람들의 기대를 너무 부풀려 놓기도 했다. 누군가 절망적인 상황에 빠지면 사람들은 유엔이 무슨 일이건 해야 한다고 생각하게 된 것이다.

인도주의자들이 처한 곤경은 점점 깊어지고 있다. 이를 단적으로 보여 주는 사례가 있다. 1994년 르완다 대학살* 직후 후투족 2백만 명이 투치족 군의 추격을 따돌리고 자이르 동부로 탈출했다. 곧 폭력이 난무하고 혼란스러운 난민 캠프가 꾸려졌다. 인도주의 구호를 기다리는 사람들 속에는 대학살을 일으킨 극단주의자들도 끼어 있었다. 캠프를 지원하는 많은 구호 기관은 자신들이 제공하는 구호 활동으로 전범이 재무장해 르완다 정권에 저항하게 되리라는 사실 앞에서 딜레마에 빠졌다. 〈국경없는의사회〉나 〈국제적십자〉는 자신들의 활동이 위기에 빠졌다는 판단 아래 현장에서 철수했다. 〈유엔난민기구〉와 다른 기구들은 무장 군인들에게 인질로 잡힌 것이나 다름없는 진짜 난민들까지 원조를 제공받지 못하는 상황을 원치 않았기 때문에 현장에 남았다.

난민 캠프 수용자를 보호하고 구호 활동을 경호하기 위한 경비 인력을 당사국이나 국제사회 어디에서도 제공받지 못하는 상황이라면, 구호 활동을 진행하는 이들은 누구나 비슷한 딜레마에 직면할 수밖에 없다. 국제사회 차원에서 경호 인력을 제공하려 할 때는 두 가지 요건이 갖춰져야 한다. 인력을 지원하겠다는 국제사회의

의사와 지원을 받겠다는 당사국 정부의 수용 의사다.[21] 물론 두 가지 요건이 모두 갖춰지지 않은 경우도 있다. 바로 다르푸르가 그런 경우다. 사태를 처리하기에는 유엔군과 범아프리카군의 개입이 적절치 않았고, 수단 정부가 협조하지 않았으며, 구호 활동만으로 감당하기에는 벅찬 위기 상황이 맞물렸다. 1992년 소말리아의 경우처럼 유엔 헌장 7장에 의거한 평화 강제 활동을 펴기 위해서는 안전보장이사회의 승인이 필요했지만 중국은 반대했다.

■ 깊이 읽기

르완다의 현대사를 피로 물들인 대학살

르완다 내 후투족과 투치족의 대립은 벨기에 식민 정책의 산물이었다. 벨기에는 소수인 투치족을 통해 다수인 후투족을 통치하는 전략을 취했는데, 제2차 세계대전 종전 후 투치족이 독립국가를 건설하려는 움직임을 보이자 벨기에는 방향을 바꿔 후투족을 지원했다. 1962년 벨기에를 등에 업은 후투족이 투치족을 몰아내고 독립을 선포하면서 기나긴 내전이 시작됐다. 1993년에는 유엔의 개입으로 후투족과 투치족 사이에 평화 협약이 체결되기도 했다.

그러나 1994년 4월 6일, 강력한 반反투치 정책을 펴던 하비아리마나 르완다 대통령이 암살되자 이를 투치족의 소행이라 생각한 후투족 강경파들이 곳곳에서 민병대를 조직해 투치족과 온건파 후투족을 말 그대로 '사냥'하기 시작했다. 이것이 그 유명한 르완다 대학살이다. 백일 동안 80만 명에 달하는 희생자를 낸 르완다 대학살은 투치족이 주축이 된 〈르완다애국전선(FPR)〉이 수도를 점령하면서 끝이 났지만 이들의 대립은 이웃 나라인 콩고민주공화국에 내전의 불씨를 제공하는 등, 불안정한 상황이 계속되고 있다. 옮긴이 분쟁, 전쟁, 인권 문제가 자주 제기되면서 인도주의 구호 활동에 대한 관심이 높아졌다. 국가주권이라는 장벽을 뛰어 넘어 인도주의 구호 활동을 펴려는 유엔의 의지는 인도주의 원조에 대한 관심이 증대하고 있는 현실을 반영하는 것처럼 보였다. 그러나 외교 활동, 평화 유지 활동, 인권 감시, 구호 활동을 하나로 통합한 것은 실수라는 것이 입증되었다. 분쟁 당사자들이 인도주의 원조를 정치적 오점 또는 전쟁에 활용할 일종의 무기로 생각한다면 생존이라는 양도할 수 없는 민간인의 권리를 보호하는 것은 불가능에 가까울 것이다. 인권은 빼앗을 수 없는 것이기 때문에 인권 침해를 근거로 군사 개입의 정당성을 주장하는 경우가 점점 늘고 있다. 하지만 굶주림과 죽음의 한복판에 놓인 사람들의 생존권이야말로 모든 실용적인 목적에 앞서야 하는 가치다. 그리고 절박한 인간의 필요에 자비를 베푸는 과거의 지혜야말로, 생존의 요구에 답하는 가장 간단한 방법이다.

오직 사람들이 필요로 할 때만 원조가 이뤄져야 한다는 인도주의의 중립 원칙은 인도주의 관련 사안이 정치화되면서 위험에 빠졌다. 인도주의 활동을 인권이라는 매력적인 틀에 맞춰 정당화하려는 시도는 사태를 분명 더 악화시켰다. 많은 비서구권 국가에서 인권은 그 자체로 무거운 사안이었고, 〈국제적십자〉나 프랑스 인권 단체들은 인권을 문제로 제기하지 않으려고 애썼다. 인권 침해를 내세우려면 그 행동이 국제법을 위반했다는 사실을 입증해야 하는데 그렇게 해서는 피해자에게 어떤 도움도 줄 수 없기 때문이다. 〈국경없는의사회〉는 인권에 근거해 군사 개입의 필요성을 주장하는 것은 신중하게 고려된 정치적 선택을 너그러움과 연민으로 포장하는 것에 불과하다고 말한다.[22] 게다가 '인도주의'라는 용어가 무장 공격을 정당화하는 데 이용된다면 진정한 인도주의는 실현될 수 없을 것이다. 인도주의 원칙을 스스로 어기면서 인도주의 활동을 할 수 있는 조직은 없다. 과거에는 가능했을지 몰라도 이제는 〈국제적십자〉의 깃발로도 '유엔'의 파란색 휘장으로도 구호 인력이나 구호물자의 안전을 보장하지 못한다.

유엔 긴급 구호 기구의 업무 수행 능력을 향상시키려는 지속적인 노력의 일환으로 2006년에는 서로 다른 여러 유엔 기구가 특정 분야에서 각자 책임을 나누는 '집합적 접근법cluster approach'을 도입하게 되었다. '집합적 접근법'에 따르면 새로운 "위기 시 의료 활동" 프로그램에서는 일단 〈세계보건기구〉가 의료 부문을 주관하고, 〈유니세프〉는 영양과 물 공급 및 위생 관리 부문을 담당하며, 〈세계식량계획〉은 물류 분야를 책임지는 식으로 구호 활동을 수행한다. 2008년 시점에서 이런 개혁이 최소한의 비용으로 더 많은 사람들에게 적절한 구호를 제공해 주는 방법인지 아닌지를 평가하는 것은 시기상조일지도 모른다. 그러나 "인도주의 원칙을 추구하기 위한 개혁"에 매진하고 있는 유엔의 핵심 임원들은 효과가 있을 것으로 내다본다.[23] 비정치적인 존재인 아동의 문제에 초점을 맞춰 온 〈유니세프〉는 초등 교육, 물, 위생, 보건 의료 같은 분야에서 가장 성공적으로 임무를 수행해 온 기관이다.(113쪽 참고) 유엔과 협력 관계에 있거나 "집합적" 틀 안에 있는 전문기구들도 각자의 영역에서 중요한 역할을 담당하고 있다. 그러나 〈유엔난민기구〉와 〈세계식량계획〉, 그리고 전보다 더 활발하게 활동하는 것으로 보이는 〈세계보건기구〉를 제외한 대부분의 기구는 예나 지금이나 업무량이 비슷하다. 소말리아와 무려 18년 동안 분리 독립을 시도해 온 무장 반군이 아직도 기승을 부리고 있는 세네갈 남부의 경우처럼 〈유니세프〉만이 유일한 국제 기구로 활동하는 현장도 있다.[24] 〈유니세프〉는 정치와 무관한 조직이 아니다. 지난 수십 년 동안 〈유니세프〉는 아동의 필요에 부응하기 위해 정치적으로 영악하게 움직이는 법을 익혀 왔다. 한편 〈유니세프〉는 직원과 자원을 적절하게 배치할 줄 아는 프로그램 운영의 달인이기도 하다. 사실 유엔 자체는 긴급 사태가 발생한 현장과 거의 관련이 없다. 오가타 사다코가 〈유엔난민기구〉 고등판무관으로 부임한 뒤부터 〈유엔난민기구〉는 인도주의 활동 규모를 축소해 왔고 이제는 집을 잃은 사람들의 귀환 문제에만 초점을 맞추고 있다. 대부분의 유엔 기구는 인도주의 업무에 뛰어든 지 얼마 되지 않은 신참이다. 앞서 살펴보았듯이 업무를 효율적으로 수행하지도 못하는 형편이다.

전쟁이라는 더 선정적인 사안 때문에 자연재해는 분석가들의 주목을 거의 받지 못하고 있지만 사실 우리에게 가장 중요한 문제다. 기후변화가 심각한 문제로 제기되는 오늘날 사이클론, 홍수, 기타 기상이변으로 인한 재난이 점점 더 빈번해지고 있다. 사전 대책을 마련하고, 조기 경보 체계나 수송·관리·연락 체계를 구축하는 일에 더 많은 관심을 가져야 할 것이다. 2004년 쓰나미가 지나간 뒤 유엔 사무국 소속 인도주의업무조정국은 그 어느 때보다 큰 규모의 구호 활동을 위해 기금을 조성하고 장애물을 제거하겠다고 약속했다.[25] 재난 구호 활동과 이후 주민의 정착을 돕는 활동은 다음 장에서 다룰 국제 개발원조와 많은 부분 유사하다.

〈유니세프〉의 원조

〈유니세프〉는 주로 긴급 구호와 관련된 일을 하지만 통계 수치를 보면 '인도주의' 활동과 '개발' 활동 사이에 큰 차이가 없다.
2006년에는 23억 4천3백만 달러를 지출했는데 그중 긴급 구호 활동에 사용된 자금은 6억 7천2백만 달러였다.

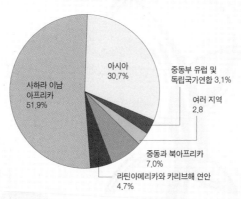

지역별 원조 규모(2006년)

아시아
30.7%

중동부 유럽 및
독립국가연합 3.1%

여러 지역
2.8

사하라 이남
아프리카
51.9%

중동과 북아프리카
7.0%

라틴아메리카와 카리브해 연안
4.7%

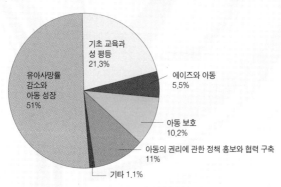

분야별 원조 규모(2006년)

기초 교육과
성 평등
21.3%

에이즈와 아동
5.5%

유아사망률
감소와
아동 성장
51%

아동 보호
10.2%

아동의 권리에 관한 정책 홍보와 협력 구축
11%

기타 1.1%

집을 잃은 사람들

2007년 초, 실향민, 비호신청자, 무국적자의 수는 3천2백7십만 명으로 최고에 달했다. 전 세계 난민의 수는 이라크에서 난민이 발생하면서 급격히 증가해 8백7십만 명을 넘어섰고 중앙아프리카공화국, 차드, 스리랑카, 수단, 소말리아에서도 새로운 난민들이 속속 생겨나고 있다. 난민의 수가 가장 많은 나라는 전 세계 70여개 국에 2백1십만 명 남짓한 난민이 떠도는 아프가니스탄이다.

북아메리카
(1,143,000)

라틴아메리카
(3,543,000)

	난민	비호신청자	국내실향민	귀환자	무국적자	기타
아프리카	2,608,000	244,000	5,373,000	1,365,000	100,000	72,000
아시아	4,538,000	90,000	3,879,000	1,221,000	5,027,000	157,000
유럽	1,612,000	240,000	542,000	21,000	679,000	332,000
라틴아메리카	41,000	16,000	3,000,000	486,000		
북아메리카	995,000	148,000				
오세아니아	84,000	2,000				
계	9,878,000	740,000	12,794,000	2,598,000	5,806,000	1,046,000

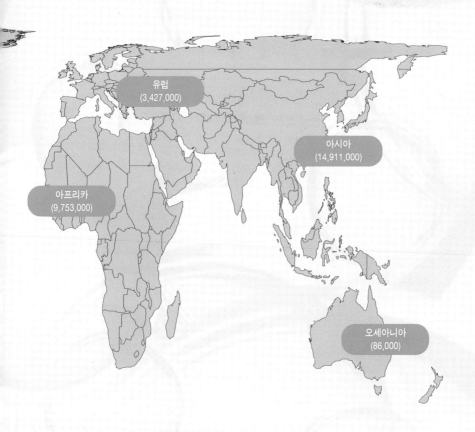

유럽
(3,427,000)

아시아
(14,911,000)

아프리카
(9,753,000)

오세아니아
(86,000)

▶출처—UNHCR, Basic Facts, www.unhcr.org

4

유엔의 개발원조,
선과 악 사이

THE UNITED NATIONS

실질적으로 개발을 주도하는 유엔 기구에는 어떤
것들이 있는가?
〈유니세프〉 구호 사업의 성과가 유엔의 개발계획에
시사하는 바는 무엇일까?
유엔이 추구하는 '개발의 내용은 무엇이며, 개발도
상국에 진정으로 도움을 주려면 어떤 내용이 담겨
야 할까?

유엔의 개발원조, 선과 악 사이

원래 '개발'은 식민지를 벗어난 지역의 재건을 의미했다. 탈식민화가 이뤄졌을 때 유엔 기구들은 환경을 개선해 전 세계인이 더 나은 생활수준을 누리게 한다는 유엔의 두 번째 설립 목적을 달성하기 위해 진정으로 노력했다. 유엔 사무국은 경제국을 신설했고 분과별로 활동하는 전문기구도 두었다. 1965년에는 〈유엔개발계획〉이 설립되었고, 인구·환경·여성·평등·에이즈같이 새로운 개발 쟁점이 부각될 때마다 관련 기금이나 프로그램이 신설되었다. 그러나 1970년대를 기점으로 경제개발을 부르짖는 유엔의 목소리는 차츰 잦아들었다. 그러다가 1990년대에 접어들면서 세계 평화에 위협이 된다는 점에서 저개발이 다시 부각되었고 2000년 유엔 특별 총회에서 유엔 회원국은 새천년개발목표에 동의했다. 그렇다면 상대적으로 가난한 지역 사람들이 '더 나은 생활수준'을 누리도록 활동한 유엔의 성적은 과연 몇 점이나 될까?

냉전이 시작되면서 정치 영역에서 유엔의 활동은 축소되어 갔다. 그러나 이에 기죽지 않고 유엔 기구들은 새로운 국제적인 역할을 찾아 나섰다. 그것은 탈식민화 과정에 기여하는 것이었다. 유엔은 제국주의와 무관한 기구라는 점을 내세워 '신생국'에 새로운 정치제도와 경제 제도를 도입했고, 다국적 원조를 통해 '국제 개발'이라는 과업을 수행했다. 바야흐로 유엔의 새로운 존재 이유가 만들어졌다. 존 F. 케네디 미 대통령은 1961년 집권하자마자 뉴욕의 유엔 본부에서 벅찬 목소리로 "제1차 유엔 경제개발 10개년 계획"을 선언했다. "전 세계 인구의 절반이 오두막에 살면서 커다란 불행의 굴레에서 벗어나기 위해 애쓰고 있습니다. 오늘 우리는 그들의 자립을 돕기 위해 최선을 다할 것을 맹세합니다. (…) 가난한 사람을 도울 수 없다면 자유 사회는 부유한 소수에게도 봉사할 수 없을 것입니다."

아시아, 카리브해 연안, 태평양 지역, 아프리카에서 새로 독립한 국가를 '개발'하겠다는 서구의 열정 이면에는 이 국가들이 소비에트연방의 영향력 아래로 들어가면 안 된다는 두려움이 자리하고 있었다. 이들이 소비에트연방에 포섭되지 않게 하려면 빵을 줄 필요가 있었던 것이다. 그럼에도 개발 임무는 이상주의로 충만했다. 근대의 산업화된 삶에 필수적인 기술은 고사하고 굶어 죽기 일보 직전인 사람들의 모습은 서구인들의 심금을 울렸고 새로운 임무가 재빠르게 실행에 옮겨졌다. 굶주리고 궁핍한 사람들에게 구호물자를 제공하는 일은 시대의 요청이 됐고 여기에서 '원조' 개념이 탄생했다. 이전에는 공공 지출이 전략적, 군사적 우방국을 돕는 데만 사용되었다면 이제는 인도주의 약속을 이행하는 데도 쓰이게 되었다. 유엔 회원국들은 선진 산업국가가 1인당 국민총생산(GNP)의 1퍼센트(나중에 0.7퍼센트로 하향 조정됨)를 공적 개발원조 자금으로 기부해야 한다는 목표에 동의했다. 이렇게 모인 자금은 태동기에 있는 경제를 부흥시키고 국제 무대라는 도화지 위에 복지국가를 뚜렷하게 아로새기는 데 사용되어 세계를 더 정의롭고 인간적이며 평등한 곳으로 만들 것이었다.[1] 근사하게 들릴지 모르지만 평화 추구만큼이나 허황된 꿈은 아니었다.

신생국과 그들을 돕는 더 부유한 국가들이 달성하려 했던 '개발'의 구성 요소가 무엇이었는가 하는 문제는 아직도 풀리지 않았다. 1950년 유엔이 「저개발 국가의 경제개발Economic Development of Underdeveloped Countries」이라는 보고서를 처음 발간했을 때만 해도 개발의 의미를 설명하려는 시도는 없었다. 개발은 그 자체로 자명했기 때문이다.[2] '원조'를 받아 개발을 달성하려는 개발도상국이 모델로 삼은 것은 마셜 계획이었다. 그러나 마셜 계획은 개발도상국에게는 맞지 않는 옷이었다. 기반 시설 대부분이 파괴된 상태였다고 해도 유럽에는 기반 시설을 복구하고 경제 회생을 주도할 전문 인력이 풍부했다. 그러나 대부분의 아시아 및 라틴아메리카, 그리고 특히 아프리카가 처한 조건은 유럽과 달라서 근대적 기반 시설과 그것을 운영할 인력을 처음부터 새로 양성해야 하는 처지였다. 개발은 산업화 이전 사회에 무상 원조를 제공하는 것으로 간단하게 해결될 문제가 아니었다. 개발도상국의 1인당 국민총생산은 원자재 가격의 지속적인 상승에 힘입어 1960년대 내내 평균 5퍼센트의 성장세를 보였지만 제1차 유엔 경제개발 10개년 계획은 실망감만 안겨 주고 말았다. 대부분의 계획이 실패로 돌아갔고 부富가 새로 창출되더라도 가난한 시민들에게 돌아간 혜택은 눈곱만큼도 없었다.

제1차 유엔 경제개발 10개년 계획의 결과를 '최종 심판'하기 위해 1969년 설립된 위원회에서 위원장 레스터 피어슨Lester Pearson 전前 캐나다 총리는 "해외 원조 프로그램이 환멸과 불신의 늪에 빠졌다"고 보고했다.[3] 피어슨 위원장은 각국이 규모, 잠재력, 기존 조직 등의 측면에서 천차만별이기 때문에 개발 역시 단일하게 진행될 수 없으며 경제개발을 넘어 사회 진보, 부의 재분배, 효율적인 행정, 정치 안정, 민주적 참여 같은 공적인 측면에서의 개발에도 주목해야 한다고 지적했다. 바로 이것이 문제의 핵심이었다. '개발'은 단순히 산업화나 경제성장을 의미하는 것인가? 아니면 사회적, 정치적 가치를 포괄하는 더 너른 개념인가? 유엔이 모든 형태의 빈곤에 맞서 싸우는 기구를 설립하기로 한 뒤부터 수십 년 동안 이어져 온 해묵은 논쟁이 바로 여기에서 시작됐다.

유엔의 '개발' 체계

유엔 헌장이 제정될 당시에는 경제사회이사회보다 안전보장이사회에 더 많은 공이 들어갔다. 경제사회이사회는 유엔 헌장 55조에 따라 "더 수준 높은 생활, 완전고용, 사회적 진보와 경제적 진보, 개발"을 촉진할 임무를 맡았다. 안전보장이사회의 통제권은 강대국이 쥐고 있지만 경제사회이사회의 모든 사안은 다수결로 결정된다. 만약 유엔 설립 당시 미국을 비롯한 빅5가 경제사회이사회의 결정이 자신들의 중대한 이해관계에 영향을 미칠 수 있다고 생각했다면 틀림없이 다수결 원칙을 거부했을 것이다.[4] 한편 〈국제통화기금〉과 〈세계은행〉이 자신들의 활동을 경제사회이사회에 보고하거나 경제사회이사회의 '조정'을 받을 것이라는 생각은 환상이었다. 유엔 헌장에 따르면 이런 기구들은 유엔과 "협력"하리라고 기대되었지만 그 기구들은 설립될 당시부터 유엔과 상당한 거리를 두고 독자적으로 활동해 왔고 조직 구조 역시 유엔과 매우 다르다. 〈국제통화기금〉과 〈세계은행〉은 경제사회이사회와 다르게 다수결로 의사를 결정하지 않는다. 이들 기구를 좌우하는 건 세계를 주도하는 자본주의 국가들이기 때문에 이 기구들은 주로 경제성장과 금융 안정을 '개발'과 연계시켜 생각한다. 물론 여기에도 약간의 편차가 있어 로버트 맥나마라Robert Mcnamara(재임 1968~1981)나 제임스 울펜손James Wolfensohn(재임 1995~2005) 같은 인물이 〈세계은행〉 총재로 재임할 당시에는 개발도상국의 경제에도 신경을 썼다. 그렇다 해도 사람에 초점을 맞추지는 않았지만 말이다.

경제사회이사회는 사무국에 경제부를 신설하면서(나중에 경제 '사회'부로 변경됨) 이 부서가 〈세계기상기구〉처럼 개발과 연관될 가능성이 있는 다양한 국제기구의 업무를 '조정'하리라고 예상했지만, 실제로는 유엔과 〈세계은행〉만큼이나 단절된 채 운영되었다. 경제사회이사회는 개발도상국의 경제와 사회 발전에 중요한 역할을 담당하고 있는 것이 분명한 〈유엔식량농업기구〉, 〈국제노동기구〉, 〈유네스코〉, 〈세계보건기구〉 같은 전문기구의 업무를 조정하는 임무도 띠고 있었지만 경제사회이사회 자신을 비롯해 이 모든 기구들은 각자 독자적인 활동을 펼쳤다. 심지어 〈세계보건기구〉는 기구 자체가 다원화된 구조로 이뤄져 있다. 〈범미보건기구

Pan American Health Organization〉같이 막강한 힘을 가진 지역 보건 기구들이 자체적으로 의제를 정해 정책을 수립하기 때문이다. 전문기구에 대해서는 뒤에서 자세히 다루기로 하자. 사정이 이렇다면 (외교 업무를 담당하는) 경제사회이사회와 (그들을 보좌하는 행정 기구인) 경제사회부는 '국제 개발'에 무슨 기여를 할 수 있었을까?

경제사회이사회는 〈유니세프〉, 〈유엔개발계획〉, 〈유엔환경계획〉, 〈유엔인구기금〉 같은 개발 관련 기금이나 프로그램을 감독하는 기구가 아니다. 이 기구들은 자신들의 활동을 총회에 직접 보고하기 때문이다. 그러나 경제사회이사회는 아시아-태평양경제사회위원회, 아프리카경제위원회, 라틴아메리카-카리브해 경제위원회 등 여러 지역 위원회의 업무를 '조정'해 왔고 지금도 그렇다. 경제사회이사회와 지역별 경제 위원회들은 경제와 사회 관련 자료를 공동으로 수집해 각 지역별로 보고서를 작성하고 프로그램을 평가하며 앞으로의 전망을 제시한다. 1992년 리우데자네이루에서 열린 '유엔환경개발회의(UNCED)'가 끝난 뒤 창설된 유엔지속개발위원회같이 개발의 중요성을 다루는 특별 위원회들도 속속 창설되었다. 이들 위원회는 경제사회위원회 산하의 '기능' 위원회로 불리며 개발 관련 국제 컨퍼런스에 문서가 제출될 때마다 후속 조치를 강구하거나 회의를 개최하고 위원회 보고서를 작성하는 일 등을 도맡는다. 그러나 활동이 없어 폐

● **유엔환경개발회의**—인간환경회의의 20주년을 기념해 1992년 6월 3일부터 12일간 브라질 리우데자네이루에서 세계 185개국 대표와 114개국 정상이 참여해 지구 환경 문제를 논의한 회의. 리우 선언, 의제21, 기후변화 협약, 생물다양성 협약, 산림 원칙 등을 채택하는 성과를 낳았다. 옮긴이

지 위기에 몰려 있는 위원회가 대부분이고 국제 개발에서 제 기능을 하는 위원회는 소수에 불과하다.

간단히 말해 경제사회위원회는 국제사회에서 미아가 된 안건들을 폐기하는 장소로 전락했다. 안전보장이사회는 정치 안보와 관련된 의사를 결정할 권한을 가졌지만, 경제사회이사회는 '경제 안보', '개발 협력', 또는 최근 들어 경제사회이사회 안건이 된 인권과 관련된 의사를 결정할 권한이 없다. 몇 년 동안 유엔합동조사단(Joint Inspection Unit, JIU)장을 역임했고 경제사회이사회의 한계에 대해 독창적인 의견을 제시해 왔던 모리스 버트런드Maurice Bertrand는 1993년 경제사회이사회는 신뢰성도 권위도 없는 조직이고 그로 인해 지난 수십 년 동안 조직적 위기를 겪었으면서도 이를 극복하기는커녕 오히려 공고히 해 왔다고 언급했다.[5]

●**유엔합동조사단**─유엔 내부의 행정적·재정적 효율성을 촉진할 목적으로 1976년 유엔 총회가 결의해 신설된 조직. 유엔에서 독립된 외부 조직으로, 유일하게 유엔 체계를 관리 감독할 권한을 가진다. 옮긴이

유엔의 자체 개발 프로그램

유엔 기구 중 실질적인 개발 협력 활동을 하는 핵심 기구는 현장에서 프로그램과 프로젝트를 수행하는 〈유엔개발계획〉이다. 〈유엔개발계획〉은 융자를 제공하던 〈유엔경제개발특별기금(UNSF)〉과 기술을 지원하던 〈확대기술원조계획(EPTA)〉을 통합해 1965년 출범

했다. 선진 산업국들이 〈세계은행〉이나 전문기구를 통해 원조 활동을 수행하면서 두 기구에 자원을 제공하지 않은 탓에 제 기능을 못하고 있었기 때문이다. 두 기구의 수장이던 폴 호프만Paul Hoffman과 데이비드 오웬David Owen은 초창기 〈유엔개발계획〉이 역동적으로 활동할 수 있게 기반을 마련해 주었다.

그러나 〈유엔계발계획〉 내부의 구조적인 문제도 있었고, '개발'을 진행하면서 마주치는 난관들 속에서 자신의 임무를 적절히 찾아 내지도 못했다. 분석적으로 따져 보거나 실질적으로 봐도 〈유엔개발계획〉의 전반적인 업무 수행 성적표는 아무리 좋게 봐줘도 실망스럽기 그지없다. 〈유엔개발계획〉 프로그램은 빈곤을 퇴치하지도 못했고 궁지에 몰린 사람들의 생명을 지켜 주는 일에도 소홀했다. 〈유엔개발계획〉이 투자한 사회 기반 시설과 〈유엔개발계획〉이 자금을 지원한 기술 이전 프로그램은 지원 받은 국가에는 도움이 되었을지 몰라도 그 나라의 가난한 사람들에게는 도움이 되지 못했다. 그럼에도 〈유엔개발계획〉은 1990년대 유엔의 개혁 바람을 타고 현장에서 유엔 개발 협력을 주도하는 실무 기관으로 나서고자 했다. '협력'과 '중복 배제'를 선호하는 유엔의 기부국들 덕분에 〈유엔개발계획〉의 바람은 어느 정도 실현되었고 이제는 〈유엔개발계획〉을 중심으로 모든 프로그램이 일원화되어 협력 활동을 펴고 있다. 여기서 다른 유엔 기구들은 접근법을 통일하려고 노력하는 한편 저마다의 독립적인 활동을 펴고 있다. 〈세계은행〉이 주도하는 "빈곤 퇴치 전략"은 한 국가 안에서 개발계획과 개발 정책이 일관성을 갖도록 보장했다. 그러나 많은 빈곤 퇴치 활동가들은 개발을 구성하는 요소와 빈곤을 퇴치할 방법에 관한 〈세계은행〉의 처방이 '시장'을 바탕으로 한 것이라는 점을 들어 의혹의 눈초리를 거두지 않는다.

1990년대에 접어들면서 〈유엔개발계획〉은 매년 발간하는 『인간 개발 보고서*Human Development Reports*』를 통해 빈곤 퇴치를 개발의 핵심 과제로 삼는다는 이상을 제시했다. 최근 〈유엔개발계획〉은 자체적으로 프로그램과 내부 구조를 개혁했지만 비평가들은 여전히 〈유엔개발계획〉이 스스로 내세운 이상을 효과적으로 달성할 수 있을지 궁금해 한다. 오늘날 〈유엔개발계획〉은 분쟁을 겪은 국가나 지역의 통치 역량을 구축하는 일에 매진하고 있다. 그러나 〈유엔개발계획〉의 조직 문화는 여전히 대도시에 자리 잡은 본부 위주로 돌아가기 때문에 현장에 기초한 전망을 충분히 갖추지 못하고 있다.

전문기구의 역할

식량, 농업, 교육, 건강, 노동 등을 다루는 유엔의 전문기구는 인도주의라는 동기에 따라 움직이는 비정부기구나 〈유니세프〉가 벌이는 활동과는 사뭇 다른 목적에서 설립됐다. 전문기구는 탈식민 시대가 도래하기 훨씬 이전, 즉 유엔이 창설되기 전부터 존재해 왔다. 다시 말해 전문기구는 산업화 이전 사회나 최저 생계를 겨우 꾸리는 가난한 사람들에게 직접적인 도움을 주려는 목적으로 설립된 조직이 아니다. 이 사실을 제대로 알고 있어야 한다. 그렇지 않으면 전문기구가 무슨 임무를 수행하는지, 임무 수행을 잘 하는지 못 하는지를 따질 때 잘못된 가정을 바탕으로 그릇된 판단을 내리기 쉽기 때문이다. 전문기구는 '기술을 지원'한다. 자문하고 과학적 경험을 나누며 정보를 유통시킨다. 예를 들어 〈유엔식량농업기구〉의 임무는 (관개, 어업, 임업, 축산, 작물학, 영양학 등을 포괄하는) 식량과 농업 부문에서 축적해 온 상당히 방대한 분량의 최고 정보와 최신 정보를 각국에 전달하고 과감한 모험에 용감하게 뛰어들어 지식을 습득해 이를 전 세계와 나누고 공유하는 것이다.

따라서 전문기구는 다양한 나라에 기술을 지원하는 기구에 더 가깝다. 전문기구에 소속된 전문가 대부분은 본부에 포진해 있다가 관련 전문가가 없는 국가로 파견되어 '현장'에서 근무하게 된다. 파견된 전문가들은 새로운 정책이나 프로그램을 수립하려는 당사국 정부에게 직접 조언함으로써 당사국의 생산력 증진, 신기술 도입, 현지 전문가 양성을 돕는다. 그러나 가난한 사람들의 생활 조건에 직접적인 영향을 미치지는 못한다. 현실과 다르게 모든 개발이 긍정적인 효과를 가지며 정치적으로 중립적이라고 가정되는 것처럼 전문기구 역시 유용하다고 가정되며 그 임무는 기술적인 것에 국한될 뿐 정치적 의미나 사회적인 의미는 없는 것으로 가정된다. 전문기구의 활동은 당사국의 정책에 따라 결과가 달라질 수 있다. 대부분의 국가는 새로운 식민지 개척자로 의심되는 외국의 간섭에서 벗어나 독자적인 주권을 이용해 개발의 방향을 스스로 결정하고자 한다.

전문기구는 주권국가의 자치권을 존중해 자문만 할 뿐 정책 시행에는 거의 간여하지 않는다. 전문기구는 수혜국 정부가 동의할 경우에 한해 가난한 지역을 대상으로 활동을 펼 뿐이다. 저개발 국가가 직면한 곤경을 해결하는 것이 전문기구의 존재 이유임에도 일관성 있는 빈곤 퇴치 전략이 수립되고 시행되는 경우는 거의 없다. 전문기구는 일관성 있는 빈곤 퇴치 전략을 가지고 있다고 우길지도 모른다. 실제로 자기 활동에 정당성을 부여하기 위해 굶주림, 질병, 비참한 생활 조건과 관련된 통계 수치를 내밀기도 한다. 그러나 전문기구가 현장에서 하는 일은 약속된 내용과 사뭇 다르다.

특정 시기에 일부 기구는 보유한 자원을 직접 관리해 빈곤을 퇴치하거나 가난한 사람들을 돕는 일에 쓰기도 했다. 1960년대 〈유엔식량농업기구〉는 경제사회이사회의 승인을 받아 다른 유엔 기구 및 국제 비정부기구와 합동으로 "굶주림으로부터의 자유"를 기치로 국제적인 활동을 펼쳤다. 덕분에 서구의 대중들은 "굶주리는 수백만 명의 사람들"에게 원조를 제공해야 한다고 생각하게 되었고 이를 계기로 유엔의 개발 프로그램이 번창하게 되었다. 1967년부터 〈세계보건기구〉는 전 세계 천연두 퇴치 캠페인의 일환으로 예방접종 사업을 벌였다. 천연두가 마지막으로 확인된 것은 1977년이었다. 1979년 세계는 천연두 퇴치를 선언했다. 유엔은 불행에 빠진 세계시민을 최악의 고통으로 몰아넣는 질병에서 사람들을 구제한 것을 유엔의 자랑스러운 성과 가운데 하나로 꼽는다. 천연두를 퇴치한 뒤에는 소아마비 퇴치 캠페인을 벌였는데, 소아마비 퇴치는 아직 성공하지 못했고 결핵이나 말라리아와도 싸움이 한창 진행중이다.

1970년대와 1980년대 초까지 〈세계보건기구〉 사무총장을 지낸 하프단 말러Halfdan Mahler는 "사람 중심의 보건 의료" 운동을 펼쳤다. 부족한 보건 의료 자원과 인력을 재배치해 값비싼 첨단 기술을 보유한 병원보다는 가난한 시민이 이용할 수 있는 기초 보건 의료 시설 구축에 중점을 두도록 개발도상국 보건 장관들을 독려한 것이다. "사람 중심의 보건 의료" 운동은 당시 퍼져 있던 대안적인 생각에서 도출된 혁신적인 개혁안이었다. "사람 중심의 보건 의료" 운동은 1988년 세계 보건 총회의 다수를 차지했던 아프리카의 반대로 말러 사무총장이 예기치 않게 물러나고 후임으로 〈세계보건기구〉 사상 가장 독재적인 성향을 보였던 일본 출신의 나카지마 히로시(中島宏, Nakajima Hiroshi)가 선출되면서 방향을 잃고 침몰했다. 1997년 나카지마 사무총장은 기부국들의 거센 비판을 받으며 물러났고 〈세계보건기구〉 수장은 노르웨이 출신의 그로 할렘 브룬트란트Gro Harlem Brudtland로 다시 교체되었다. 그 이후 〈세계보건기구〉는 본래의 명성을 차츰 되찾아 가고 있다.

〈유네스코〉 또한 아마두 엠보우 사무총장이 이끌던 끔찍한 시기를 견뎌냈는데 이 문제는 2장에서 이미 다뤘다. 1976년에서 1993년까지 〈유엔식량농업기구〉 사무총장을 지낸 레바논의 에두아르드 사무아Edouard Saouma도 같은 맥락에서 생각할 수 있는 인물이다. 1977년에는 〈유엔식량농업기구〉가 빈곤 퇴치 업무를 얼마나 소홀히 했던지 별도 기구인 〈국제농업개발기금〉이 창설되어 농촌 지역의 빈곤 퇴치에 나설 정도였다. 심지어 〈국제농업개발기금〉이 〈유엔식량농업기구〉보다 더 큰 성과를 내기도 했다. 1991년 〈에콜로지스트The Ecologist〉는 반다나 시바 같은 저명인 사와 〈유엔식량농업기구〉 고위 관료가 익명으로 기고한 비판글 을 실은 『유엔식량농업기구 덕분에 세계의 굶주림이 심화되다 The FAO : Promoting World Hunger』를 발간했다.

> 〈유엔식량농업기구〉는 농업을 개발함으로써 세계가 자급자족할 수 있게 하기 위해 설립되었다. 그러나 〈유엔식량농업기구〉는 임 무를 달성하지 못했다. 〈유엔식량농업기구〉는 전통적인 농경법은 무시하고 조롱하면서 환금작물을 길러 수출하는 서양의 집약식 농 경법만 장려했다. 국제사회는 이런 정책에 우려를 표했으나 〈유엔 식량농업기구〉는 비판에 눈을 감았다. 〈유엔식량농업기구〉의 활 동은 그 효과가 아니라 지출한 예산 규모에 근거해 판단되었다. 〈유엔식량농업기구〉는 도움을 베풀어야 할 당사자의 목소리는 무 시하고 자신들이 적극적으로 육성한 다국적 농기업들과 긴밀한 관 계를 유지한다.[6]

나카지마 사무총장이 재임할 당시 〈세계보건기구〉 역시 다국

반다나 시바Vandana Shiva, 1952~
철학자이자 생태 활동가, 에코 페미니스트다. 대학에서 핵물리학을 전공했지만 서구 과학기술의 한계를 깨닫고 생태 운동에 투신했다. 신자유주의와 다국적기업의 이윤 추구 행위가 생태와 제3 세계 주민들의 삶에 미치는 해악을 누구보다 뼈저리게 인식하면서 삼림 파괴 반대, 생물 다양성 보장, 토종 종자 보호 운동을 펼치고 있다. 저서로 『에코페미니즘』, 『누가 세계를 약탈하는가?』, 『진보의 미래』 등이 있다. 옮긴이

적 제약 산업과 밀접한 관계를 맺고 있다는 비판을 받았다. 2005년 〈유엔식량농업기구〉는 처음으로 외부의 평가를 받았는데, 2007년 발간된 평가 보고서는 〈유엔식량농업기구〉가 뿌리 깊은 관료주의로 인해 비용 낭비, 융통성 부족, 복지부동, 역량 저하, 핵심 기능 상실 등으로 얼룩져 "재정적인 측면과 사업적인 측면 모두에서 위기"에 빠졌다고 진단했다.[7] 평가 결과에 〈유엔식량농업기구〉 직원들은 권고 사항을 즉시 이행할 것을 상부에 요청했다.

한편 〈국제노동기구〉는 가장 관료적인 기관이자 자기들이 대변해야 할 노동자들의 현실에서 가장 동떨어진 기관이라는 비판을 받는데, 이는 정당한 비판이다. 이런 와중에도 가치 있는 프로젝트와 프로그램을 펼쳐온 전문기구도 있다. 헌신적으로 일하는 전문가들은 국제사회라는 정치판에 상존하는 역경을 딛고 에이즈 연구, 질병 통제, 아동 노동 근절, "모두를 위한 교육" 등에서 바람직한 성과를 내고 정보가 절실한 개발도상국에 필요한 정보를 제공한다. 그러나 개발, 각 전문기구가 담당하는 분야와 개발의 연관성, 각 전문기구가 가장 효과적으로 기여하는 방식, 보고서 발간 방식, 개발도상국에 대한 예산 지출 등에서 일관된 개념은 찾아보기 어렵다. 노동과 노동자에 관련된 협약을 담당하는 〈국제노동기구〉의 경우 가난한 나라에 적용할 만한 실질적인 표준 협약을 단 하나도 만들어 내지 못했다. 또한 최빈국의 경우에는 '기술 지원' 자체가 별다른 의미가 없을 가능성이 높다. 비정부기구들이 비판하는 것처럼 개발에 성공한 경우라도 수혜국이 프로젝트나 프로그램에 적극적으로 참여하는 것을 당연하다기보다는 예외로 받아들이는 경우가 더 많았다.

1985년 모리스 버트런드 합동조사단장은 유엔의 분야별 개발 프로그램을 다음과 같이 평가했다. "이질적인 개념에 바탕해 조화라고는 찾아볼 수 없을 만큼 분절되고 교조적이며 일관성이 없을 뿐 아니라 원격으로 통제되는 등, 복합적인 문제를 안고 있다."[8] 버트런드 합동조사단장이 지적한 문제는 주로 체제상의 결함과 관련이 있는데, 오늘날에도 여전히 유효한 비판이다. 그러나 각 기구들이 프로그램을 현장에 적용할 때 발생하는 복합적인 상황을 제대로 이해하지 못한다는 것이 더 근본적인 문제다. 현장에서 발생하는 어려움은 로마나 제네바에 있는 본부 사무실에서도, 원조를 받는 가난한 나라의 수도에 있는 정부 사무실에서도, 현장의 실상을 그나마 가장 가까이에서 공유할 수 있다는 인터컨티넨탈 호텔에서 열리는 컨퍼런스에서도 절대로 이해할 수 없는 것이다. 현장을 제대로 이해하지 못하면 전문기구가 제공하는 '뛰어난 지식' 대부분은 가난한 사람들을 위한 진짜 개발에 소용될 수 없다. 오늘날 같은 세계화 시대에는 오히려 부유한 계층을 위해, 이미 소외된 사람들을 더 주변부로 밀어내는 활동만 지원하게 될 위험이 큰 것이다.[9]

물자 원조

앞서 보았듯이 개발 초기에는 유엔도 당시의 거의 모든 사람들과 마찬가지로 저금리 대출과 기술 지원을 통한 경제 부흥이 국제기구의 역할이라고 생각했다. 그 생각대로라면 식품, 기기, 의약품 같은 물자를 제공하는 원조는 순전히 인도주의 차원에서 이뤄지는 프로그램이었다. 개발은 사회적 차원의 부족분을 메우는 일과는 아무 관련이 없다고 여겨졌다. 그러나 심각한 가난에 처한 나라의 경우 개발 역량을 구축하고, 구성원들에게 기본적인 서비스를 제공하며, 그런 서비스를 더 가난한 지역에까지 확산시킬 수 있는 실질적인 도움이 필요했다. 1960년대에 〈세계보건기구〉가 말라리아 퇴치 프로그램에 나서고 1970년대에 〈유엔식량농업기구〉가 '응용 영양 사업'을 벌였을 때처럼 현장에서 이뤄지는 원조는 모두 〈유니세프〉를 통해야 가능했다. 〈유니세프〉는 유엔 개발 기구 가운데 유일하게 차량,

• **응용 영양**applied nutrition— 실생활에서 나타나는 영양상의 문제를 분석하고 해결하는 것을 목표로 하는 영양학으로 유엔은 〈세계보건기구〉와 〈유엔식량농업기구〉, 〈유니세프〉를 통해 한 나라의 영양 상태를 적극적으로 개선시키고자 응용 영양 사업을 실시하고 있다. 옮긴이

의약품, 저울, 종자, 분무기 같은 '물자를 원조'하는 기구였으며 개별 국가에 사무소와 직원을 두고 당사국 정부와 현장에서 업무를 공동으로 수행할 수 있는 유일한 기구였다.[10](134쪽 참고)

아동의 빈곤 퇴치에 초점을 맞췄던 〈유니세프〉의 관심사는 자연스럽게 여성, 가족, 빈곤에 처한 사람들에게로 확대되었다. 기부국이나 수혜국 모두 〈유니세프〉가 특정 이데올로기에 편향된 활동을 한다고는 의심하지 않았다. 수혜국 정부의 운영 상태가 부실한 경우 〈유니세프〉가 수혜국의 국내 정책, 특히 사회복지 정책

유엔의 개발 관련 지출

다음 그래프는 유엔 기구가 2005년 개발 프로그램에 지출한 비용을 나타낸다. 전문기구들이 지출한 총 비용은 〈유니세프〉가 지출한 비용의 절반에도 못 미치며 가난한 나라에서 가장 많은 비용을 지출하는 기구는 〈세계식량계획〉이다. 수단의 경우처럼 이런 비용 중 일부는 인도주의 원조라는 이름으로 설명하는 것이 더 정확한 경우도 있다.

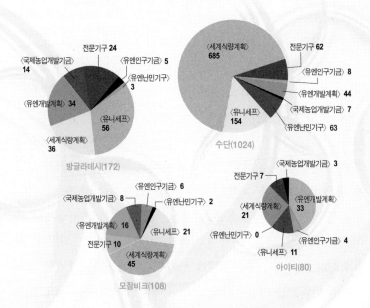

2005년 유엔 기구별 개발 비용(지역은 무작위 선정, 단위: 백만 달러)

▶출처─http://unstats.un.org/unsd/cdb/cdb_series_xrxx.asp?series_code=13510과 UNRWA 웹사이트

에 간여하기도 했지만 아무도 간섭이라고 생각하지 않았다. 또한 〈유니세프〉는 관료주의가 팽배해 있다거나, 비효율적이며 무기력하다거나, 업무를 수행하는 곳의 사정을 고려하지 않는다는 비판도 거의 받지 않았다. 시간이 흐르면서 〈유니세프〉는 '물자 원조'의 달인이 되어갔고 1970년대에 이르면 다른 전문기구와 다르게 감독도 받지 않게 된다. 〈유니세프〉는 당사국 출신 전문 관료를 채용한 최초의 유엔 기구이자 그 지역 비정부기구와 공동으로 프로그램을 수행한 최초의 유엔 기구다. 이로써 〈유니세프〉는 비정부기구, 수혜국 정부, 기부국을 연결하는 가교가 되었다. 〈유니세프〉의 프로그램은 물자 원조가 개발에 도움이 되지 않는다는 생각이 완전히 잘못됐다는 사실을 입증했다.

●**일차 보건 의료**—지역 주민들이 가장 먼저 접촉하는 일차 의료 및 공중 보건 부문을 뜻한다. 질병 예방, 조기 진단 및 치료, 사회적 재활 등 광범위한 의료 분야를 아우른다. 옮긴이

1970년대에 〈유니세프〉는 〈세계보건기구〉와 공동으로 일차 보건 의료 촉진 사업을 진행했고, 유엔 기구 기관장으로서 가장 인상적인 활동을 펼친 인물 중 하나인 제임스 P. 그랜트가 총재로 재직하던 1980년대에는 사회 전반에 걸친 빈곤 퇴치에 주안점을 둔 개발계획을 수립했다. 1990년 아동을 위한 세계 정상회의에서 합의된 목표는 개념적, 전략적,

---

제임스 그랜트 James P. Grant, 1922~1995

미국의 정치가이자 아동 보호 운동가. 1980년에서 1995년까지 15년 동안 〈유니세프〉 총재를 지냈다. 퓰리처상을 받은 바 있는 저널리스트 니콜라스 크리스토프는 제임스 그랜트를 회고하며 "널리 알려지지는 않았지만 히틀러와 마오쩌둥, 스탈린 치하에서 목숨을 잃은 아이 수를 합한 것보다 더 많은 아이의 생명을 구한 사람"이라고 말했다. 옮긴이

내용적인 차원에서 앞으로 논의할 2000년 유엔 새천년개발목표의 선구가 되었다.

국내 문제에 개입하지 않는다는 원칙과 각국 정부를 비판하지 않는다는 원칙에 강박적으로 매달리는 바람에 유엔이 실제 업무 수행에 지장을 받는 것은 사실이다. 그렇다고 유엔이 개발에 전혀 기여하지 않은 것은 아니다. 하지 못한 일이 많은 것은 사실이지만 어쨌든 유엔은 [1960년대부터 1980년대까지 세 차례에 걸쳐] 경제개발 10개년 계획을 추진했다. 세 번째에서 마감된 이 계획이 남반구의 사회와 경제에 실제 어떤 영향을 미쳤는지, '개발'이 실제로 어떤 결과를 가져와야 할지에 대해 일련의 커다란 논쟁이 있었다. 1960년대와 1970년대에는 유엔이 논쟁을 장을 조성하기도 했다.

독립한 개발도상국들이 유엔에서 세력을 키워 가던 시기에는 일관성 있는 '국제 개발' 구조를 구축할 수 있다는 생각이 힘을 얻었다. 그러나 라울 프레비시가 주도하는 라틴아메리카 경제위원회는 종속이론을 바탕으로 남반구 경제가 선진 산업 세계의 손아귀에서 고통 받고 있

●라틴아메리카 경제위원회─
유엔 경제사회이사회에 속해 있는 여러 지역 위원회 가운데 하나로 라틴아메리카 외에 미국, 캐나다, 영국, 프랑스 등이 속해 있다. 옮긴이

다는 주장을 펴면서 그런 생각을 공격했다. 라틴아메리카 경제위원회는 유엔에서 이뤄지는 국제 협상의 틀을 개선해야 한다고 주

장하면서 광범위한 선전전을 펼쳤고 결국 1964년 제네바에서 제1차 유엔무역개발회의가 열렸다. 라울 프레비시가 의장을 맡은 이 회의를 역사적 전환점이라고 보는 논평가도 있다. 1967년 유엔 고위 관료는 제1차 유엔무역개발회의에 대해 이렇게 언급했다. "모든 국가가 경제적으로 동등하다는 신화를 깨뜨렸으며 그에 따라 경제기구와 사회 기구, 경제개발, 협상력의 기본적인 차이를 반영한 국제 무역 규범이 정해졌다."[11]

이런 입장을 표방한 지식인들은 개발도상국과 선진 산업 세계 사이의 무역, 즉 가격이 하락하는 남반구의 원료와 가격이 치솟는 북반구의 공산품을 교환하는 것이 근본적으로 불공정하다고 인식했다. 이런 조건에서 상대적으로 더 가난한 나라가 북반구 국가를 '따라 잡기'란 불가능하다. 남반구와 북반구의 1인당 국민총생산 격차가 줄곧 벌어지기만 하는 것을 봐도 알 수 있다. 바로 여기에 구조적인 문제가 있었다. 이 문제를 해결하기 위해서는 국제경제 관계에서 통용되는 규칙을 바꿔야 했다. 얼마간은 이런 생각이 주류로 자리 잡았다. 무역 질서를 재구성하고 투자 규칙을 변경한 신국제경제질서[*]가 제안되어 1974년과 1975년 유엔 특별 총회를 통과하기도 했다. 그러나 선진 산업국가들이 신국제경제질서를 무너뜨리면서 유엔을 통해 상품, 무역, 원조에 관한 국제협약을 체결해 경제 권력과 정치 권력을 재구성할 수 있을 것이라는 전망도 함께 사라졌다. 유엔은 국제 무역 체계에 관련된 쟁점을 다루기 위해 〈유엔무역개발회의〉를 설립했지만 1990년대에 들어서면서 이 기구는 유엔 외부에 있는 〈세계무역기구〉를 보조하는 기구로 전락하고 말았다. 주요 자본주의 국가들이 염치없이 지배권을 틀어쥐고 있는 바로 그 기구 밑으로 들어간 것이다.

유엔 기구와 연계된 경제학자 중 '대안'을 추구하는 학자들 사이에서도 비슷한 흐름이 나타났다.[12] 1971년에서 1976년 사이 〈국제노동기구〉의 세계 고용 프로그램[13] 책임자를 역임한 루이 에메리Louis Emmerij, 서섹스 대학의 한스 싱어Hans Singer와 더들리 시어스Dudley Seers를 비롯한 다수의 학자들은 경제가 성장했지만 부가 가난한 사람들에게까지 '흘러내리지' 못하는 현실, 북반구와 남반구 사이의 격차뿐 아니라 국내의 경제적 격차도 점점

■ 깊이 읽기

선진국 중심의 국제경제질서에 반대한다!

1973년 〈석유수출국기구〉의 공세로부터 선진국 중심의 국제경제질서에 대한 비판이 시작됐고 이는 개발도상국의 이익을 중시하는 새로운 경제질서에 대한 요청으로 이어졌다. 이렇게 등장한 신국제경제질서(New International Economic Order, NIEO)는 현재 세계 경제의 메커니즘은 선진국에 이익을 가져오는 것이며 근본적으로 변혁되지 않는 한 개발도상국의 이익은 있을 수 없다고 하는 사고방식에 바탕하고 있다.

이러한 주장은 1974년 제6회 유엔 특별 총회에서 "신국제경제질서 수립선언"으로 이어졌다. 구체적으로는 자원의 항구 주권, 개발도상국 상품의 가격 연동제에 의한 가격 보상, 생산국 카르텔 촉진 등의 내용이 포함됐다. 개발도상국은 유엔이나 〈유엔무역개발회의〉, 비동맹회의, 〈국제경제협력회의(CIEC)〉 등을 통해 신국제경제질서의 실현을 요구하고 있다. 옮긴이

▶참고—http://terms.naver.com/entry.nhn?docId=6714

더 크게 벌어지는 현실을 해결하려 했다. 학자들은 지금까지와는 전혀 다른 방식으로 '개발' 개념에 접근해야 한다고 생각했다. 즉, 개발의 목적은 '기본적인 필요'를 충족시키는 것이며, 경제성장은 이를 달성하기 위한 수단으로 보아야 한다는 의미였다. 개발 목표에 국내에서의 부의 재분배와 사회적 자본 구축이 포함되는 것은 당연하다. 새로운 접근법은 개발도상국의 경제정책이나 사회정책 주변을 어슬렁거리는 데서 끝나지 않고 탄자니아처럼 사회주의를 표방하는 나라를 과감하게 치켜세우기에 이르렀다. 그러나 서로 상충하는 이데올로그를 설득하는 어려움은 둘째 치고 개발도상국의 정책이 '기본적인 필요'를 충족시키기에 적당하지 않을 경우 정책 방향을 바꾸기 위해 개입할 방법을 찾는 것이 큰 문제였다.

　파키스탄의 마붑 울 하크는 새로운 접근법을 이렇게 요약했다. "개발 목표는 영양실조, 질병, 문맹, 불결, 실업, 불평등을 점진적으로 축소해 마침내 제거한다는 목표로 재규정되어야 한다. 그동안 우리는 국민총생산이 늘면 빈곤도 해결될 테니 국민총생산에만 신경 쓰라고 배웠다. 이제 순서를 바꾸자. 빈곤에 신경 쓰면 결국 국민총생산이 늘어날 것이다."[14] 1970년대 내내 유엔은 환경, 인구, 식량, 여성, 물, 고용, 주거지 등에 대한 일련의 국제 컨

마붑 울 하크Mahbub ul Haq, 1934~1998
파키스탄의 경제학자다. 인간 개발 이론의 창시자로 잘 알려져 있다. 〈세계은행〉 정책 감독관과 파키스탄 재정부 장관을 역임했으며 〈유엔개발계획〉 특별 자문관으로 활동할 당시에 『인간 개발 보고서』를 처음으로 발간했다. 옮긴이

퍼런스를 주도했고 이상적인 대안을 추구하는 목소리가 널리 울려 퍼졌다. 〈세계보건기구〉와 〈유니세프〉가 공동으로 수립한 '기본적인 서비스' 제공 전략은 대안 경제학자들이 제시한 '기본적인 필요 충족 이론'에 대한 호응이었다. 그러나 1980년대로 접어들면서 런던과 워싱턴을 중심으로 발전한 신고전주의 경제 이론이 강력한 경쟁자로 부상했고 어느 사이엔가 "대안"을 꿈꾸는 신국제경제질서의 낙관주의는 파묻혀 버리고 말았다.

다시 인도주의로

대안적 입장을 표방하는 경제학자 대부분은 유엔 안에 둥지를 트는 데 실패했다. 그러나 대안 경제학자의 원조격인 마붑 울 하크는 1990년에 결국 〈유엔개발계획〉에 한 자리를 마련해 〈유엔개발계획〉의 예산으로 『인간 개발 보고서』를 발간하기 시작했다. 인간의 복리를 개발의 핵심으로 삼기로 마음먹은 하크는 유아사망률, 문자 해득률, 기본적인 사회 서비스 같은 사회 지표뿐 아니라 민주적 참여, 인권, 개인의 자존감 등 유엔 헌장에 명시된 '더 폭넓은 자유'와 관련된 지표도 평가 항목에 포함시켰다. 각국의 개발 경험을 분석하자, 경제가 성장해 부가 흘러넘칠 때까지 기다리지 않고도 사람에 대해 투자할 수 있다는 사실이 드러났다. 인간 개발이 국가 진보의 총량에 기여할 수 있는 방안이 대두된 것이다. 쿠바, 타이완, 스리랑카, 베트남의 경우 경제 지표는 여전히 열악하지만 유아사망률과 문자 해득률 같은 사회 지표는 상당한 진전을 보였다. 이런 경험을 바탕으로 경제가 아닌 사람이 문제일 수 있고, 그렇다면 개발을 추진하는 방식을 달리해야 한다는 교훈을 얻었다.[15] 따라서 대안 경제학자들이 주창한 개발의 이상에 동의하는 비정부기구를 중심으로 '인간 개발'이라는 개념이 광범위하게 받아들여졌다.

『인간 개발 보고서』에는 경제성장 말고도 사회 지표와 정치 지표를 복합적으로 반영한 '인간 개발 지수'가 실렸는데 소득은 높지만 사회 지표는 열악한 국가들을 민망하게 만들었다.(143쪽 참고) 지표를 바탕으로 나라별 순위를 매기는 행태를 비판하는 목소리도 있었다. 특히 개발도상국은 인간 개발 지수가 원조 받을 자격을 가르는 기준이 될지도 모른다고 생각해 반대했다.[16] 이러한 비판과 저항에도, 『인간 개발 보고서』는 전前 재정계획부 장관이라는 하크의 명성과 신뢰에 힘입어 조금씩 자리를 잡아 나갔다. 또 늦은 감은 있지만 궁극적으로는 개발이 사람과 사람이 살아가는 조건을 동시에 향상시키는 것이어야 한다는 생각도 함께 자리를 잡아 갔다. 아무리 성공적으로 경제활동을 수행한다 해도 국민 대다수가 영양실조 상태고 쉽게 병에 걸리며 교육·주거·식수와 청결한 생활환경을 접하기 어렵고 생계 수단을 구하지 못해 어려움을 겪는다면 '개발'되었다고 할 수 없다. 이에 따라 유엔은

'개발'의 구성 요소에 참여 민주주의, 개인의 안전, 훌륭한 통치, 인권 보장 같은 비경제적 요소들도 포함시켰다.

1995년 개발도상국은 유엔이 최근 들어 국제적인 정치 사안에만 사로잡혀 개발 문제를 등한시한다며 볼멘 소리를 했다. 이에 부응해 부트로스 갈리 사무총장은 과거 작성했던 『평화를 위한 의제』와 동일한 형식의 『개발을 위한 의제An Agenda for Development』를 작성했다.[17] 부트로스 갈리 사무총장은 유엔환경개발회의(1992), 세계인권회의(1993), 세계인구개발회의(1994), 사회개발회의(1995), 세계여성대회(1995) 등, 유엔이 주재한 최근 회의들을 유엔이 개발의제를 중요한 사안으로 여기고 있다는 증거로 삼았다. 이런 회의들과 일련의 정상회의들은 과거의 냉전 논리를 대신해 개발 협력의 필요성을 뒷받침하는 새로운 근거를 부여해 주었다.[18] 이 회의들을 통해 전 세계는 다양한 분야에서 좋은 정책 요소가 무엇인지에 대한 이해를 공유하게 되었고, 국제사회가 새로운 이상으로 삼아야 할 개발의 모습은 어떤 것이 되어야 하는지를 설정하는 방향으로 나아가게 됐다.

지난 25년 동안 정부 기구와 비정부기구, 학계의 공인을 받아 진행된 개발 산업의 규모는 큰 폭으로 성장했고 전문성도 더 높아졌다. 세계 전역에서 불거진 쟁점과 세부 쟁점을 아우르고 과잉 정보로 가득한 '말뿐인' 정책을 탈피해 '새로운 국제 정책 방향'을 종합하는 일은 불가능에 가깝다. 그러나 1997년에서 1998년 사이 불어닥친 금융 위기로 국가 간 상호의존도가 높아졌다는 사실을 각국이 인식하게 되면서 공동 의제를 찾아야 한다는 합의가 도

인간 개발 지수

인간 개발 지수는 부富만 측정하는 것이 아니라 사람들의 전반적인 생활 조건을 측정한다. 인간 개발 지수에 포함되는 통계는 기대 수명, 성인 문자 해득률 및 초중고등학교 진학률, 구매력 평가를 기준으로 한 1인당 국내총생산(단위: 달러) 이다. 1990년 『인간 개발 보고서』가 처음 작성된 뒤부터 '계단식' 지표 산정법 은 지속적으로 개선되어 왔고 앞으로도 그러겠지만 완벽해질 수는 없을 것이 다. 그렇더라도 1인당 국내총생산보다는 인간 개발 지수가 한 나라의 개발 정도 를 더 예리하게 묘사한다는 사실에는 변함이 없다.

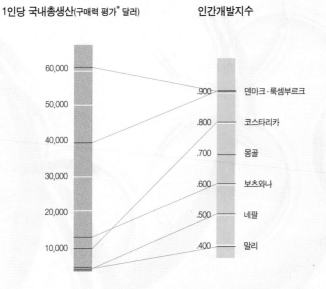

▶ 출처―*Human Development Report 2007/2008*, UNDP.

---

* 구매력 평가(Purchasing-Power Parity, PPP), 각국의 실제 구매력을 기준으로 환율을 책정하는 것을 말한다. 옮긴이

출되었다. 그 결과 선진 산업국가든 개발도상국이든 관계없이 머리를 맞대고 환경 관리, 사회적 통합, 성 평등, 식량 안보, 주거지, 일자리 같은 공동 의제를 개발하기 시작했다. 부트로스 갈리 사무 총장은 다자간 원조를 재개하고 유엔 체계를 개혁해 일관성 있는 개발 사업을 진행할 것을 요청했다. 관련된 쟁점의 무게가 어마어마했지만 각국은 부트로스 갈리 사무 총장의 요청에 호응했다. 물론 10년 전이었다면 불가능했을 일이었다.

새천년개발목표

2000년 코피 아난 사무총장은 유엔 "새천년정상회의" 개최를 요청했다. 인간 개발을 지지하는 이들의 활동이 절정에 달하면서 세계는 여덟 가지 항목의 새천년개발목표 달성을 위해 온 노력과 자원을 아끼지 말아야 한다는 합의에 도달한 상태였다. 세계는 2015년까지 극심한 빈곤과 굶주림, 문맹, 유아사망률, 성차별, 에이즈 확산, 기타 개발 및 빈곤 관련 지표를 상당한 수준까지 감소시키기로 결의했다.[19] 이런 분위기는 양자 간 원조 프로그램과 비정부기구를 비롯해 모든 국제적인 개발 도구를 동원하겠다는 국제사회의 의지 표명으로 이어졌는데 제1차 경제개발 10개년 계획 이후로는 찾아볼 수 없었던 열기였다. 새천년개발목표는 인간 개발 의제에 관한 세계 최고 수준의 포럼을 통해 채택되었으며 목표 달성 기한까지 정해졌다. 제임스 P. 그랜트와 마붑 울 하크가 수년간 공들이지 않았다면 여기까지 올 수 없었을 것이다. 그러나 안타깝게도 두 사람은 모두 생전의 노력이 결실을 맺는 것을 보지 못하고 세상을 떠났다.

새천년개발목표가 기부국에 미치는 강력한 영향은 누구도 부인할 수 없을 것이다. 그런데 개발 목표가 워낙 빈틈없이 정교하게 작성되었기 때문인지 새천년개발목표를 둘러싸고 전혀 새로운 문제들이 대두되었다. 각 나라와 지역의 발전 정도를 평가하기 위해 어떤 지표를 사용할지, 각 목표를 실현하기 위해 들어가는 비용은 얼마인지, 사회 부문과 경제 부문에 어떤 정책을 활용할 수 있을지 등과 관련한 문제를 해결할 필요가 대두되었다. 그러나 제임스 P. 그랜트가 남은 열정을 모두 쏟아서라도 추구하고자 했던 가장 중요한 부분은 결국 불투명한 상태로 남고 말았다. '목표'를 달성하기 위해서 각국 정부는 적소에 효과적인 계획을 마련하고 그 계획을 실행할 메커니즘을 세워야 한다. 그렇게 정부와 조력자들은 새천년개발목표가 현장 안에서 활발하게 추진될 수 있도록 해야할 것이다. 한편 기부국은 이런 활동을 뒷받침하는 자원을 충분히 지원하는 것을 최우선으로 삼아야 한다. 그러나 2005년 제프리 삭스Jeffry Sachs는 새천년개발목표의 핵심이나 다름 없는 이 두 가지 과정이 여전히 지지부진한 상태라고 유엔 사무총장에게 보고한 바 있다.[20]

개발 협력과 관련된 일을 하는 유엔 기구가 가난한 나라의 분야별 정책 방향을 수정하는 데 힘을 보태고 새천년개발목표를 달성하는 데 도움이 되는 프로그램을 시행할 수 있을까? 개발도상국은 가난한 사람들의 입장에 서서 사회 서비스나 성공의 기회가

새천년개발목표

기준일은 1990년이고 목표 달성 시점은 2015년이다.

1. 절대적 빈곤과 기아 퇴치
   • 하루 1달러 미만으로 생활하는 사람의 비율을 절반으로 줄인다.
   • 굶주림으로 고통 받는 사람들의 비율을 절반으로 줄인다.
2. 보편적 초등교육의 달성
   • 모든 소년 소녀가 초등교육을 마칠 수 있도록 보장한다.
3. 성 평등과 여성의 역량 강화
   • 2005년까지는 초등교육과 중등교육, 2015년까지는 모든 교육 과정에서 성별에 따른 차별 없이 교육받도록 한다.
4. 아동 사망률 감소
   • 5세 미만 사망률을 3분의 2 감소시킨다.
5. 임산부 건강 개선
   • 임산부 사망 비율을 75퍼센트 감소시킨다.
6. 에이즈, 말라리아, 기타 질병 퇴치
   • 에이즈 확산 추세를 감소세로 돌아서게 만든다.
   • 말라리아와 기타 질병의 발생을 멈추고 감소세로 돌아서게 만든다.
7. 지속 가능환 환경 보장
   • 지속 가능한 개발 원칙을 국가의 정책 및 프로그램에 통합시키고 환경 자원이 줄어드는 추세를 역전시킨다.
   • 안전한 물을 마시지 못하고 위생 시설을 사용할 수 없는 사람들의 비율을 절반으로 줄인다.
   • 2020년까지 1억 명에 달하는 슬럼 주민의 생활을 상당한 수준으로 끌어올린다.
8. 개발을 위한 국제 파트너십 구축

새천년개발목표는 무역 및 금융 체계, 최빈국·내륙 및 소규모 도서 지역 개발 도상국의 특수한 필요나 부채 탕감, 아동 고용과 필수 의약품 보급, 정보 통신 기술 보급 등, 모든 종류의 지표를 포괄한다.

▶출처―UN Millennium Goals 웹사이트, www.un.org/milleniumgoals/

불평등하게 분배되는 문제를 적극적으로 해결하려고 나설 것인가? 인도와 중국 같은 나라들이 급속한 경제성장을 보이면서 특히 아시아를 중심으로 소비 계층으로 새롭게 편입해 들어가는 사람들이 점차 늘었지만 새천년개발목표 대부분은 여전히 실현 전망이 그다지 밝지 않은 게 현실이다.[21] 설혹 2015년에 일부 국가와 지역에서 새천년개발목표가 달성되더라도 완전한 빈곤 퇴치는 여전히 요원할 것이다. 그래서 환경 자원과 그 자원에 직접적으로 의존하는 사람들의 안전이 점점 위협당하고 있는 오늘날에는 새천년개발목표보다 '인간 개발'에 대한 요구가 더 절실할 수 있다.(6장 참고)

결국 '국제 개발' 따위는 없다. 개발은 허공에서가 아니라 현장에서 이뤄지는 것이기 때문이다. 정책 원칙은 끊임없이 재설계할 수 있지만 현장에서 일을 할 때는 그럴 수 없다. 바로 그것이 유엔, 유엔 회원국, 유엔 기구가 해결해야 할 가장 큰 골칫거리다. 지금까지 현장에서는 유엔 체계 안에서 활동하는 조력자들보다 비정부기구가 오히려 더 효과적이었다. 탈식민 시대에는 단일한 '개발' 구조를 구성할 수 있었을지 모르지만 오늘날에는 개발의 구성 요소를 각국의 기술적, 사회적, 문화적, 경제적, 제도적 환경에 맞춰 조정해야만 성공할 수 있다. 단 하나의 "개발을 위한 의제"란 세상에 없다. 평화에도 도움이 되지 않는다. 이 문제는 마지막 장에서 다시 다룰 것이다. 지금 당장 필요한 것은 '국제적' 노력을 축소하는 대신 사람들이 실제로 숨쉬고, 생활하며, 존재할 수 있는 터전을 늘리는 것이다.

5

인권, 법과 예언자

THE UNITED NATIONS

인권은 다양한 종교와 문화 장벽을 넘어 국제사회
의 보편 규범으로 자리 잡을 수 있을까?
국제 규범과 국제법의 발전은 인권의 전 세계적 확
산에 어떻게 기여해 왔는가?
인권을 보호하기 위한 국제사회의 개입은 정당화될
수 있을까?

인권, 법과 예언자

유엔은 인권 원칙을 수립하고 그것을 국제 규범으로 만드는 데 있어 없어서는 안될 논의의 장을 제공했다. 시작부터 냉전의 모래톱에 걸려 허우적거리는 우여곡절도 겪었지만 유엔은 결국 '인권의 시대'를 열었다. 이후 인권은 국제 무대의 주요 담론으로 떠올랐다. 오늘날에는 사회적 권리와 경제적 권리가 정치적 권리와 시민의 권리만큼이나 인도주의 활동과 개발 활동을 정당화하는 바탕이 된다. 인권이라는 의제를 법제화하려면 권리를 체계화하고 그렇게 체계화된 권리를 비준하는 작업이 필요하다. 그러나 개인의 권리를 서양의 개념으로 받아들이고 [인권의 법제화를] 문화나 국내 문제에 대한 간섭으로 여겨 분개하는 사람들은 인권 의제에 저항했다. 각국의 국내법과 정책에는 관여할 수 없는 유엔의 한계를 감안할 때 유엔이 어떻게 인권을 국제사회에 뿌리내리게 할 것인지가 중요하다.

모든 인간에게는 인류에 속한다는 이유만으로 양도할 수 없는 권리가 주어진다는 생각은 오랜 역사를 갖는다. 미국 혁명과 프랑스혁명 시기에 이 생각이 광범위하게 확산되면서 바야흐로 자유와 평등이라는 철학적 사고가 꽃을 피우게 되었다. 19세기 들어 노예제와 여성 인신매매 반대 같은 이런 저런 사회운동이 폭발적으로 등장하면서 신민에 대한 주권자의 권한에 제한을 두어야 한다

는 관념이 힘을 얻기 시작했다. 1884년에
서 1885년 사이 베를린 의회는 벨기에의
레오폴트 왕이 콩고 주민의 복리를 돌본
다는 전제하에 콩고에 대한 종주권을 인
정해 줬다. 그렇다고 레오폴트 왕이 대량
학살이나 고문을 멈춘 것은 아니었지만
전례는 남긴 셈이 되었다.[1]

국제연맹이 설립된 1919년 바로 그해
에 억압이나 착취로부터 인류를 보호할
국제적인 사법 기구를 만들자는 취지로 〈국제노동기구〉가 설립
되었다. 1926년 "반反노예제협약", 1930년 〈국제노동기구〉의 "강
제노동금지협약"은 유엔이 설립되기 전에 이미 체결된 국제 협약
이다. 또한 1899년과 1907년 헤이그에서 열린 평화 회의에서 전
쟁의 규칙을 정한 협약이 체결되면서 〈국제사법재판소〉 설치가
명시됨에 따라 '적'으로 취급받지 않을 아동의 권리나 원하지 않
는 결혼을 강요당하지 않을 여성의 권리 등, 기타 권리 역시 더 단
단해졌다.(1장 참고)

그럼에도 1939년에서 1945년 사이 벌어진 전쟁이 끝날 때까지
는 법학자 대부분이 주권자가 국민에게 잔혹 행위를 하지 못하게
막을 국제법은 없다는 견해를 가지고 있었다. 즉결 재판, 고문, 공
판도 없는 임의 체포, 임의 억류는 일반 도덕에는 반하지만 합법
적 활동이었다. 다만 희생자가 타국 시민일 경우에는 상대국에
대한 공격으로 간주되어 불법 행위가 되었다. 그러나 전쟁을 치

• 베를린 의회Congress of Berlin
—1884년에서 1885년 사이
독일의 베를린에서 열린 국제
회의. 콩고 분지 지역 영유권
확정이 주요 의제였다. 1878
년의 베를린 회의와 구분해
'베를린 서아프리카 회의'라
고도 한다. 서구 열강들이 아
프리카 식민지 분할을 공식화
하는 계기가 되었다. 옮긴이

르는 동안 독일이 유대인이나 열등하다고 간주되는 자국 시민을 대량 학살하는 새로운 사건이 발생했다. 나치 전범을 처벌하기 위해 〈뉘른베르크 국제군사재판소〉가 설치되었을 때 처벌 대상인 네 가지 범죄에 "인도에 반하는 범죄"도 포함되었는데, 이 표현은 1915년 미국의 토착 원주민 대량 학살 사건과 관련해 처음 사용된 표현이었다. 홀로코스트의 표적이 된 시민들을 외국 군대가 보호할 수 있게 되면서 국제법은 새로운 국면으로 접어들었다. 그동안 국제법이 보호해 왔던 시민의 권리가 이제 모든 문명 사회의 관례이자 각국의 법체계 아래에서 향유되는 권리로 자리 잡게 된 것이다.

● 깊이 읽기

국제 법정에 선 나치 전범들

1945년 11월 10일, 독일 뉘른베르크에서 2차 세계대전 전범과 유대인 학살 전범을 다루는 국제 군사재판이 열렸다.(일본 전범은 미국 주도로 〈도쿄 국제 군사재판소〉에서 처리됐다.) 헤르만 괴링, 루돌프 헤스를 포함한 24명의 나치 고위 관료와 독일군 장성이 법정에 섰다. 수석 검사는 로버트 잭슨 미 대법원 판사였다. 잭슨 검사는 반평화 범죄, 통상적인 전쟁 범죄, 범죄 음모죄, 반인류 범죄, 네 개 죄목으로 이들을 기소했으며 그중 반인류 범죄를 가장 엄중하게 다뤘다. 1946년 10월 1일에 재판이 막을 내리기 전까지 403차례 공판이 이어졌다. 결국 24명 가운데 19명이 유죄를 선고받았고 괴링을 비롯한 12명에게는 사형, 헤스를 비롯한 3명에게는 종신형, 다른 4명에게는 징역형이 선고되었다. 옮긴이

〈뉘른베르크 국제군사재판소〉가 제시한 원칙이 적법하다고 판단한 유엔 총회는 모든 주권국은 자국 시민에게 핵심 의무를 다해야 한다는 내용을 담은 결의안(95(I), 1946년 12월 11일)을 채택해 〈뉘른베르크 국제군사재판소〉의 활동을 지원하고 나섰다. 저명한 법학자 톰 파러Tom Farer는 이렇게 말했다. "이로써 인권은 보편적인 문제로 발돋움했다."[2] 인권 문제를 국내 문제에까지 적용할 수 있게 보편화시킨 주체는 외교관, 활동가, 비정부기구, 인도주의자, 반反식민주의자 등 다양했는데 당연하게도 그들은 이 문제를 유엔이 담당하리라고 기대했다.

세계인의 권리장전

　유엔 헌장은 1조 3절에 "인종, 성별, 언어, 종교에 따른 차별 없이 모든 사람의 인권 및 기본적 자유를 존중하고, 촉진하며, 장려한다"는 목적을 명시했다. 유엔 헌장 68조에는 경제사회이사회 산하에 인권위원회를 구성해 인권 신장에 힘써야 한다는 규정도 있다. 그러나 캐나다 출신으로 초대 인권분과 국장이 된 존 험프리John Humphrey는 주권 존중 원칙을 근거로 유엔에는 국내에서 자행되는 억압을 제어할 의무가 없다고 생각했다. 앞서 설명한 대로 역대 유엔 사무총장들은 비개입 원칙을 극복할 방법을 찾기 위해 고심해 왔다. 문제는 유엔 헌장 7장이 평화 강제 활동을 펼칠 수 있다고 규정한 평화 위협 행위에는 대규모 인권 침해가 포함되어 있지 않다는 데 있었다. 처음부터 소비에트연방은 유엔의 역할은 인권을 선언하는 데 한정되어야 한다고 선을 그었다. 인권을 강제하는 활동은 전적으로 국내 문제라는 입장이었다.

샌프란시스코 연설에서 트루먼 미 대통령은 유엔의 역할이 인권 보호에 있다고 역설했다. "세계인을 위한 권리장전의 기틀은 인권에서 찾을 수 있습니다. (…) 인권은 (…) 우리 헌법에 명시된 권리장전과 마찬가지로 국제사회 생활의 일부로 자리 잡게 될 것입니다." 권리장전의 초안 작성이 인권위원회의 최우선 과제였다. 엘리너 루스벨트를 초대 위원장으로 하는 인권위원회가 출범하자마자 세계는 개인의 권리를 지지하는 국가와 집단(국가)의 권리를 앞세우는 국가로 양분되었다. 국가의 권리를 앞세우는 국가들은 국가가 개인에게 저지르는 일들에 개인이 저항할 권리가 있다는 사실을 받아들이지 않았다. 따라서 인권위원회는 국가의 의무를 명시한 인권 헌장의 원칙과 그 원칙을 시행할 기구를 분리했다. 1948년 12월 10일 "세계인권선언"이 승인되었다. "세계인권선언"은 통치하는 국가가 시민을 상대할 때 지켜야할 행동 원칙을 나열했지만 국제법의 지위를 얻지는 못했다. 그러나 추후 "세계인권선언"의 조항들이 다른 국제 협약이나 새로운 헌장에 포함되면서 법적 지위를 획득하게 된다.

엘리너 루스벨트Eleanor Roosevelt, 1884~1962
미 32대 대통령 프랭클린 루스벨트의 부인이지만 남편의 그늘 아래 있지 않고 인도주의 활동을 활발하게 펼친 인물이다. 남편이 뉴욕 주지사와 대통령에 재임할 당시 때로는 비공식적 조언자로, 때로는 직접 로비 활동을 벌이며 여성과 소외된 이들의 인권 증진에 힘썼다. 1945년부터 1951년까지 유엔 미 대사를 지내며 인권위원회에서 세계인권선언의 초안을 마련했다. 옮긴이 조약에 들어 있는 구절들은 비교적 느리게 진전되었다. 동구권 나라들이 인권의 의미를 두고 끊임없이 문제를 제기했기 때문에 냉전기에는 한 치도 앞으로 나아갈 수 없었다. 회원국의 인권 침해에 대해 왈가왈부하는 것은 금기 사항이었다.[3] 서구 동맹국들은 정치의 영역과 시민의 영역을 분리하는 것이 자유(언론의 자유, 종교의 자유, 집회 결사의 자유, 공정한 재판을 받을 자유) 수호에 필수불가결한 조건이라고 생각했던 반면 소비에트연방과 그 동맹국들은 서구에서는 '권리'로 생각하지 않았거나 권리로 여겼더라도 그 중요도를 낮게 보았던 경제적, 사회적 권리(결핍으로부터의 자유, 보건 의료와 교육 서비스를 받을 권리, 문화적 정체성을 지킬 권리)에 더 큰 관심을 보였다. 결국 1966년 총회에서 "시민적·정치적 권리에 관한 국제 규약"과 "경제적·사회적 및 문화적 권리에 관한 국제 규약"이 각각 체결되었다.

두 규약은 교묘하게 해석해 아전인수로 쓰일 여지가 너무 많았다. 가령 "경제적·사회적 및 문화적 권리에 관한 국제 규약"에는 조화로운 사회관계 촉진을 위해 공통의 문화를 장려할 국가의 적법한 권리와 다문화 국가에서 자신의 문화적 정체성을 지킬 시민의 자유가 공존한다. "시민적·정치적 권리에 관한 국제 규약"의 경우 정부는 비상시국에 한해 시민을 마음대로 체포해 일정 기간 동안 구금할 수 있다. 언론의 자유 역시 국가 안보에 위협이 되거나 공공질서 및 공공의 건강을 지키기 위해 유보될 수 있다. 그러나 가장 실망스러운 점은 이 규약을 시행할 실질적인 기구가 없다는 점이다. 규약에 서명한 당사국이 지켜야 할 유일한 의무는 규약 적용 실태를 기록한 보고서를 주기적으로 제출하는 것뿐이었다. 그 밖에도 여러 결함이 있었지만 1976년 이 두 규약은 35개국의 비준을 받아 국제법 인정 요건을 충족시켜 국제법으로서의 지위를 획득했다.

법과 규범

국제법이 형성되는 방식과 국제법이 우리 삶에 미치는 다양한 영향을 여기서 모두 다루기는 너무 벅차다. 그러나 인간의 '필요'와 달리 인간의 '권리'에 근거한 행위는 그 영향력 면에서 법적 제재를 받아야 할 대상이 되므로 협약 조항이 국제법의 지위를 얻는다는 것이 사실상 무엇을 의미하는지 정도는 반드시 이해하고 넘어가야 한다. 국제 협약을 비준한 국가는 관련된 국내법을 제정하고 시행에 옮길 의무를 진다. 이론상으로는 국제법에 속한 협약을 제대로 시행하지 않는 국가에게 국제사회는 이행을 촉구할 수 있다. 그러나 현실적으로 인권 협약의 영향력은 지극히 규범적이다. 유엔 기구는 아니지만 전범 처벌을 위해 2002년 설립되었던 〈국제형사재판소〉를 제외하면 사실상 인권 협약을 이행하지 않는 국가를 조사할 사법 기구가 없다. 그런 조사가 이뤄진다면 각국은 창피해서라도 국제사회의 의견을 차단하기보다 수용하는 편을 택할 것이다. 그러나 아직까지는 조금 더 조용한 방식인 외교만이 유일한 강제 수단으로 활용되고 있다.

유엔은 출범 당시부터 회원국을 모욕하지 않는다는 원칙 아래 움직였다. 특정국의 인권 침해를 문제 삼아 비난한다면 해당국의 동맹국들이 반발할 가능성도 있었다. 유엔은 회원국을 기반으로 성립된 조직이기 때문에 인권 영역이든 다른 영역이든 회원국의 정치적, 전략적, 경제적 이해관계에 따라 활동에 제약을 받는다. 이처럼 유엔은 회원국의 이해관계에 민감하게 반응할 수밖에 없기 때문에 인권을 침해한 회원국을 노골적으로 비난하기 어려운 게 사실이다. 대신 유엔은 유엔 소속이 아닌 독립 전문가를 조사 위원으로 임명해 국가와 무관한 개인 자격으로 인권 관련 보고서를 작성하게 하는 등, 자신의 한계를 극복하기 위해 노력해 왔다. 〈휴먼라이츠워치〉나 〈국제앰네스티〉 같은 비정부기구는 유엔보다 훨씬 더 자유롭게 활동할 수 있다. 최근 이 점을 인식한 유

• 〈국제앰네스티〉―〈국제사면위원회〉로도 불린다. 양심수를 후원하는 등 국제적으로 인권 옹호 활동을 펼치는 비정부기구로, 국제 인권 기구 가운데 가장 오랜 역사를 자랑한다. 오늘날 160여 개국에 지부를 두고 있다. 옮긴이

엔은 국제 비정부기구나 국내 비정부기구의 인권 관련 활동 내용을 널리 알릴 기회를 넓혀 왔다.

국제 규범은 상당한 수준으로 발전했지만 규범을 적용할 시행 수단의 발전은 그에 못 미치는 것처럼 보일 수 있다. 그러나 국제 규범이 발전했다는 사실 자체만으로도 의의가 크다. 우선 규범이나 조약은 국가 내 시민사회 조직이나 초국가적인 시민사회 조직이 전 세계 곳곳에서 일상적으로 이뤄지는 인권 침해에 저항할 수 있는 근거가 된다. 이러한 규범이나 조약은 희생자를 보호하거나 돕고 가해자의 행동을 제약하는 것이 목적이다. 또한 국제

규범과 국제 조약은 국내법 제정을 촉진할 수 있다. 국내법이야 말로 인권을 침해한 가해자를 범죄자로 규정해 정의의 심판을 받게 할 수 있는 유일한 실질적 도구다. 가해자가 개인이든 세도든 고용주든, 그 밖에 다른 무엇이든 상관없다. "인도에 반하는 범죄"가 국제사회의 처벌 대상이 된 오늘날에도 개인을 상대로 이뤄지는 일상적인 인권 침해는 국제 무대에서 해결할 수 없다. 개인을 상대로 이뤄지는 인권 침해와 관련해 유엔이 직접적으로 취할 수 있는 조치는 하나도 없다. 인권의 영역을 점차 확대해 가고 각국이 인권을 도덕적 차원에서, 또는 법적 차원에서 수용하도록 촉진하는 활동을 할 수 있을 뿐이다.

선언에서 약속으로

세계시민의 권리장전으로 인정받는 두 가지 규약은 별다른 실효를 거두지 못했지만 냉전기와 탈냉전기를 거치면서 유엔의 후원하에 다른 인권 관련 조약들이 속속 체결되었다. 그중 가장 중요한 조약으로 1948년 "세계인권선언"과 함께 총회를 통과한 "집단학살방지 및 처벌에 관한 협약"을 들 수 있다. 이때 소비에트연방의 지지를 얻기 위해 집단 학살을 정의하면서 특정 사회 계급 구성원이나 특정 정치 집단 및 이념 집단 구성원에 대한 학살은 제외할 수밖에 없었다. 그렇게 양보했음에도 협약의 비준은 아주 느리게 진행되어 미국은 1988년에 이르러서야 비준했다. 그러나 희생자 편에서 학살에 개입해야 한다는 의무가 지켜지지 않을 때도 있었다. 예를 들어 1994년 르완다에서 학살이 일어났다는 사실을 알고서도 클린턴 미 행정부와 다른 나라의 정부는 협약상의 의무를 이행을 차일피일 미뤘다. 부트로스 갈리 사무총장은 수단과 방법을 가리지 않고 유혈 사태에 개입해 학살을 멈춰야 한다고 요청했지만 비준국들은 묵묵부답으로 당연한 의무를 저버렸다.[4]

이러한 비준국들의 태도는 개탄할 만하다. 그러나 늦긴 했지만 논쟁 끝에 르완다 사태가 제대로 '학살'로 불리게 된 것은 국가의 의무를 국제적으로 인정하는 과정에서 나타난 중요한 진전이었다. 1978년에서 1979년 캄보디아의 폴 포트가 자행한 학살은 당시의 국제법을 어긴 것이었지만 국제사회는 해당 행위를 학살로 인정하지 않았다. 미국과 미국의 동맹국들이 학살에 종지부를 찍은 베트남의 캄보디아 침공 사태를 더 중요한 잔혹 행위로 판단했기 때문이었다. 30여 년 뒤 유엔이 지원하는 〈국제형사재판소〉는 학살 행위에 대한 증언을 청취했지만 폴 포트를 비롯한 크메르루주의 학살 주범들은 대부분 사망하고 없었다.[5] 1948년 체결된 조약("집단학살방지 및 처벌에 관한 협약")에 따라 처음으로 기소가 이뤄진 것은 1998년에 이르러서였다. 학살자들에 대한 고발장이 〈르완다 국제형사재판소〉에 접수되었다. 1996년

● 크메르루주Khmer Rouge—캄보디아의 급진적인 좌익 무장 단체로, 폴 포트 치하 4년 동안 캄보디아를 피로 물들였다. 친미로 의심되는 전문 기술자와 지식인을 무자비하게 학살했으며, 그 수는 150만 명 이상으로 추산된다. 1979년 베트남 군대가 수도 프놈펜을 장악하면서 크메르루주 정권도 막을 내렸지만 그 뒤로도 국경 지대에서 무장 세력을 조직해 캄보디아 정세를 불안하게 하고 있다. 옮긴이

〈구舊유고슬라비아 형사재판소〉에서 50년 만에 처음으로 전쟁 범죄에 대한 기소가 이뤄진 다음의 일이다.[6] 이러한 사건은 국제 정치 환경이 인권 관련 조약을 말이 아니라 실제 적용하는 방향으로 나아가고 있다는 사실을 보여 준다. 이 모든 게 냉전이 끝난 뒤에야 비로소 가능해졌다.

그 밖에 여러 인권 관련 조약이 유엔 초기에 유엔의 후원하에 체결되었다.(161쪽 참고) 처음에는 선언 수준에 그쳤지만 결국에는 공식 조약 체결로 이어진 것들도 있다. 1989년 유엔 총회에서 통과된 "아동권리협약"의 징검돌이 된 1959년의 "아동권리선언"이 좋은 예다. 반면 "토착원주민의 권리에 관한 선언"은 1982년 나왔지만 협약의 지위로 격상되지 못했고, 미국의 반대에도 1986년 통과된 "개발권선언"의 경우에는 개발이 국가 개발을 의미하는지 개개인의 발전을 의미하는지 명확히 정의하는 데는 실패했다.

지면도 부족하고 내용도 매우 복잡하기 때문에, 냉전이 끝나기 전에 유엔을 통해 구체화된 조약과 선언을 여기서 모두 나열할 수는 없다. 아쉬운 대로 양심, 아동 노동, 소수자, 수감자 처우, 강압, 폭력, 학대 등에 관련된 조약이나 선언들이 있었다는 정도만 기록해 둔다. 일부 비판가들은 인권 선언이 남발되어 신뢰성이 떨어졌다고 생각한다. 인권 선언의 바탕이 되는 공통 기준이 부족하고 심지어는 총회의 권위에만 의존해 선언이 나오는 경우도 있기 때문이다. 그런 경우 인권 의식의 진정성이 훼손될 수 있다.[7] 냉전이 끝난 뒤에는 인권 관련 활동 영역이 인신매매,

유엔의 주요 인권 협약

인권 보장을 위해 사용할 수 있는 수단은 협약, 의정서, 선언, 행동 강령 등 줄잡아 100여 개에 달한다. 그 중 주요 협약(조약)은 다음과 같다.

협약(주제별)	조인 연도	시행 연도	당사국 수
인권 일반			
시민적·정치적 권리에 관한 국제규약	1966	1976	154
경제적·사회적 및 문화적 권리에 관한 국제규약	1966	1976	105
인종차별			
인종차별 철폐에 관한 국제협약	1966	1969	170
아파르트헤이트 범죄의 진압 및 처벌을 위한 국제협약	1973	1976	106
스포츠에서 인종차별에 반대하는 국제협약	1985	1988	59
여성			
여성의 참정권에 관한 협약	1953	1954	115
결혼에의 동의, 최연소연령, 결혼신고에 관한 협약	1962	1964	49
여성에 대한 모든 형태의 차별 철폐 협약	1979	1981	180
노예			
1926년의 반反노예제 협약 수정	1953	1955	95
노예제, 노예무역, 유사노예제 철폐를 위한 보충협약	1956	1957	119
인신매매 금지 및 타인의 성 착취 금지에 관한 협약	1950	1951	74
난민과 무국적자			
난민의 지위에 관한 협약	1951	1954	140
무국적자의 지위에 관한 협약	1954	1960	54
기타			
집단학살방지 및 처벌에 관한 협약	1948	1951	138
고문방지협약	1984	1987	141
아동권리협약	1989	1989	190

출처: Weiss et al, The United Nations and Changing World Politics, Westview 2007.

여성 할례, 강간, 이주 노동자 보호 등으로 크게 확대되었다. 집단이나 개인의 폭력은 아무리 크더라도 형태가 불분명해 파악하기 어려운 경우가 많다. 따라서 유엔은 큰 의미를 지니는 국제법과, 국제법보다는 가치가 떨어지지만 나름대로 의미를 지니는 수사적 표현을 통해 인권 관련 기준을 확립하기 위해 노력하고 있다.

인권의 시대가 열리다

냉전이 끝나고 동유럽, 중앙아메리카, 남아프리카에서 평등과 법치의 원칙에 근거한 정권이 등장하면서 인권 실현에 헌신하는 새로운 시대가 열리는 것처럼 보였다. 1989년 통과된 "아동권리협약"으로 이런 추세는 더 속도가 붙었다. "아동권리협약"은 전통적으로 소수자인 아동의 지위에 개의치 않고 인간으로서 아동이 지니는 경제적, 사회적 권리와 정치적, 시민적 권리를 단 하나의 협약 안에 모두 포괄한 중요한 협정이었다. 1979년 "여성에 대한 모든 형태의 차별 철폐 협약"이 체결되면서 전문가로 구성된 독립 위원회가 설립되었다. 독립 위원회는 각국의 "아동권리협약" 준수 여부를 조사해 총회에 보고하는 역할을 맡았고 아동의 인권을 전 세계적 차원에서 촉진하는 대리인 역할도 했다. 각국이 이례적으로 신속하게 협약에 비준하면서 긍정적인 분위기가 형성되었고 5년 정도 지난 뒤에는 거의 모든 국가가 서명하기에 이르렀다. 아동을 위한 일은 협약을 체결한 뒤에 지게 될 의무를 잠시 잊을 만큼 이견의 여지가 없는 중요한 문제로 여겨졌다.

〈유니세프〉는 아동의 권리를 이해시키고 실현시키고자 노력하는 가운데 협약에 제시된 대로 필요가 아니라 권리를 중심에 두는 쪽으로 사업 방향을 선회했다. 1991년 5월 얀 마텐슨Jan Martenson 유엔 인권 사무차장은 〈유니세프〉 이사회 연설에서 이렇게 말했다. "아동권리협약을 시행하는 〈유니세프〉의 접근법에서 가장 혁명적인 요소는 협약의 원칙을 각국의 프로그램과 프로그램 분석에 통합시킨 것입니다. 유엔은 사상 최초로 인간의 존엄에 관련된 국제 기준을 수립하고 실질적인 활동에 나서게 되었습니다."8) 아동의 발달은 아동의 권리 충족이라는 개념과 연결되어 유아에게도 인권 개념이 적용되었다. 아동의 인권에 대해서는 전 세계가 의견을 같이하는 전도유망한 시대가 도래하면서 유엔의 임무전반이 부흥기를 맞이했고 유엔과 비정부기구는 인권 개념을 지구촌 곳곳에 적극적으로 전파했다.

1960년대와 1970년대에는 '개발'이 대세였지만 1990년대에는 '인권'이 대세였다. 그리고 이 두 가지 임무는 이내 뒤섞이기 시작했다. 1993년 빈에서 열린 국제 인권 컨퍼런스에서 채택된 행동 프로그램 선언은 개발권을 "보편적이고 누구도 빼앗을 수 없는 권리이자 기본적인 인권에 포함된 개념"이라고 정의했다. 미국은 이런 입장을 거부했다. 개발 원조 수혜 자격 문제에 늘 민감하게 반응하는 개발도상국들 역시 인권 보장 수준이 원조 자격 요건에 포함될까 봐 무턱대고 반기는 눈치는 아니었다.9) 그러나 오늘날 인권은 국제 기부국이 가장 선호하는 주제가 되었다. 인권이라는 화두가 의기양양하게 세계를 주름잡는 상황은 예기치 않은 "테러와의 전쟁"이 개인의 자유를 중시하는 체제를 훼손하면서 주춤하게 된다.

인권 담론이 개발 담론을 접수하면서 몇 가지 불안 요소가 생겼다. 가령 열정적인 인권 활동가들은 '의무 부담자duty-bearers' (물론 여기서 '의무 부담자'는 새로운 용어다)인 국가가 소홀히 여기는 사람들을 위해 구체적인 무언가를 해 주기보다 폭력에 시달리는 여성의 권리 침해나 학교에 가지 못하는 아이들의 권리 침해 같은 추상적인 개념을 위해 싸우는 걸 더 중요하게 생각하는 것처럼 보인다. 인간에게는 교육받을 권리가 있지만 교육받지 못한 사람들 대부분은 그 권리조차 모르는 경우가 많다. 혹여 자신의 권리를 안다고 해도 그 자체로는 아무런 도움이 되지 않을 뿐더러 교육을 받지 못하게 억압하는 사람들을 설득해 교육을 받게할 수 있는 일도 아니다. 교육받지 못한 사람들에게 가장 필요한 것은 현실의 부당함을 효과적으로 바로잡는 일이다. 법제화도 한 방법이지만 인권 침해가 가장 심각하게 일어나는 남반구 대부분의 국가에서는 필요한 법이 있더라도 제대로 시행되지 못하는 것이 현실이다. 피해자 대부분은 정의를 구현하는 체계에 접근할 수 없을 뿐더러 경찰을 비롯한 사법 당국이 시민들을 억압하는 경우도 많다. 인권 협약은 각국의 정책 수립 과정에 반영되어야하는 원칙일 뿐 현실적인 도구가 되지 못한다. 그러나 장기적으로 보았을 때 해당국이 조약에 따라 공권력의 횡포를 줄이고 아동 노동을 근절하는 방향으로 정책을 전개한다면, 완전한 인권

보장을 실현하는 데 도움이 될 것이다. 오늘날에는 각국의 협력 프로그램에도 개인이나 공공의 인식과 행동을 변화시킬 활동이 포함되어 있다. 이것이야말로 인권 분야가 이룩한 긍정적인 성과라 할 수 있다.

3장에서 살펴봤듯이 인도주의자들은 극심한 고통에 빠진 사람들이 인권 침해를 당하고 있다고 간주하고 그들을 돕기 위한 개입을 강화하려 한다. 이때 개입에 정당성을 부여하는 것은 '인권'이다. 그러나 대부분의 남반구 국가와 북반구의 회의론자들은 과거 '인권'을 앞세운 '인도주의' 개입에 심각한 오류가 있었다는 점을 들어 인권 원칙을 지나치게 앞세우는 데 반발한다. 이런 현실을 감안할 때 개입을 정당화하기 위해서는 인권을 내세우기보다 유엔 헌장에 새겨진 규범을 수정할 필요가 있다. 또한 [인권과 인도주의라는] 두 개념이 혼합되면서 〈유엔난민기구〉도 몇 가지 문제를 끌어안게 되었다. 우선 1951년 체결된 협약에 따라 〈유엔난민기구〉가 수행해 왔던 난민의 권리 보호 활동이 대규모 구호 활동에 국한되는 경우가 발생했다. 또 난민의 권리를 보호해야 할 기구가 국경을 넘는 대량 이주민의 발생을 억제하고 전쟁 난민을 하루빨리 송환하라는 정치적 압력에 휘둘리게 되었다는 견해도 있다.[10]

유엔이 활용할 수 있는 인권 보장 도구

유엔 체계 전반을 도표화한 조직도(236쪽~237쪽)도 물론 이해하기 어렵겠지만 50여 년이 넘는 세월 동안 조금씩 구성되어 온 인권 관련 유엔 기구를 정리한 조직도 역시 만만치 않다.(167쪽 참고) 인권위원회 외부에는 인권위원회가 체결한 협약의 이행 여부를 감시하는 전문가위원회가 있다. 이 두 기구는 '조약에 의거해 설치된 기구'로 불린다. 인권위원회 산하에는 '특별 기구'로 불리는 특별보고관과 작업 그룹이 있어서 임의 억류, 실종, 고문, 인신매매 같은 주제로 보고서를 작성하고 특정 국가의 인권 침해 현실을 감시한다. 개인을 상대로 한 폭력을 연구하고 조언하며 정보를 수집하고 중요도를 평가하는 기구도 있다. 1993년 인권소위원회에서는 각자의 업무를 합리적으로 조정하는 작업 그룹을 비롯해 25개 가량의 작업 그룹과 특별보고관이 활동했다.[11] 서로 완전하게 연계되지 않은 기구들이 우후죽순 생기나 중복된 업무를 수행하면서 비효율적으로 운영되는 이런 상황은 유엔의 오랜 병폐 가운데 하나다. 그러나 이런 현상은 어떤 유엔 체계든 마주치게 되는 정치적 장애물에 창조적으로 대응한 결과이지 관리 능력 부족에서 비롯된 것은 아니다.

앞서 언급했듯이 국가의 권리와 개인의 권리, 경제·사회적 권리와 정치·시민적 권리에 대한 동서 간의 입장이 달랐고, 인권위원회는 처음부터 정치 문제로 곤욕을 치렀다. 유엔이 성장하면서 인권위원회도 규모가 커져 회원국은 18개국에서 53개국으로 늘어났다. 그 과정에서 개발도상국, 특히 아시아와 아프리카 회원국이 상당히 늘어나 위원회의 인권 해석을 더욱 복잡하게 만드는 새로운 정치층을 형성했다. 한쪽에서는 '국가 및 집단'을 앞세우는

유엔 인권 분야 조직도

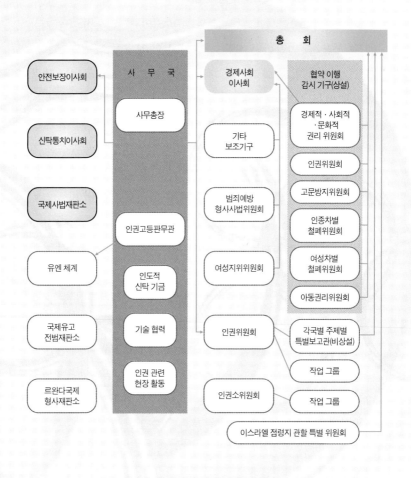

접근법과 '개인'을 중시하는 접근법이 충돌한다. 또 다른 한 쪽에서는 개발도상국이 인권은 서양의 구성물이라며 견제하고 인권을 보호하려면 더 많은 부와 자원, 정치적 안정성, 더 숙련된 행정가와 사법 인력이 필요하다고 어려움을 토로한다. 빈곤에 시달리는 나라가 전 국민에게 보건 의료 서비스와 교육 서비스를 제공할 수 있을까? 억압받는 모든 시민이 법의 보호를 받도록 조치하기 위해 사회적, 문화적으로 뿌리 깊은 규범들에 어긋나는 법을 제정해 이를 시행에 옮길 국가가 있을까? 개발도상국이 품은 진짜 불만이 무엇이든, 유엔 인권 기구에서 개발도상국이 취해 온 행동을 보면 개발도상국은 개인 정의나 사회정의에 무관심한 것처럼 보인다.

인권위원회 회원국은 지역별로 할당된 의석수에 따라 선출되며, 아프리카, 아시아, 라틴아메리카와 카리브해 연안, 동유럽, 서유럽 등 인접한 지역 블록의 추천만 받으면 쉽게 회원 자격을 얻을 수 있다. 그러다 보니 중국, 쿠바, 짐바브웨, 러시아, 사우디아라비아, 알제리, 파키스탄같이 인권이 심하게 유린되고 있는 국가도 회원국이 되어 비판적인 보고서가 제시하는 해결책이 시행되는 것을 막을 수 있다. 심지어 자국의 특별보고관이 작성한 보고서라고 해도 마찬가지다. 인권소위원회는 국가의 대표보다는 각국 전문가들로 구성된다. 따라서 인권소위원회는 모기구인 인권위원회보다 더 과감한 정책을 추진할 수 있다.

1993년 국제 인권 컨퍼런스 기간 동안 〈국제앰네스티〉가 끈질기게 설득한 결과 "유엔의 테두리 안에서 이뤄지는 인권 관련 활동을 조정하기 위해"〈유엔인권고등판무관실〉이 신설되어 업무에 들어갔다. 기존에 운영되던 인권 관련 기구의 활동을 조정해 합리화하고 대규모 인권 침해 현실을 효과적으로 파혜쳐 저지하는 데 더 큰 영향을 미칠 경험 많고 강력한 인물이 책임자로 임명되리라는 기대가 컸다. 행정 조직을 정리하는 일도 진전이 있었다. 가령 인권 이론이나 실천에 있어 경험이 많은 판사, 변호사, 간수, 의회 인력, 군 장성 등에 기술이나 인력 지원을 요청하고 받는 절차가 간소화되고 확대되었다.[12]

초대 유엔인권고등판무관은 에콰도르 출신의 호세 아얄라 라소(José Ayala Lasso, 재임 1994~1997)였다. 호세 아얄라 라소가 판무관에 임명되자 남반구 정부들은 크게 기뻐했지만 북반구 활동가들은 라소 판무관이 남반구 국가에서 자행되는 인권 침해 현실은 축소한 채 긍정적인 조치만 부각시킨다며 비판했다.[13] 라소 판무관의 후임으로 임명된 아일랜드 출신의 메리 로빈슨(Mary Robinson, 재임 1997~2002)은 라소 판무관보다 훨씬 노골적으로 인권 침해 현실을 비판하면서도 경제적 권리와 사회적 권리 및 "개발의 권리"를 보호할 필요성을 강조해 남반구의 지지도 이끌어냈다. 그러나 유엔의 활동에서 반복되는 관행대로 아프가니스탄에서 미국의 행보나 체첸에서 러시아의 행보에 대해 관용적인 입장을 취하면서 결국 정치적 지지를 잃게 되었다.

유엔 인권 조약의 이행 여부를 감시하는 독립 전문가로 구성된 위원회가 인권 강화를 위해 활동하는 방식은 하나의 대안 모델로 언급할 만하다. 다양한 국적의 전문가들은 각국 정부가 제출한 보고서를 검토한다. 이 보고서에는 각국이 조약을 이행하기 위해 실행한 조치들이 실려 있다. 가령 아동인권위원회 역시 나라별 아동 인권 보고서를 검토하는데, 동시에 해당 지역의 아동 인권 관련 비정부기구가 작성한 보고서도 함께 참고해 반영한다. 더불어 위원회는 관련 쟁점에 대해 해당 국가와 의견을 교환하고 그에 대한 논평을 내놓게 된다. 아동인권위원회 위원들은 대립을 지양하고 건설적인 대안 수립을 지향하는 방식으로 각국 정부와 대화한다. 그리하여 결국에는 국가 차원에서 이뤄지는 인권 보호 활동이 더 적극적으로 이뤄질 수 있도록 입법의 변화나 정책 변화를 이끌어낸다. 의견을 교환하는 도중 성폭력 같은 민감한 쟁점이 등장하기도 한다. 아동인권위원회는 아동에 대한 폭력같이 특수한 인권 문제에 대해서는 특별 토론회도 개최한다. 이런 위원회의 활동은 인권을 보호하기 위해 [각국의 활동을] 비난하기보다는 외교적 노선을 따르는 편이다. 실용적이라는 측면에서도 이런 방법이 거의 유일하게 효과적인 방법으로 보인다. 각국의 수치심을 유발하거나 혹은 칭찬하는 방법도 배제하지는 않는다. 그러나 그런 일은 대부분 비공개로 이뤄진다.

최근의 개혁

2000년대 초 인권위원회 구성은 극복하기 어려운 장벽에 부딪혀 난항을 겪었다. 각국은 인권을 증진하기 위해서가 아니라 인권 침해로 비난받는 자신들을 보호하기 위해서 혹은 (악명 높은 이스라엘의 경우처럼) 특정 상대를 비난하기 위해서 회원국 지위를 이용했다.[14] 2003년에는 리비아가 의장국이 되었다. 2004년에는 수단이 위원회 회원국이 되었다. 다르푸르에서 군이 자행한 잔혹 행위를 수단 정부가 지원했음에도 아무도 수단의 가입을 반대하지 않았다. 국제 공동체가 인권을 기치로 유엔에 새로운 활기를 불어넣으려 애쓰던 시기에 인권위원회의 신뢰도는 오히려 바닥을 기었다. 2005년 보호 책임 독트린*이 공식 인정을 받으면서 모든 국가는 대량학살, 전쟁 범죄, 인도에 반하는 범죄로부터 자국

• 깊이 읽기

모든 국가는 국민의 인권을 보호할 의무가 있다

보호 책임(responsibility to protect, R2P) 독트린은 "평화적 수단을 사용하기 적합하지 않고 정부가 대략 학살, 인종 청소, 전쟁 범죄, 그 밖에 인류애에 반하는 범죄로부터 자국 국민을 보호하는 데 명백히 실패한 경우 (…) 안전보장이사회를 통해 개입할 수 있다"는 내용을 골자로 한다. 오스트레일리아의 전 외무부 장관 개러스 에반스Gareth Evans가 2005년 유엔 60주년 기념 회담에서 제안했고 150개국 이상이 이에 동의했다. 이는 1970년 캄보디아에서 크메르루즈가 일으킨 학살, 1999년 보스니아에서 벌어진 인종 청소 등, 20세기 후반에 일어난 대량 학살을 지켜보며 국제사회가 내린 결정이었다. 인권 활동가들은 이 조치로 많은 이들의 인권과 생명이 보장받을 수 있게 됐다고 환영했지만, 일각에서는 보호 책임 독트린이 타국의 침략을 정당화하는 데 오용될 수 있다며 우려를 표하기도 한다.

▶출처 — "The lessons of Libya: Outsiders had good reason to intervene in Libya. But their cause may suffer from it", The Economist, 2011. 5. 19. http://www.economist.com/node/18709571

시민을 보호해야 할 의무가 생겼다. 유엔과 코피 아난 사무총장은 기존의 유엔 헌장에서 한발 나아갔다며 큰 의미를 두었지만 정작 유엔 체계 내 인권 관련 기구들의 영향력은 크게 개선되지 않았다. 인권 관련 유엔 기구들의 영향력이 더욱 공고해지도록 권한을 한 단계 승격시키고 인권 침해가 심각한 국가들이 회원국이 되지 못하게 막을 새로운 방안을 마련해야 했다.

이에 따라 2006년 3월 총회에서 인권위원회가 인권이사회로 개편됐다. 인권이사회는 경제사회이사회에 보고하는 기구가 아니라 총회에 직접 보고하는 기구가 되었다. 원래는 회원 자격이 없는 국가가 회원이 되는 걸 막으려는 것이 개혁안의 핵심이었다. 그래서 가입 시 총회의 비밀투표를 거쳐 회원국 3분의 2 이상의 찬성을 얻어야 한다는 조항을 넣으려 했지만 최종적으로는 무조건 다수결을 따르는 것으로 정해져 흐지부지됐다. 회원국 수는 53개국에서 47개국으로 축소되었지만 지역별 비율이나 투표 지역은 전과 동일하게 유지된 덕분에 남반구의 영향력이 더 커지게 되었고, 미국은 반발했다. 물론 관타나모 수용소나 아부그라이브 수용소에서 인권 침해를 자행하는 등, 미국도 인권과 관련해 도덕적 우위를 논할 수 없는 처지긴 하다. 그러나 미국의 비판이 근거 없는 것은 아니었다. 심각한 인권 침해를 저지른 국가가 회원국이 되지 못하게 막을 방법이 미흡하고 신설되는 인권이사회 역시 그 영향력 면에서 기존 기구인 인권위원회와 크게 다르지 않은 게 사실이기 때문이다.[15] 〈국제앰네스티〉와 〈휴먼라이츠워치〉 같은 비정부기구들은 인권위원회 개혁안을 즉각

통과시키라고 요구했지만 결국은 미국이 옳았다.

2006년 첫 회의를 개최한 인권이사회는 이스라엘을 비난하는 일에만 매진했을 뿐 사실상 다른 나라에 대해서는 거의 아무런 조치를 취하지 않았다. 인권이사회의 특별보고관이 수단에서 심각한 인권 침해가 일어나고 있다고 보고했지만 인권이사회는 "깊이 우려"한다는 정도의 의견만 표명한 채 뒷짐만 지고 있었다. 코피 아난 사무총장은 10년의 임기 동안 인권을 평화와 안보, 개발과 어깨를 나란히 하는 유엔의 기치로 보고 유엔을 떠받치는 '세 번째 기둥'으로 만들고자 했다. 그러나 2006년 12월 임기 만료를 코앞에 둔 코피 아난 사무총장은 별다른 소득이 없었다는 사실을 깨닫고 안타까워했다. 인권이사회는 전임 기구인 인권위원회보다 더 효과적으로 활동하리라는 기대 속에 출범했지만 성과는 기대에 못 미쳤다. 코피 아난 사무총장은 40여 명이 활동하는 특별보고관 제도를 일부 회원국이 폐기하려고 시도해 '특별 절차'를 무력화시키려 했다는 사실에도 개탄했다.[16] 2007년 인권이사회의 실적은 최악이었다. 2007년 9월에 "인권, 마셔도 좋은 물, 위생시설에 대한 평등한 접근권 보장"을 주제로 여섯 번째 인권이사회 회의가 열렸다. (유엔에서는 미얀마로 불리는) 버마에서 평화적으로 시위를 벌이던 시위대가 정부군에 진압되어 해산된 사

●버마─미얀마연방공화국은 1989년 이전까지 버마라 불렸으나, 군사정권이 이 지역을 장악하면서 버마족 외에 다른 소수민족도 아우른다는 차원에서 미얀마로 국호를 변경했다. 현재도 민주화 운동을 하는 반체제인사들은 군사정권이 붙인 국명인 미얀마와 현 국기를 거부하고, 버마라는 호칭과 옛 국기를 고집한다. 옮긴이

건이 일어난 직후였지만 이 회의에서 버마는 언급조차 되지 않았다.[17]

캐나다 출신의 존경받는 유엔인권고등판무관 루이스 아버 Louise Arbour는 "보편적 인권 평가 보고서"를 정기적으로 작성하는 새로운 절차를 도입하면 결국에는 유엔의 192개 회원국 모두가 인권 동향을 평가받게 되리라는 낙관론을 폈다. 인권 관련 조약을 체결한 국가 정부가 제출한 보고서는 독립 기구가 제출한 보고서와 늘 비교 검토된다. 그 가운데는 비정부기구가 작성한 보고서도 있고 〈유엔인권고등판무관실〉에서 자체적으로 작성한 보고서도 있다. 이 모든 보고서들은 특별한 논의의 장에서 검토된다.[18] 이런 절차는 아주 최근에 도입되었으므로 절차의 유용성을 평가하기는 아직 이르다. 한편 폐지해야 한다는 압력은 여전하지만 인권이사회의 '특별보고관' 제도는 살아남았다. 특별보고관은 콩고의 강간 실태, 버마 수감자들의 인권 실태, 다르푸르의 인종청소 등에 관한 보고서를 작성해 인권이라는 주제를 계속 부각시키면서 각국 정부들의 관심을 불러 일으키려 노력한다. 조약에 따라 설립된 인권 기구들은 외교적 수단을 활용해 인권의 영역을 조금씩 확대해 갔다. 반기문 현 사무총장은 인권 특사와 자문단의 지원을 받아 가능한 역량을 최대한 발휘해 인권 문제를 해결하기 위해 애쓰고 있다.

서로 다른 인권 관련 유엔 기구들이 작성하는 보고서와 활동은 정말로 큰 가치를 지닌다. 그러나 이와는 별도로 직접 서명했거나 최소한 묵인한 조약을 회원국이 위반할 경우 다국적 조직이

적절한 제재를 가할 수 있어야 하는데, 이를 위해 다국적 조직의
역량을 키우는 문제는 여전히 숙제로 남아 있다.

6 지구 환경의 보호와 관리

THE UNITED NATIONS

유엔은 지구 환경을 보호하기에 적합한 체계인가?
국제사회가 환경문제에서 상호 협력을 해야 하는
이유는 무엇인가?
환경문제에 대해 남반구와 북반구가 상반된 이해를
넘어설 수 있을까?

지구 환경의 보호와 관리

오늘날에는 '지속 가능성'을 빼고는 개발을 이야기할 수 없다. 공기, 기후, 담수, 해양, 생물종, 숲, 사막처럼 필수적인 자연 자원 기반을 보호하는 것은 인류가 공동으로 해결해 나가야 하는 과제다. 환경이 우선이라는 입장이 유엔 컨퍼런스와 프로그램에 반영되기 시작한 시기는 1970년대지만 1980년대 말이 되어서야 『우리 공동의 미래*Our Common Future*』가 작성되어 국제사회에 '지속 가능성'이라는 용어가 각인되었다. 그 뒤 유엔이 개최한 1992년 리우 유엔환경개발회의, 2002년 요하네스버그 지속가능발전 세계정상회의를 계기로 환경보호 조약 체결 및 관련 프로그램 시행, 과학적 정보 수집과 분석이 이뤄졌다. 유엔 체계에 속한 기구들은 세계 공동의 자산을 보호할 규제 활동을 펼치기에 가장 바람직한 수단인가? 그 밖에 다른 대안은 전혀 없는 것인가? 당장 우리 앞에 닥친 기후변화라는 문제가 시금석이 될 것이다.

1983년 하비에르 페레스 데 케야르 사무총장은 그로 할렘 브룬트란트 노르웨이 환경부 장관에게 독립 기구인 〈환경과개발에관한세계위원회〉를 구성하고 의장을 맡아달라고 요청했다. 1982년 유엔이 결의안을 채택해 환경문제를 "세계적 변화가 요구되는 시급한 의제"로 인식했기 때문이다.[1] 1960년대 후반부터 인구 증가, 현대 기술, 에너지 소비, 높아지는 소비자의 요구 때문에 환경에 가해지는 압력이 급증하는 현실을 반영한 것이었다. 1972년 스톡홀름에서 제1차 인간환경회의가 열린 것을 시작으로 1970년대 내내 환경 관련 국제회의가 잇달았다. 유엔은 선진 산업 세계와 개발도상국이 한마음이 되어 새로운 전 세계적 의제를 함께 해결해야 할 목표로 삼기를 바랐다.

환경주의자들은 자연 자원 고갈에 주목하기 시작했다. 모든 생물이 의존해 살아가는 물, 토양, 창공, 대기 같은 환경의 오염은 부유한 나라에서 이뤄지는 산업화의 부산물로 여겨졌다. 모리스 스트롱Maurice Strong[2] 의장의 열정과 이상, 경제학자인 바버라 워드Barbara Ward와 르네 뒤부아René Dubois[3]의 지원으로 1972년 열린 스톡홀름 컨퍼런스에서는 저개발을 환경 파괴와 연결시키려 했지만 남반구에 확신을 심어 주지는 못했다.

그러는 사이 국제사회의 관심은 '인구 폭발'로 쏠렸다. 인구는

▪ 깊이 읽기

첫 번째 지구 환경 보고서

1917년 모리스 스트롱과 바버라 워드, 르네 뒤부아는 1972년 스톡홀름 컨퍼런스를 위해 『하나뿐인 지구Only One Earth: The Care and Maintenance of a Small Planet』라는 보고서를 준비했다. 58개 국가 152명이 조사한 연구 결과를 요약한 이 보고서로, 전 세계 환경이 어떤 상태에 처해 있는지 최초로 인식할 수 있게 됐다. 옮긴이

● 스톡홀름 컨퍼런스—1972
년 6월 스웨덴 스톡홀름에서
개최된 "유엔인간환경회의"를
말한다. 회의의 결과 환경 문제
를 국제 개발 의제에 포함시킬
수 있었고, 〈유엔환경계획〉의
설립으로도 이어졌다. 이 회의
에서 "인간환경선언Declaration
on the Human Environment" 이
채택되었고 이는 최초의 국제
적 환경 선언문이다. 스톡홀름
컨퍼런스의 개최일을 기념하
여 유엔은 6월 5일을 "세계 환
경의 날"로 지정했다. 옮긴이

기하급수적으로 증가하고 있었다. 지구의 자원은 한정되어 있기 때문에 한 세대가 지나기 전에 인구가 두 배가 된다면 삶의 질 향상은 고사하고 그 많은 인구를 먹이고 입히고 재우는 일조차 쉽지 않을 것 같았다. 인디라 간디Indira Gandhi 인도 총리는 스톡홀름 컨퍼런스 개회사에서 이렇게 말했다. 개발도상국에서는 "빈곤이 가장 큰 오염원입니다." 그러나 인디라 간디 총리는 인구가 위기라는 생각도 받아들였다. 1970년대 내내 중국과 인도는 매우 엄격한 산아제한 정책을 폈다. 이 정책은 성공한 측면도 있었지만 끔찍한 사회적, 정치적 비용을 유발하기도 해서 인디라 간디 총리가 잠시 실각하기도 했다. 파시스트적 측면이 다분했던 산아제한 정책은 1980년대에 들어서면서 사라졌다.

1980년대에는 환경문제의 초점이 달라졌다. 인구가 증가하는 지역은 대부분 가난한 사람들이 모여 사는 지역이었다. 하지만 화석연료를 소비하면서 대기를 이산화탄소로 가득 채우고 염화불화탄소를 배출해 오존층을 파괴하며 토양을 오염시키고 폐수를 방류하는 사람들은 그들이 아니었다. 북반구와 남반구 사이의 경제적 격차는 점점 더 벌어졌다. 개발도상국 중에는 가난을 벗고 부유해진 국가도 있었지만 불균형은 더 심해져만 갔다. 브룬트란트는 환경 파괴가 개발도상국의 생존 문제와 직결되어 있다고 언급했다. "경제 쇠퇴와 환경 파괴는 바닥으로 곤두박질치는 나선 운동을 만들어 내고 가난한 국가 대부분은 이 나선에 포위되어 꼼짝달싹하지 못하고 있는 형편이다."[4]

빈곤, 불평등, 환경 파괴를 연계시킨 인간환경회의는 경제성장과 지구 환경보호 사이에 균형을 잡기 위한 하나의 방안으로 "지속 가능한 개발"을 제안했다. 『우리 공동의 미래』 보고서는 환경 관련 활동을 하는 비정부기구가 벌여 온 열정적인 활동의 결과이자 유엔 역사상 가장 영향력이 큰 보고서였다. 그러나 개발도상국과 선진 산업국가가 서로 상이한 전망을 제시하면서 환경 논쟁은

• 깊이 읽기

꿈의 물질에서 악마의 물질로

염화불화탄소CFC란 염소와 불소를 포함한 일련의 유기화합물을 총칭하는 것으로, 냉장고나 에어컨의 냉매, 발포제, 분사제, 세정제 등으로 널리 쓰였다. 그러나 독성이 없어 '꿈의 물질'로까지 불렸던 염화불화탄소는 대기권에서는 분해되지 않은 채 성층권까지 올라가 오존층을 파괴하는 물질로 밝혀지면서 1989년 "몬트리올 의정서"에 의해 단계적으로 사용이 금지됐다. 한국도 "몬트리올 의정서"에 따라 2010년 이후 생산과 수입이 금지된 상태며 대체제로는 수소염화불화탄소(HCFC)가 쓰이고 있다. 그러나 수소염화불화탄소도 조금이나마 오존층을 파괴하는 것으로 밝혀져, 몬트리올 의정서의 코펜하겐 수정안에 따라 2030년까지 폐기하기로 해 현재 다른 대체 물질 개발이 한창이다. 옮긴이

안개 속으로 사라지고 말았다.

북반구와 남반구의 대립

남반구와 북반구는 인류를 위협하는 오염을 줄이려면 자연 자원 개발을 제한해야 한다는 생각에 대해 애초부터 상반된 입장이었다. 이미 산업화된 국가들이 개발의 길을 걸어 갈 당시에는 국제 환경 규제란 것이 없었다. 부유한 세계가 장악하고 있는 무역 구조와 그 밖에 여러 불이익을 무릅쓰고 부유한 세계를 따라잡으려고 필사적으로 애쓰는 국가들 앞에 자연 자원 사용 제한과 배출 규제라는 장벽을 세운다면 그 국가들에게는 '개발된 세계'라는 미래가 사라지는 것이나 다름없었다. 남반구 나라들에게 지속 가능한 개발이란 신경제질서처럼 가진 자와 가지시 못한 자 사이에 놓여 있는 영원할 것 같은 불평등을 교정하기 위한 조치여야 했다.

인류 모두에게 영향을 미치는 전 지구 생태계를 망친 일에 산업화된 세계가 일차적인 책임을 져야 한다는 사실에는 이견의 여지가 없다. 게다가 그 피해는 개발도상국이 더 크게 겪고 있다. 개발도상국 사람들 대부분은 해수면 변화, 생물 다양성 상실, 폐수 미처리로 인한 오염에 취약하고 이 문제를 해결할 재정적인 여유나 기술적 수단도 부족하다. 가령 저지대에 위치한 네덜란드는 제방을 쌓아 바닷물이 육지로 넘어오지 못하게 막을 수 있지만 그보다 더 큰 규모로 물이 넘나드는 나이지리아나 방글라데시의 해안 지역에서는 제방을 쌓아 바닷물을 막기가 현실적으로 불가능할 뿐더러 그 비용을 감당할 수도 없다. 자원을 무제한으로 이용한 북반구 국가들이 걸어간 길을 계속 따라간다면 남반구 국가들은 환경 재앙이라는 부담을 더 많이 짊어지게 될 것이다. 이런 현실은 지구를 공유하고 살아가는 우리 인류 모두에게 똑같이 적용되는 현실이다. '세계 안보'와 관련된 위협보다 환경의 위협에서 더 극명하게 드러나는 인간 사회의 상호의존성은 유엔 체계에 특별한 임무를 부여했다.

1992년 리우데자네이루에서 열린 유엔환경개발회의는 스톡홀름 컨퍼런스와 브룬트란트 의제를 한층 더 진전시켰다. 이 회의의 의장을 맡은 모리스 스트롱은 남반구의 견해를 받아들여 [개발도상국의] 경제성장을 추구하는 과정에서 환경보호를 위해 추가로 감당할 수밖에 없는 비용을 보상받아야 한다고 주장했다. 기부국이 추가 자원을 제공하는 방안이 제시되었다. 이에 따라 세계의 경제적 불평등에 주목하는 남반구의 회의주의가 어느 정도 누그러졌지만 기부국이 추가 지불해야 할 자원의 규모와 어떤 국제 규제 기구가 이 일을 맡아 처리할 것인지의 문제는 논란거리로 남았다.

『우리 공동의 미래』를 통해 세계는 깨달음을 얻은 동시에 큰 충격에 빠지게 되었고, 이를 계기로 1992년 환경문제를 전방위로 다룬 유엔환경개발회의가 개최되었다. 유엔환경개발회의가 열리기에 앞서 광범위한 자문, 자료 검토, 협상이 이뤄졌고 그 성과물로 "인류의 생존을 위한 야심찬 청사진"인 「의제21」이 작성되었다. 개발도상국에 돌려주어야 할 환경 비용은 1천2백5십억 달러에 달했는데 이는 원조 자금 총액의 두 배를 넘어서는 액수였다. 리우에서 열린 유엔환경개발회의의 규모는 실로 어마어마했다. 정부 간 컨퍼런스, 정상회의, 1천4백여 비정부기구와 1만 8천여 관계자가 참석한 시민사회를 위한 글로벌 포럼이 열렸다.[5] 결과물만큼이나 합의 도출 과정 역시 중요하다는 분위기가 팽배했지만 합의를 이끌어 내기가 쉽지 않았다. 각국 대표들은 기한과 그 기한 내에 달성할 양적 목표를 규정한 일정표 작성에 합의하지 못했다. 자원 이용 규제나 배출 규제에 대해서도 합의를 도출하지 못했다. 일부 협약 및 원칙과 행동 계획을 명문화한 문서가 「의제21」이라는 이름으로 제출되었고 합의도 일궈 냈지만 이후의 행보는 그다지 만족스럽지 못했다. 10년 뒤 요하네스버그에서 환경에 관련된 모든 문제를 다루는 제2차 세계환경회의인 지속가능발전 세계정상회의가 열렸다. 그 자리에서 코피 아난 사무총장은 "리우 유엔환경개발회의가 이끌어 낸 정치적, 개념적 돌파구는 그리 유효한 것이 아니었던 것으로 판가름났다"고 인정할 수밖에 없었다.

각국이 유엔의 울타리 안에 모여 협상을 진행했지만 기한을 정해 목표를 추진할 일정표를 작성하지 못했다는 사실과 자신들이 서명한 합의 사항을 각 회원국이 이행하지 않았다는 더 중요한 사실은 영원히 해결되지 않을 것 같은 숙제로 남았다. 생태계는 전 세계 공동의 자원이지만 생태계를 보호하려면 각국이 행동에 나서야 한다. 그러나 안타깝게도 각국은 자국의 이익만을 앞세우는 경향을 보인다.

환경문제를 다루는 유엔 기구의 탄생

유엔이 환경보호의 필요성을 인정하면서 이 업무를 맡아 볼 국제기구가 탄생했지만 그 활동상은 애매하다. 그동안 여러 감시기구들이 다자간 구조하에 과학 연구, 자료 수집, 지식 전달, 규범 수립, 법제화 등, 다양한 형식으로 자연 자원을 관리해 왔다. 그렇기 때문에 다른 분야와는 다르게 환경 분야에서는 효과적으로 기능하는 기구를 만들기 어려웠다. "환경문제를 다루는 국제기구에 가장 근접한"[6] 〈유엔환경계획〉은 1972년 스톡홀름 컨퍼런스가 열린 뒤 총회를 통해 구성되어 다른 유엔 기구들이 펼치는 환경 관련 활동을 조직하는 촉매 역할을 맡았다.

환경에 대한 관심이 공공 보건 의료에서 종자 개발 문제로 이어지고, 주거 형태에서 수산물 양식 문제나 유목 생활에서 수자원 관리 문제, 혹은 대기 오염에서 에너지 소비 문제로 이어지는 등 인간 활동의 모든 영역으로 확산되면서 〈유엔환경계획〉은 광범위한 권한을 위임받게 되었다. 회원국들이 힘 있고 독립적인 기구 설립을 원하지 않았기 때문에 케냐 나이로비에 둥지를 튼 〈유엔환경계획〉 사무국은 비교적 규모가 작고 예산 역시 자발적 기부금에 의존하게 되었다. 유엔 체계에 속한 다른 기구들과 달리 〈유엔환경계획〉은 권위조차 인정받지 못했다. 일단 업무부터가 불분명하기 짝이 없었는데, 〈유엔개발계획〉이 기존에 운영되던 유엔 전문기구나 그들이 맡고 있던 환경 관련 과학 연구 업무(〈유네스코〉가 진행하는 인간과 생물권, 〈세계보건기구〉가 진행하는 환경의 건강 등)를 넘겨받지 못하리라는 것만은 분명했다.

따라서 〈유엔환경계획〉은 유엔 기구나 비정부기구가 수행하는 프로젝트를 관리하는 수준에 그칠 뿐 대기 질 향상, 숲 보호, 해양 오염원에 대한 제재, 사막화된 토지 복원 같은 실질적인 업무는 수행하지 못한다. 대신 다양한 곳에서 수집한 자료를 정리해 전 세계적 차원에서 심각성을 인정받을 만한 환경적 위협과 관련된 지식을 모아 공유하는 방식으로 세계의 환경을 감시한다. 또한 규범과 기준을 수립하고 그 규범과 기준이 국제 협약에 포함되도록 협상하는 중요한 역할도 수행한다. 여기에는 오존층 보호, 기

▪ 깊이 읽기

〈유엔환경계획〉의 재정

〈유엔환경계획〉의 재정은 유엔 회원국이 자발적으로 제공하는 기부금에 의존한다. 그래서 처리해야 할 임무는 증가하고 있지만 재정은 불안하기 짝이 없다. 〈유엔환경계획〉이 국제사회에 미치는 영향력이 미미한 이유도 가용 자원이 부족하기 때문이다. 2003년 〈유엔환경계획〉 운영 이사회는 기부국의 기부를 유도하기 위해 '자발적 기여 지표' 제도를 도입했다. 이 제도가 도입된 뒤 〈유엔환경계획〉의 재정은 한 해 동안 5천9백50만 달러 증가했지만 그 이후 다시 하락세로 돌아섰다. 〈유엔환경계획〉은 자문가에게 너무 많은 비용을 지불한다는 비판도 받는다.

▶출처─Review of UNEP, cited by DeSombre, Routledge, 2006 and UNEP 홈페이지

후변화, 생물 다양성, 습지, 멸종 위기 야생 동식물 거래, 철새 보호 같은 주제가 포함된다. 〈유엔환경계획〉이 협약 체결 '담당' 기구로 기능하는 경우도 있다.(189쪽 참고)

환경문제의 범위가 점차 확대됨에 따라 모든 형태의 자연 자원 이용과 폐기를 통제할 필요가 있다는 요구가 일었고 〈유엔환경계획〉이 담당하는 국제 조정 업무에도 과부하가 걸렸다. 오늘날에는 서로 중복되는 환경보호 협정도 부지기수고 각국의 활동에 영향을 미치는 기구도 지나치게 많아져서 〈유엔개발계획〉 혼자 그 모든 기구들의 업무를 조정할 수 없는 형편이다.[7] 그 와중에 1991년 〈지구환경기금Global Environmental Facility〉이라는 별도의 기관이 창설되면서 환경이라는 너른 바다에서 〈유엔개발계획〉이 차지하는 입지가 더욱 좁아지고 있다. 수십억 달러의 '녹색 원조' 자금을 운영하는 〈지구환경기금〉은 리우 유엔환경개발회의가 열리기 직전 유엔이 아니라 〈세계은행〉이 창설했다. 환경 비용을 보전해 달라는 개발도상국의 요구를 감당하고 전 세계적 차원에서 수행되는 환경보호 프로젝트에 필요한 재정을 조달하기 위해서였다. 〈지구환경기금〉은 〈유엔개발계획〉이나 다른 유엔 기구들에서 자금을 지원받지만 기금 관리는 브레튼우즈 기구들이 담당한다. 즉, 미국과 그 동맹국들, 남반구에 있는 일부 친미 성향의 국가와 친미 성향의 비정부기구가 〈지구환경기금〉을 지배한다. 〈지구환경기금〉 예산은 환경보호를 위해 사용되지만 대안적이고 근본적인 녹색 정책이나 좀 더 철저한 세계화의 이상에 기여하는 방향으로 사용되는 것이 아니라 신자유주의적 경제개발 정책과

국제무역에 기여하는 방식으로 사용된다.[8]

유엔지속개발위원회

　리우 유엔환경개발회의가 끝난 뒤 「의제21」의 시행을 감독하고 "유엔 체계 내 기구들의 지속 가능한 개발 활동을 조정"할 목적으로 유엔지속개발위원회가 설립되었다.("조정"이라는 말은 유엔과 관련해 가장 자주 남발되는 용어다.) 〈유엔환경계획〉도 임무가 모호하고 활용할 자원이 부족하며 시행 수단이 미약한 기구인데 유엔지속개발위원회는 그보다도 더 복잡하고 혼란스러운 다기구간 체계다.[9] 이에 〈지구환경기금〉과 마찬가지로 유엔지속개발위원회도 환경보호 활동을 펼치는 시민사회 조직의 역할을 유엔의 심의 활동의 일부로 인정하기에 이른다. 「의제21」은 주요 행동 집단을 비정부기구, 토착 원주민, 지방 정부, 노동자, 기업, 과학 연구 단체, 농민, 여성, 아동, 청소년 이렇게 열 가지 유형으로 구분해 제시했다. 유엔 체계 내부에서 '조정' 임무를 담당하는 유엔지속개발위원회는 이런 집단들의 활동을 지속 가능한 개발과 관련된 의사결정에 통합하고 강화하는 임무도 부여받았다. 리우환경회의에 참석한 비정부기구 대표만 해도 무려 1만 4천 명이었는데, 경제개발이사회는 이들을 모두 유엔지속개발위원회에 포함시켰다. 한 줌에 불과한 유엔지속개발위원회 직원들이 그 많은 비정부기구의 활동을 조정하고 증진한다는 것은 어불성설이다. 그러니 유엔지속개발위원회가 「의제21」을 구성하는 모든 요소들의 진행

오존층 보호를 위한 몬트리올 의정서

오존층 파괴 물질에 대한 몬트리올 의정서는 각국이 오존층에 해를 입히는 물질의 사용을 줄이거나 중단하도록 한 국제조약이다. 1985년 남극 대륙 상공에 오존 구멍이 발견되면서 협상 당사국들의 이목이 집중되었고 〈유엔환경계획〉이 수집한 과학적 증거가 사건의 심각성을 부각시켰다. 1987년 서명이 이뤄졌고 1989년 시행에 들어간 뒤 일곱 차례의 수정이 이뤄졌다. 몬트리올 의정서는 국제 협약 사상 가장 광범위하게 채택되어 시행되고 있는 이례적인 사례로 꼽힌다.

	몬트리올(1987)	런던(1990)	코펜하겐(1992)
염화불화탄소	1998년까지 50퍼센트 감축	2000년부터 사용 중단	1996년부터 사용 중단
할론가스	1992년까지 동결	2000년부터 사용 중단	1994년부터 사용 중단
사염화탄소	다루지 않음	2000년부터 사용 중단	1996년부터 사용 중단
메틸클로로포름	다루지 않음	2005년부터 사용 중단	1996년부터 사용 중단
수소염화불화탄소	다루지 않음	2040년부터 자발적 사용 중단	1999년부터 동결, 2030년부터 사용 중단
브롬화메틸	다루지 않음	다루지 않음	1999년부터 동결

이후 열린 몬트리올 회의(1997)에서는 2005년부터 메틸브로마이드 사용을 중단하기로 합의했고, 베이징 회의(1999)에서는 2004년부터 수소염화불화탄소의 생산을 중단하기로 합의했다.

▶출처―Edward A. Parson, *Protecting the Ozone Layer: Science and Strategy*, OUP, 2003 일부 수정.

상황을 제대로 감독하지 못하는 것도 지극히 당연하다.

한편 유엔지속개발위원회는 물, 건강, 위생, 주거, 유독성 폐기물같이 서로 중복되는 부분이 있는 주제들에 관심을 두기 시작했다. 이어 토지, 생물 다양성, 숲, 사막화도 2년 주기의 "시행 계획"에 포함되었다. 유엔지속개발위원회가 주관한 정기 회의에 시민사회 단체가 참석하는 경우도 있었지만 2002년 제2차 세계환경회의인 지속가능발전 세계정상회의가 요하네스버그에서 열릴 때까지 유엔지속개발위원회가 보여 준 유엔 기구와 비정부기구의 업무 조정 능력은 보잘 것 없었다. 지속 가능한 개발은 개별 국가나 개발 기구가 설정하고 추진하는 의제 수준을 넘어서지 못했다. 유엔지속개발위원회는 지속 가능한 개발 관련 업무를 제대로 수행하지 못하고 있었고 비평가들은 비판을 자제하느라 애를 먹었다. 베스 드솜브르Beth DeSombre 미 환경학 교수는 유엔지속가능위원회가 힘이 없는 이유를 이렇게 설명한다. "처음부터 「의제21」의 시행을 제도화할 생각이 없었던 것입니다. 유엔지속가능위원회는 어떻게 하면 「의제21」을 이행하지 않을까 고민한 끝에 나온 것입니다."[10] 유엔지속가능위원회는 분명 관료주의에 물들어 있고 지도력이 부족하다는 단점이 있다. 그러나 효과적인 활동을 펴지 못한다는 비난은 위원회보다는 정치적 의지가 부족하고 무관심한 회원국에 쏟아져야 마땅하다.

이론적으로 볼 때 국제기구는 자연 자원 이용을 규제할 틀을 만들고, 그 규제가 초국적으로 시행될 수 있게 조치를 취해야 한다. 또한 상대적으로 가난한 국가들이 환경 평가를 수행할 때 필요한 재정과 기술을 지원하고 환경보호나 필수적인 규제를 적용할 때 들어가는 추가 비용도 보전해 주어야 한다. 사실 유엔 기구가 주권국으로 구성되었다는 사실은 쉽게 극복하기 힘든 숙명과도 같은 문제다. 각국은 물, 공기, 생태계를 공유하는 상황에서도 자국의 의제만을 우선적으로 추진하려 한다. 특히 워싱턴과 브레튼우즈 기구 사이에 체결된 신자유주의적 합의에 따라 성장 지향 개발이 전 세계의 이상으로 등극하면서 환경적 제약을 인정하지 않는 경향이 전면에 나서게 되었고, 이러한 현실은 유엔의 후원 하에 이뤄지는 환경보호 활동을 약화시키는 데 힘을 보탰다. 한편 미국은 유엔이 지나치게 남반구 친화적이어서 너무 많은 특혜를 준다고 생각한다.

유엔 기구가 남반구 회원국에게 발돋움할 수 있는 지렛대를 다른 국제기구에 비해 더 많이 제공하는 것이 사실이다. 하지만 유엔이 최저 경제 수준의 열악한 환경에서 생활하고 있는 사람들의 어려움을 개선하는 데 초점을 맞추는 것 같지는 않다. 가령 대형 댐 건설 같은 개발 사업으로 생태 문제가 발생한 지역 사람들은 제한적인 개발 가능성과 낮은 경제성장 때문에 고통 받는 것이 아니라 자연 자원 고갈로 더 큰 고통을 받는다. 그들은 삶의 터전은 물론 인권까지 유린당하고 있지만 정부는 이런 사람들의 고통에는 눈 하나 깜빡하지 않는다. 지금껏 소수자나 토착 원주민 집단의 권리를 보호하는 협약이 하나도 체결되지 않은 이유이기도 하다.(5장 참고)

인류가 공생하는 지구라는 바퀴를 원활히 돌리기 위해 유엔 산하의 비교적 유명하지 않은 기구들은 오늘도 열심히 기름칠을 하고 있다. 유엔 체계에 돌을 던지는 사람이라도 이 사실까지 부정할 수는 없을 것이다. 사실 생물종 다양성, 바다와 대양, 대기, 유해 폐기물 투기, 국경을 넘나드는 하천같이 사람들의 관심을 선점한 환경문제에 대해서는 유엔의 후원하에 이뤄지는 규제 활동의 양이 어마어마하다. 과거에서부터 지금까지 이런 활동이 계속 이어져 오지 않았다면 지구에서 공생하며 살아가려는 인류의 노력은 지금보다 훨씬 더 심각한 혼란에 빠졌을 것이다.

지면의 한계로 환경과 관련된 모든 문제를 다룰 수는 없으므로 해양 관리만 살펴보기로 한다. 처음부터 해양 관련 국제 규제는 주로 주권국의 법적 권한이 미치지 못하는 공해상의 선박과 물자 및 사람의 수송 문제를 중심으로 이뤄져 왔다. 1958년 유엔의 주선으로 체결된 국제 협약을 바탕으로 런던에서 출범한 〈국제해사기구〉는 해양 문제를 관리하던 기존 기구로부터 업무를 넘겨받아 해양 관리를 담당하고 있다. 〈국제해사기구〉는 유엔 체계와 그다지 밀접한 관계를 맺고 있지 않은 전문기구지만 야간에 해상에서 벌어지는 사건을 감시하는 일에서부터 "편의치적선", 벌크선 선적지 문제 등에 이르기까지 유엔이나 유엔의

●**편의치적선**—선박에 붙는 세금을 낮추고 기타 편의를 제공해 주는 국가에 선적을 등록하고 있는 선박. 항해 비용을 줄이기 위해 선호되고 있지만 엄밀하게 따지면 불법이다. 옮긴이

전문기구들이 의뢰하는 쟁점을 처리한다. 현재 〈국제해사기구〉는 선박에 관련된 50여 남짓한 국제 협약을 감독하는데 거기에는 노동 규약 및 다른 국제 협약이 포함된다. 1972년 스톡홀름 컨퍼런스가 열린 뒤로 해양오염 및 어족 자원 고갈에 관심이 높아지면서 그 문제도 〈국제해사기구〉가 맡고 있다.

〈국제해사기구〉가 감독하는 그런 협약 중 하나가 1978년 시행에 들어간 "선박이 유발하는 오염 방지를 위한 국제 협약"이다. 이 협약은 유류 방류 및 유독성 화학물질에 대한 의무 규정을 두었다. 〈국제해사기구〉 회원국이라고 해서 모두가 〈국제해사기구〉의 협약에 서명해야 하는 것은 아니지만 현재 이 협약의 적용을 받는 선박 비중은 전 세계 선박의 98퍼센트에 육박한다. 〈국제해사기구〉는 "선박이 유발하는 오염 방지를 위한 국제 협약"을 지금껏 가장 중요한 성취로 꼽는다. 이 협약으로 선박 건조 방식이 근본적으로 바뀌었으며 유류로 인한 해양 오염도 크게 줄었기 때문이다. 하수, 쓰레기, 유해 물질이 유발하는 오염을 줄이기 위한 부가 협정도 체결되었다. 2005년 5월부터 시행에 들어간 부가 협정은 이산화황, 산화질소, 오존층을 고갈시키는 물질 등을 규제해 선박이 유발하는 대기오염을 규제한다.

〈국제해사기구〉는 폐기물이나 그 밖의 오염 물질을 투기해 해양오염을 일으키는 행위를 방지하는 협약도 관장한다. 1996년 새로운 의정서가 체결된 뒤부터 해양에 해를 입히지 않는다는 사실이 입증되기 전에는 해양에 그 어떤 폐기물도 투기할 수 없게 되었고 그에 따라 해양에 폐기물을 투기하는 사례가 급격히 감소했다.* 한편 무려 9년에 걸친 협상 끝에 1982년 "유엔해양법협약"
이 조인에 들어가 1994년 국제법이 되었다.[11] 4개의 국제 협약을
단일한 해양 규제법으로 대체한 "유엔해양법협약"에는 연안 해
역에 대한 책임과 권리, 해저면과 해양 자원의 소유권, 해양 환경
보호에 관련된 내용이 포함되어 있다. 아직 비준된 것은 아니지
만 심해 채굴에 관련된 일부 협약도 미국의 요청에 따라 재협상
되었다. 그러나 "유엔해양법협약"의 많은 조항들은 실제 이행되
고 있어 관습법으로 인정받아 왔기 때문에 전부터 법적 구속력을
가지고 있었던 내용이다. 심해저면의 광물 채취 관련 분쟁을 판

- 깊이 읽기

바다는 쓰레기통이 아니다!

"폐기물 및 그 밖의 물질 투기에 의한 해양오염 방지에 관한 협약"은 〈국제
해사기구〉 본부가 있는 런던에서 채택되어 "런던 협약"이라고도 불린다.
1972년 12월 82개국이 참석한 가운데 채택되었고 1975년 발효됐다. 선박
이나 항공기, 인공 해양 구조물에서 나오는 폐기물이나 기타 물질을 고의
로 투기하는 행위를 규제하기 위해 만들었지만 위반할 경우 제재나 강제
조치를 취할 근거가 미비해 실제 불법 투기를 방지하는 데는 큰 효과를 보
지 못했다. 따라서 협약의 효율성을 위해 개정안이 필요하다는 데 의견이
모아져 1996년 10월 개정 의정서가 채택되었다. "런던 협약"의 개정안을
담은 "런던 의정서"는 부속 조항에 명시된 물질을 투기하지 못하게 하는
네거티브 시스템이 아니라 부속 조항에 규정된 물질 외에는 투기하지 못하
게 하는 포지티브 시스템으로 전환했을 뿐 아니라 분쟁 해결 절차나 책임
과 배상 원칙 등을 규정해 종래 "런던 협약"의 내용을 강화했다. 옮긴이

정할 권한을 지닌 〈국제해저기구〉처럼 "유엔해양법협약"에 따라 설립된 여러 국제기구들은 이제 걸음마 수준이지만, 협약 자체는 해양을 관리하는 틀로 인정받는 만큼 머지않아 미국도 비준할 것으로 보인다.[12] 물론 "유엔해양법협약"에 명시된 어족 자원 보호는 각국의 의지 부족으로 협력을 얻어내지 못하고 있는 현실이다. 그럼에도 "유엔해양법협약"은 지금까지 체결된 해양 관리 관련 협약 가운데 상당히 예외적인 사례로 그 중요성이 크다고 하겠다.[13]

국제적인 해양 관리 체계를 안착시키려는 유엔 기구의 활동을 간략히 소개하면서 자연 자원과 관련해 유엔이 거둔 성취 가운데 중요하지만 알려지지 않은 부분을 주로 다루려 노력했다. 유엔이 없었다면 포괄적 협상인 "유엔해양법협약"은 아직도 체결되지 못하고 있을 공산이 크다. 유엔 기구와 전문가들이 길을 닦았기에 가능했던 것이다. 이제 시작이다. 생물종 보존, 유해 폐기물 투기, 바로 다음에 다룰 창공의 소유 및 관리와 관련해서도 유사한 노력이 이뤄지고 있다.

대기

국제적인 관리가 필요한 또 다른 공동의 자연 자원은 대기다. 대양보다도 더 볼거리가 풍성한 대기는 어느 한 지역에서 관련 활동이 이뤄질 경우 다른 지역에도 큰 영향을 미치는 자원이다. 따라서 각국의 개별적인 활동만으로는 대기 오염으로부터 국민을 보호할 수 없다. 각국 국민의 건강과 주거 환경은 지극히 멀리 떨어진 다른 국가가 벌인 활동에 영향을 받는다. 그러므로 이미 널리 알려져 있듯 대기를 오염시키는 활동을 규제하려는 국제사회의 노력 여하에 따라 미래 세대의 생존과 복리가 크게 좌우될 것이다. 대기오염이 가장 극적으로 영향을 미친 결과가 바로 기후변화다. 기후변화는 자연 자원 보호와 관련된 쟁점 중에서도 가장 규모가 큰 문제다. 지구온난화에 대응하기 위해 유엔 체계는 어떤 역할을 수행해야 하는가?

대기 변화나 가장 중요한 '온실가스'인 이산화탄소 농도 변화를 비롯한 세계의 기후 패턴을 관찰하는 기구는 〈세계기상기구〉다. 유엔의 전문기구 중 하나인 〈세계기상기구〉는 자율적으로 운영되며 유엔 체계에 관련된 다른 기구와는 형식적인 수준에서 상호작용한다. 〈세계기상기구〉는 1979년 세계기후회의를 열고 기후변화에 대응할 정책이 필요하다는 사실을 세계 최초로 논의한 과학 연구 기관이었다. 1988년 〈세계기상기구〉와 〈유엔환경계획〉은 〈기후변화에관한정부간패널(이하, IPCC)〉을 구성했다. 인간이 유발한 기후변화를 다룬 최근의 과학, 기술, 사회경제 문헌을 검토해 기후변화를 줄이거나 조절할 방안을 찾는 것이 IPCC의 임무가 됐다.[14] 기후변화의 위험성이 광범위하게 인식되면서 IPCC의 업무도 점점 더 큰 주목을 받게 되었다. IPCC 앞에는 늘 유엔이라는 수식어가 따라다니는데 아직까지는 유엔이라는 수식어가 중립성과 초국적 권위를 부여한다는 사실을 알 수 있다.

누가 뭐라고 해도 IPCC는 과학 연구 단체이므로 다른 모든 국제기구에 영향을 미치는 정치에 좌지우지되지 않으려고 무척 애를 쓴다. 〈유엔환경계획〉과 〈세계기상기구〉 회원국, 즉 사실상 모든 유엔 회원국의 정부는 IPCC에 참여해 활동 계획을 수립하고, 작성한 보고서를 검토할 자격이 있다. 그러나 주요 활동은 과학 문헌을 저술하고 검토하는 전 세계의 과학자 수백 명의 손에서 이뤄진다. 지구온난화를 입증하고 책임 소재를 밝히는 일이나 지구온난화가 지구에 미칠 영향부터 그 영향에 대응할 실질적 방안까지, 지구온난화를 둘러싼 이 모든 쟁점은 정치에 큰 영향을 미칠 수 있다. 따라서 IPCC는 과학적으로 흠잡을 데 없는 정보와 두말할 나위 없이 중립적인 정보를 제시해야 한다. 그렇지 않으면 IPCC의 연구 조사 결과에 많은 영향을 받게 될 정부들이 그 결과를 수용하지 않을 가능성이 높기 때문이다. 신뢰를 유지하기 위해 매우 신중한 태도를 고수한 덕분에 IPCC는 흠잡을 데 없는 과학적 내용을 담은 보고서를 발간하면서 확고한 명성을 쌓아 오늘날 그 권위를 인정받고 있다.

IPCC 평가 보고서

평가 보고서는 IPCC가 이룩한 가장 큰 성과물이다. 평가 보고서는 지금까지 총 네 차례 발간됐는데 전문가 수백 명이 집필에 참여했고 독립성을 인정받은 동료 과학자들이 면밀하게 검증했다. 각국 대표는 보고서에 담긴 제언을 엄밀하게 따져 협상에 나설 필요가 있고 전문가들은 보고서의 내용이 절충의 산물은 아닌지 재검토해 봐야 할 것이다. IPCC가 작성한 첫 번째 보고서는 리우 유엔환경개발회의에서 체결되어 1994년부터 시행에 들어간 "유엔기후변화협약"을 이끌어내는 데 결정적인 역할을 했다. 두 번째 보고서는 1997년 교토 의정서 협상에 핵심 내용을 제공했다. 2001년 작성된 세 번째 보고서는 기후변화가 인간에게 미치는 영향을 날카롭게 분석했으며 2007년 12월 발리에서 열린 기후변화 협상에 앞서 발간된 네 번째 보고서는 지구가 더워지고 있다는 증거가 "명백하고" 지구온난화가 인간의 활동과 직결되어 있다고 밝혔다. 반기문 사무총장은 IPCC가 밝혀 낸 사실을 전 세계인에게 분명하게 전달했다.[15]

IPCC가 앨 고어 전前 미 부통령과 함께 2007년 노벨평화상을 수상했다는 사실은 무엇보다 유엔의 국제기구가 전문가들을 효율적으로 배치하고 전 세계의 인류를 위해 공명정대하게 봉사하는 권위 있는 기구로 인정받았다는 의미였다. 노벨평화상 수상 연설에서 IPCC 의장 라젠드라 파차우리Rajendra Pachauri 박사는 이렇게 말했다. "IPCC의 강점 중 하나는 여러 해에 걸쳐 구축해 온 절차와 실천입니다." 그러나 IPCC 보고서를 바탕으로 합의를 이끌어 내기 위해서는 뛰어난 지도력과 외교 수완 또한 필요하다. 2002년 미국은 로버트 왓슨Robert Watson 당시 의장이 기후변화의 위험성을 너무 거침없이 발언하고 다녔다는 이유로 연임을 반대하면서 파차우리 박사를 지지했지만 이번에는 앨 고어 전 부통령이 나서서 파차우리 박사는 IPCC의 "발목을 잡을" 후보라며 반대했다.[16] 그러나 앨 고어 전 부통령의 비판은 사실 무근인 것으로 판가름 났다. 파차우리 박사는 독립성을 유지하면서 강력한 지도력으로 조직을 이끌어 나갔고 지구온난화로 인한 해수면 상승이나 다른 요인이 일으킨 재난으로 고통 받는 개발도상국 사람들의 편에 서서 목소리를 높였다.

그러므로 과학적 측면에서 볼 때 유엔 체계가 구축하고 유엔 체계 안에서 활동하는 IPCC는 성공한 기구라고 할 수 있다. 그러나 대기를 관리하고 대기질을 회복시킬 기구와 그 기구의 업무를 정하는 협상은 지지부진하다. 과학은 전 세계를 아우르는 탄소 배출 감축 체제와 지구온난화를 막을 여러 대응책의 기초를 확고하게 다지고 있지만 정치는 그 길을 가로막고 서 있다.

교토 의정서와 그 이후

1992년 리우 유엔환경개발회의에서 "유엔기후변화협약"이 체결될 당시 탄소 배출 감축 수준에 관한 문제는 협약 대상에서 제외되었다. 지나치게 큰 논란을 불러일으켰기 때문이다. 1994년 "유엔기후변화협약"이 시행에 들어가면서 각국은 탄소 배출 감축 수준을 정할 새로운 협약을 마련하기 위해 협상에 들어갔다. 협상 결과 1997년 12월 교토 의정서가 탄생했고 2005년에는 충분히 시행에 들어갈 수 있을 만큼 회원국의 비준을 받았다. 2007년 11월 전 세계 이산화탄소 배출의 60퍼센트를 차지하는 국가들을 비롯해 174개국이 교토 의정서를 비준했다. 그러나 전 세계 이산화탄소 배출의 20퍼센트를 차지하는 미국, 캐나다, 일본, 러시아는 물론 2007년 선출된 새 정부가 비준을 약속한 오스트레일리아도 비준에 동의하지 않았다.

교토 의정서는 각국을 "선진 산업국"과 "개발도상국"으로 나눈다. 협정의 부속서I에 해당하는 국가는 2008년에서 2012년 사이 1990년 배출 수준의 평균 5퍼센트까지 이산화탄소 배출량을 감축해야 한다. 각국은 정해진 감축 목표를 스스로 달성할 수도 있지만 청정 개발 체제를 통해 부속서I에 속한 다른 국가로부터 배출권을 구입할 수도 있다. 청정 개발 체제란 갑작스럽게 이산화탄소를 감축할 여건이 안 되는 국가가 감축 목표를 달성할 수 있게 하는 동시에 탄소 배출량을 감축시키는 사업을 벌여 남반구의 소득 증대에도 기여할 목적으로 구축되었다. 부속서II에 속한

● **청정 개발 체제** ─ 교토 의정서 12조에 규정된 탄소 거래 제도로, 선진국이 개발도상국에 자본과 기술을 투자해 온실가스 감축 사업을 실시할 경우, 사업의 결과 달성한 온실가스 감축량을 자국의 감축 목표 달성치에 반영할 수 있게 한 제도다. 선진국은 비교적 적은 비용을 들여 감축 목표를 달성할 수 있고 개발도상국은 자본과 기술을 전수받는다는 장점이 있다. 옮긴이

국가들은 특별 대우를 받는다. 청정 개발 체제에 참여할 수는 있지만 교토 의정서에 따른 배출 감축 의무는 지지 않는 것이다. 또한 부속서II에 속한 국가들은 앞서 다룬 〈지구환경기금〉을 통해 자금을 지원받고 기술을 이전받을 자격을 지니며 청정 개발 체제가 승인한 탄소 배출권 판매를 통해 조성되는 기금에서도 자금을 지원받아 이산화탄소 배출 감축을 위한 사업을 벌일 수 있다. 부속서I에 속한 국가들 역시 청정 개발 체제가 승인한 이산화탄소 배출 감축 프로젝트를 개발도상국에서 진행할 수 있고 거기에서

생성된 탄소 배출권을 갖게 된다.

부속서I과 부속서II라는 이원 체제는 개발도상국이 받게 될 경제적인 불이익을 덜어 주기 위해 고안된 것으로 미국이 교토 의정서에 반대하는 주요 이유가 된다. 미국을 비롯해 부속서I에 속하는 교토 의정서 반대 국가들은 단 하나의 범주에 선진 산업국을 뭉뚱그려 놓고 동일한 규칙을 적용하는 것은 불공평하다며 반발했다. 급속하게 산업화되는 과정에서 주요 이산화탄소 배출국으로 부상한 중국과 인도 같은 대형 국가는 아무런 제약을 받지 않고 산업화를 진행할 수 있는 반면 부속서I에 속하는 국가들은 이산화탄소 배출을 줄여야 할 뿐 아니라 경제와 생활방식도 변화시켜야 하고 타국이 이산화탄소 배출을 줄일 때 필요한 기술적·재정적 비용까지 감당해야 하기 때문이다. 찬반양론이 분분한 가운데 교토 의정서에 합의한 이후에도 전 세계의 탄소 배출량은 빠르게 늘고 있다. 중국에만 국한된 문제가 아니다. 환경 운동가인 조지 몬비오George Monbiot는 미국 국립과학아카데미가 작성한 보고서를 인용하며 "전 세계 어느 지역도 에너지 조달 과정에서 탄소를 줄이지 못하고 있다"고 말한다.[17] 배출 통제라는 대의에 동의하고 서명한다고 해서 모두가 실제 행동으로 옮기는 것은 아니다. 지구가 불타오르는 와중에도 각국은 이산화탄소 배출 감축량을 조작하기 바쁘다.

2008년 1월 교토 의정서가 시행에 들어갔다. 〈유엔환경계획〉 안에 설치된 협약 사무국이 교토 의정서 시행 상황을 감시할 것이다. 사무국이 각국의 이해관계에 휘둘리지 않고 정직하게 보고

할 수 있으려면 영향력 있는 독자적인 목소리를 가지기 위해 분투해야 한다. 2007년 12월 인도네시아 발리에서 새로운 조약을 협상할 틀을 마련하고자 회의가 열렸다. 유엔은 2009년까지 새로운 조약을 체결해 2012년에는 교토 의정서를 대체할 생각이었다. 발리 협상에서는 온갖 협잡이 난무했다. 미국은 2020년 혹은 2050년까지 감축해야 할 이산화탄소 감축량을 구체적으로 명시한 문서를 모조리 거부했다. 그러나 결국 새로운 조약의 청사진이 나왔다. 선진 산업국들은 이산화탄소 배출을 "상당히" 감축해야 하고 개발도상국은 이산화탄소를 "눈에 보일 만큼, 규정된 만큼, 증명할 수 있을 만큼" 감축해야 한다.[18] 각국의 이해관계가 첨예하게 부딪히는 와중에도 발리 회의는 반기문 사무총장이 말하듯 "IPCC가 작성한 최신 과학 보고서에 대한 정치적 반응"이라는 결과를 이끌어 냈다.

기후변화라는 맥락에서 자연 자원을 보호하고 관리하고자 할 때 유엔의 정치적 역할은 컨퍼런스 개최, 상설 위원회 구성, 회의 환경 조성 같은 논의의 장을 제공하는 일, 아니면 전문가를 섭외하고 행정적인 지원을 하거나 지난 60여 년에 걸쳐 축적해 온 노하우를 발휘해 가는 과정을 감독하는 데 국한됐다. 이 중대한 시기에 고위 공직자들은 부드러운 외교를 펼치면서 해결책 마련을 위해 머리를 맞댔고 전 세계인의 공감을 이끌어 냈다. 반기문 사무총장은 무려 11시간을 날아 발리에 도착해 미래 세대를 위해 각국의 차이를 좁히는 것이 중요하다고 설득했다. 유엔 기구는 환경 관련 논쟁에 필요한 관점을 제시하는 데 기여하기도 한다.

가령 2007년과 2008년 『인간 개발 보고서』는 저소득 국가에서 이산화탄소를 감축하려는 노력은 빈곤을 줄이려는 활동에 되도록 최소한의 영향만 미쳐야 한다고 지적하면서 적절한 자금 지원 방식을 제안하고 있다.[19]

그러나 이산화탄소 배출 감축과 기후변화 조정 문제는 국제 조약이나 목표 설정, 정책 확립만으로 해결되는 사안이 아니다. 국제사회가 부여한 의무를 이행할 수 있도록 각국이 국내법을 개정하고 정책을 조정하지 않는다면 아무 소용이 없다. 교토 의정서 시행 상황을 감독하는 체제는 있지만, 그 체제가 과연 2020년까지 우리에게 필요한 훨씬 더 높은 수준의 이산화탄소 감축을 이끌어 낼 수 있을지, 부속서I에 속한 국가들을 움직여 교토 의정서에서 정한 의무를 이행하게 만들 능력이 있는지는 미지수다. 의지가 있다면 그에 걸맞은 기구도 있어야 하는 법인데 현실은 그렇지 못하다.

7

유엔은
개혁될 수 있을까?

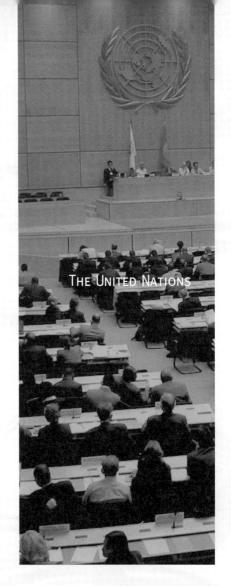

THE UNITED NATIONS

유엔이 건설된 당시의 세계와 오늘날의 세계는 어떻게 다른가?

지금까지 유엔을 개혁하려는 시도로는 어떤 것들이 있었고 어떤 성과를 남겼나?

유엔은 아직도 유효한가?

07

유엔은 개혁될 수 있을까?

유엔이 현재 관여하고 있는 세계는 유엔이 창설될 당시의 세계와 전혀 다르다. 유엔 체계는 새로운 환경에 적응하면서 변신을 거듭해 왔지만 여전히 많은 사람들은 유엔에 근본적인 개혁이 필요하다고 생각한다. 핵심 기구와 그에 밀접하게 연결된 조직을 효율적으로 재배치하려는 노력은 어느 정도 결실을 맺었지만 그 밖의 개혁은 거의 성공을 거두지 못했다. 한때는 유엔을 각국이 모여 전 세계 차원의 문제를 논의하는 근본적인 논의의 장이 아닌 여러 국제기구 중 하나로 인식하고 유엔 체계 외부에 새로운 국제 조직을 신설하려는 움직임도 일었다. 유엔이라는 개념은 여전히 유효한가? 그렇다면 유엔 기구는 설립 목적에 걸맞은 활동을 지금보다 더 잘 해나갈 수 있을 것인가?

2005년 3월 코피 아난 사무총장은 『더 폭넓은 자유In Larger Freedom』라는 보고서를 발간했다. 이 보고서는 2000년 발간된 『우리 국민들We the Peoples』의 뒤를 이은 것으로, 두 보고서 모두 유엔 헌장을 바탕으로 제목을 지었다. 새로운 세기에 유엔이 해야 할 역할을 연구하는 데 5년이 걸렸고, 그 연구가 이제 정점에 이른 것이다. 『더 폭넓은 자유』는 코피 아난 사무총장이 주도하는 유엔 개혁의 청사진으로, "개발, 안보, 모두를 위한 인권" 사이의 상호 연계성과 "집합적 행동이 필요한 곳에" 필요한 행동을 이끌어 내는 유엔 체계만의 독특한 역량을 천명하고 있다. 2005년 7월 글렌이글스에서 열린 G8 정상회의*에서는 국제 원조를 확대해야 한다는 안이 채택됐다. 이 여세를 몰아 유엔 창설 60주년[2005년 10월 24일]에 유엔 체계를 개혁할 '역사적 기회'가 찾아왔다. 개혁안에는 유엔의 목적과 임무, 총회와 안전보장이사회를 비롯한 유엔 핵심 기구의 조직 구조와 업무를 조정한다는 내용이 담겨 있었고 유엔 헌장의 구문을 변경하는 안도 고려됐다.[1]

보고서가 발표된 뒤 6개월 동안 장 핑Jean Ping 유엔 주재 가봉 대사 겸 총회 의장의 진두지휘 아래 『더 폭넓은 자유』를 바탕으로 하는 개혁안을 개발하기 위해 온갖 외교적 노력이 총동원되었

■ 깊이 읽기

선진국의 친목 모임인가?

G8, 즉 주요 8개국 정상회담은 1970년대 제1차 오일쇼크로 선진국들이 세계 경제 위기에 대처하는 과정에서 생겨났다. 1973년 미국, 영국, 프랑스, 독일의 백악관 도서관 모임에서부터 시작해, 1975년 일본과 이탈리아, 1976년 캐나다, 1997년 러시아가 합류하면서 지금의 G8 정상회의가 됐다. 논의 주제가 경제에서 정치외교 분야로까지 확장되고 있으나 합의 결과에 구속력이 없다는 게 한계로 지적된다. 2005년 7월 6일부터 8일까지 스코틀랜드 휴양지인 글렌이글스에서 열린 G8 정상회의에는 중국의 후진타오 주석도 참여해 아프리카 빈곤 해결과 지구온난화 대책, 위완화 재평가 문제가 논의됐다. 옮긴이

다.[2] 개혁안은 2005년 9월에 열릴 유엔 세계정상회의에 제출될 예정이었다. 주목해야 할 쟁점들이 어마어마하게 많아 감당하기 힘들 지경이었다. 테러리즘 관련 협약, 인권위원회를 대체할 기구, 보호 책임에 대한 동의, 교토 의정서 실천 약속, 원조 자금 납부 의무를 국민총소득의 0.7퍼센트로 조정하는 등의 의제가 다뤄졌다. 조직 구성에 관한 내용도 논의되었다. 안전보장이사회 확대, 총회와 경제사회이사회의 업무 조정, 지금은 유효하지 않은 유엔 기구의 임무 조정, 예산의 효율적 재배치, 유엔 사무국 직원의 전문성 및 독립성 강화 등의 문제였다. 어느 것 하나 수월하게 합의를 이끌어 낼 수 있는 일이 아니었다.

2005년 중순부터 미국이 논의에 참여했다. 2003년 유엔이 미국의 이라크 침공을 인정하지 않으면서 유엔과 미국 사이가 급격하게 나빠지던 참이었기 때문에 이는 좋은 신호로 받아들여졌다. 유엔이 아무리 많은 결점을 가지더라도 일개 국가가 국제사회 문제에 단독으로 반발하는 건 모양새가 좋지 않았고 미국 정부도 바로 이 점을 의식했다. 개혁을 지름길로 이끄는 촉매가 되는 건 설적인 비판은 모든 국가가 원하는 것이었다. 그러나 "제2의 샌프란시스코 회의"로 불린 유엔 세계정상회의를 불과 몇 주 앞두고 뉴욕의 유엔 주재 미국 대사로 임명된 인물은 유엔이라는 개념부터 유엔 체계에 이르는 모든 것을 못마땅하게 여기는 비판왕 존 볼튼이었다.

볼튼 유엔 주재 미국 대사는 장 핑 총회 의장의 지휘 아래 작성된 문건에 대해 750여 개의 수정안을 제시함으로써 유엔 세계정상회의 준비 과정을 망치기 시작했다. 새천년개발목표의 참고문헌을 모두 삭제하자는 안도 있었다.[3] 미국 정부가 볼튼의 지나친 제안을 제지하고 나섰지만 이미 그 제안 대부분이 협상장에서 공개된 뒤라 협상에 다시 추진력을 불어넣기는 힘들었다.[4] 엎친 데 덮친 격으로 일부 개발도상국이 지갑 두둑한 미국과 그 동맹국에게 더 많은 권한을 부여하는 개혁안은 무엇이든 거부한다는 의사를 재천명하기 시작했다. 11시간 뒤 한층 수위가 낮아진 개혁안이 사무국에 제출되었다. 원래 개혁안에 있던 몇 가지 항목은 겨우 살아남았지만 대부분은 "향후 고려 사항"으로 남겨졌다. 종종 유엔을 마비시켰던 정치적·관료적 갈등이 재등장했고 개별 국가들은 늘 그렇듯 자국의 이익을 너무 앞세우지 말자는 요청을 무시한 채 아주 매몰차게 굴었다. 그 결과, 바로 그 갈등과 매몰찬 행동을 극복하려 했던 개혁안은 수장되었다.

2005년 당시의 개혁 노력은 지금까지 유엔을 개혁하려 한 시도 중 가장 괄목할 만한 것이었지만 세상사가 다 그렇듯 결국 개혁

존 볼튼John Bolton, 1948~
2005년 8월부터 2006년 12월까지 유엔 주재 미국 대사를 지냈다. 도널드 럼스펠드와 함께 미국의 대표적인 매파로 강경한 대외 정책을 옹호한 인물이다. 국무부 차관보 시절, 한국을 방문해 "북한은 지옥 같은 악몽"이라고 발언해 논란을 빚기도 했다. 옮긴이

은 다시 원점으로 되돌아갔다. 거미줄처럼 얽힌 세계 정치, 다양한 쟁점, 그 쟁점들을 다루는 다양한 기구, 외교·이데올로기·관료의 엇갈리는 이해관계 등이 복잡하고 까다롭기 그지없는 데다 회원국의 성격 또한 천차만별로 서로 조화를 이루지 못하기 때문에 유엔에서 개혁이 성공을 거두기란 하늘의 별따기다. 게다가 석유식량계획을 조사한 독립 조사 위원회가 몹시 비판적인 보고서를 작성하는 바람에 유엔이 논란에 휩싸였다. 이 상황에서 유엔 세계정상회의마저 실패로 돌아간다면 사무국에는 재앙이나 다름없었다. 다행히도 일부 개혁안이 발효되어 새로운 위원회와 패널이 신설되었다. 적극적인 홍보 덕택에 유엔 세계정상회의의 결과물이 전 세계에 배포되어 축하를 받았다. 비록 반밖에 차지 않은 잔이었지만 당시로서는 그것이 최선이었다.

■ 깊이 읽기

유엔 최대의 스캔들

2005년 9월 7일 유엔의 독립 조사 위원회가 유엔의 이라크 석유식량계획의 총제적인 관리 부실을 지적한 847쪽짜리 보고서를 내놓았다. 폴 볼커 조사 위원회 위원장은 "680억 달러를 쏟아 부은 석유식량계획을 추진하는 과정에서 각종 부정이 판을 치는데 누구도 책임지지 않았다"고 비판했다. 보고서는 석유식량계획 사업 참여권을 따내려는 기업들이 각종 뇌물 사건에 연루돼 있다는 사실을 밝혔고, 그 가운데 코피 아난 사무총장의 아들을 고용한 회사도 포함돼 있다는 사실이 드러나 논란을 빚기도 했다. 옮긴이

2005년 유엔 세계정상회의의 전말을 보면, 유엔을 '목적에 더 부합하는' 조직으로 만드는 데 극복하기 힘든 장벽이 있다는 것을 알 수 있다. 이 장벽은 납득할 만하고 실질적이며 상세한 제안을 하기 위해 온갖 외교적 노력과 인적 자원을 총동원해도 넘어서기 힘들다. 예를 들어 전체 회원국의 3분의 1이 넘는 아프리카의 52개 회원국이 똘똘 뭉쳐 '반대표'를 던지면 총회의 활동을 저지하는 데 필요한 65표를 만드는 것이 어렵지 않다. 유엔 기구는 국제 조약과 회원국의 결의안에 의해 창설되었고 회원국들만이 그 기구들을 변경할 수 있다. 회원국들이 자기들 앞에 놓인 제안을 마뜩치 않게 생각하면 실현될 수 없는 것이다. 외교를 통한 점진적인 변화보다 급격한 체계 개편이나 정비를 원하는 회원국이 있다면 차라리 1939년 국제연맹을 무용지물로 만든 전 세계적 참화 같은 사건이 다시 일어나기를 기다리는 편이 나을 것이다.

유엔 개혁의 긴 역사

유엔 체계를 개혁해야 한다는 요구는 유엔이 창설된 직후부터 꾸준히 제기되어 왔다. 재정 위기가 찾아오면 어김없이 개혁 요구가 힘을 받았다. 따지고 보면 2005년의 개혁안 역시 부분적으로는 미국이 분담금을 지불하지 못하겠다고 위협한 데서 출발했다.(212쪽 참고) 그 전에 연체한 분담금은 미국과 유엔의 관계 회복을 중요하게 생각한 리처드 홀브룩 유엔 주재 미국 대사의 결단 덕에 2000년대 초에 모두 납부되었지만 분담금 납부를 대폭

유엔 최대 채무국은 미국

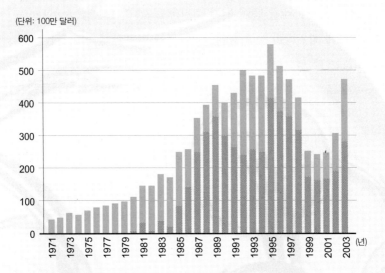

(단위: 100만 달러)

막대의 높이는 12월 31일을 기준으로 각 회원국이 미납한 분담금을 가리킨다.

■ 매년 12월 31일 기준 미국의 분담금 연체액
■ 매년 12월 31일 기준 미국을 제외한 회원국의 분담금 연체액

▶출처―『르몽드 세계사: 1. 우리가 해결해야 할 전 지구적 이슈와 쟁점들』르몽드 디플로마티크 기획,
   권지현 옮김, 휴머니스트, 2008.

축소하려는 미국 의회의 움직임이 다시 가시화되었고 존 볼튼 유엔 주재 미국 대사는 분담금 납부 문제를 무기로 협상에서 우위를 차지하려 했다.[5]

　1980년대 중반 유엔이 위기를 맞았을 때도 미국 의회에서는 미국의 분담금을 20퍼센트 삭감하려는 움직임이 일었다. 이런 움직임은 유엔 기구를 개혁해 효율성을 높이는 방안을 연구하는 전문가 모임인 정부 간 위원회 창설에도 시동을 걸었다. 유엔과 직결되지 않은 수많은 소규모 조직은 말할 것도 없고 유엔 체계 자체를 철저하게 재편해야 한다는 요구가 쇄도했다. 그러나 유엔이 벼랑 끝에 몰린 것은 이번이 처음이 아니었다. 그보다 앞선 1966년에도 소비에트연방과 프랑스가 콩고에 파견된 평화유지군 유지 비용에 대한 분담금 납부를 거부해 재정 위기가 유발되었고 결국 개혁안이 발동되었다.[6] 1968년 합동조사단이 꾸려졌고, 유엔 조직의 행정, 재정, 구조 문제를 검토한 개혁안이 나왔다. 유엔 외부에서는 외교관, 전前 유엔 고위 공직자, 국제관계 학자들이 끈질긴 분석 끝에 유엔을 회복시킬 방안을 제안했다. 유엔 개혁이라는 지난한 과정을 다루지 않고서는 유엔에 관한 책이 완성될 수 없을 정도다.

　그런 활동을 통해 많은 변화가 이뤄졌지만 전면적인 개혁은 한낱 꿈에 불과했다. 재정 위기가 찾아오면 개혁 요구가 높아지고 그 뒤를 이어 유엔을 마뜩치 않게 생각하던 세력이 내놓는 분석과 보고서가 쏟아지는 일이 반복되었다. 위기가 지나갈 때마다 변화가 이뤄지기는 했지만 형식적이었고 유엔 체계 안에 또아리 튼 비일관성과 모순은 사라지지 않았다. 유엔의 '활성화'를 가로

막는 요인들 역시 하나도 사라지지 않았다. 1980년대 합동조사단을 이끈 모리스 버트런드 단장은 유엔의 실패로 골머리를 앓았다. 유엔은 국제적인 갈등은 물론 경제 분야처럼 공동 행동이 필요한 영역에서도, 국가 간 활동을 조율할 "정치적 틀을 제공하는 중심 세력"이 되지 못했다.[7] 유엔의 분석가 대부분과 마찬가지로 모리스 버트런드 단장도 유엔 회원국을 확대하려 했던 유엔 설립자들이 참 무모했다고 생각했다. 버트런드 합동조사단장은 유엔 개혁이 실패한다면 유엔은 그 어느 때보다 더 심하게 주변화될 수밖에 없을 거라고 내다봤다. 점점 늘어나는 중압감과 상호의존성 속에서 국제사회에는 '정치적 틀'이 필요하다는 목소리가 높아지고 있었고, 이런 상황에서 유엔이 개혁에 실패한다면 유엔 체계 외부에서 새로운 틀을 만들 수밖에 없다고 생각한 것이다.

냉전이 끝나 유엔이 정치적으로 부활한 뒤에도 경제적 차원에서는 모리스 버트런드 단장이 유엔의 주변화라고 표현한 현상이 사라지지 않았다. 유럽연합이나 "북미자유무역협정" 같은 지역 기구와 대륙 간 기구가 더 중요하게 여겨졌다. 국제무역과 재정에 관련된 모든 중요한 협상은 G8 정상회의, 〈세계무역기구〉, 〈세계은행〉, 〈국제통화기금〉을 통해 이뤄지기 시작했다. 이 기구들은 유엔 체계와 직결되어 있지 않은 데다 세계의 권력 구조를 더 잘 반영한 지배 구조를 갖고 있다. 즉 서방 세계가 사실상 이들 기구를 좌우한다. 그러나 유엔이 천국과 지옥을 모두 경험하면서 극과 극을 달린 1990년대 초만 해도 정치적 차원에서는 유엔을 대체할 세계적 수준의 기구가 없었다.

유엔 개혁은 대체로 형식에 그쳤다. 가령 2005년 유엔 세계정상회의는 보호 책임에 서명했지만 다르푸르 주민들은 아무런 보호도 받지 못했다. 또 인권위원회를 인권이사회로 대체했지만 같은 패를 다시 섞은 것에 지나지 않았다. 하지만 아무리 그렇더라도 평화 유지 임무, 갈등이 종결된 지역의 선거 관리, 인도주의 차원의 활동 선도, 새천년개발목표 수립과 촉진, 전염성 질병 퇴치를 위한 국제사회의 노력 수렴, 새로운 기후변화 조약 체결을 위한 활동 등, 유엔이 벌이는 활동은 간단히 포기할 수 있는 성질의 것이 아니었다. 유엔이나 유엔 기구가 항상 업무를 훌륭하게 수행해 왔다고 말할 사람은 없을 것이다. 또한 관리의 효율성을 향상시키고 인력이나 기구 면에서 중복되는 부분을 제거할 필요가 있고, 말로 시작해서 말로 끝내는 문화를 탈피하고 보고서나 끝없이 쏟아내는 행태(243쪽 "유엔의 과다한 서류 업무" 참고)를 바꿀 필요가 있는 것도 사실이다. 그러나 앞서 언급한 대로 유엔 체계의 느슨한 조직 구조에는 탁월한 면도 적지 않다. 이런 탁월함이 일관성 있는 구조에 체계적으로 혹은 조직적으로 통합되지 못했다는 불만은 거대한 유엔 체계의 본질을 제대로 이해하지 못한 데서 비롯된다.

안전보장이사회 개혁

유엔 내부에서 추진되는 실질적인 개혁 움직임은 쉽게 납득하기 어렵다. 유엔 내부에서 이는 개혁 움직임을 이해하려면 위원회 활동과 절차, 업무와 임무 수행, 정치와 기득권에 대한 남다른 이해가 있어야 하기 때문이다. 따라서 관찰자인 우리로서는 가만히 앉아 페인트가 마르는 것을 지켜보는 것보다도 더 지루한 경기를 관람하는 듯한 느낌을 받을 수도 있다. 그러나 유엔 홈페이지에서 시작해 여러 인터넷 자료와 문헌을 통해 유엔 내부로부터 추진되는 개혁 내용을 엿볼 수 있다.

유엔의 핵심 제도와 여러 기구의 업무 수행 능력을 향상시켜야 한다는 제안은 부지기수고 그런 제안의 첫머리에는 늘 안전보장이사회의 개혁이 자리한다. 전쟁이 한창이던 1939년에서 1945년 사이 설립된 안전보장이사회가 앞으로도 계속 '국제 평화'를 강화할 세계 제1의 기구로 살아남으려면 분명 구조 조정이 필요하다. 안전보장이사회는 한 줌의 기득권국인 다섯 개 상임이사국(중국, 프랑스, 러시아, 영국, 미국)에 거부권을 부여해 그들의 권한을 강화했는데, 유엔에서 거부권을 인정한 사례는 안전보장이사회가 유일하다. 거부권에는 긍정적인 효과도 있다. 의사 결정이 집약적으로 이뤄질 수 있고 때로 안전보장이사회를 작동 불가능하게 만드는 다수결이라는 불가항력의 힘에서 이사회를 보호하기 때문이다. 그러나 오늘날의 세계를 더 잘 대표하려면 안전보장이사회 상부에 다른 국가들도 포함되어야 한다는 데 많은 사람들이 동의하고 있다. 세계 권력이 재분배되고 있으며 유엔 예산에서 다섯 개 상임이사국이 감당하는 몫이 점차 줄어드는 게 현실이기 때문이다. 1946년에는 다섯 개 상임이사국이 유엔 예산의 70퍼센트를 감당했지만 지금은 37퍼센트 밖에 되지 않는다.[8]

일부 국가들은 상임이사국의 유효기간이 만료되었다고 줄기차게 주장해 왔다. 따라서 1990년대와 2000년대 초반 총회 위원회는 안전보장이사회를 어떤 방향으로 변화시킬 것인지를 두고 열띤 토론을 벌였지만 합의에는 이르지 못했다. 2004년 코피 아난 사무총장은 위협, 도전, 변화를 논의하는 고위급 패널이 작성한 보고서에 호응해 안전보장이사회 개혁에 힘쓰겠다고 말했다. 그러나 고위급 패널도 안전보장이사회의 개혁 모델을 합의하지는 못했다.[9] 그럼에도 2005년 유엔 세계정상회의에 제출한 개혁안의 중심에 안전보장이사회 확대가 포함되리라는 바람이 수그러들지 않으면서 [유엔 개혁에 관한] 협의가 재개되었다. 안전보장이사회 확대는 협상 카드이기도 했다. 개발도상국이 안전보장이사회에서 더 큰 목소리를 내게 되면 보호 책임 같은 다른 개혁 항목에 대해 개발도상국의 지지를 이끌어 내기가 수월해질 것이기 때문이었다.

●위협, 도전, 변화를 논의하는 고위급 패널high level panel on threats challenges and change —아난드 판야라쿤 타이 전 총리를 의장으로 하고 세계 각국의 전직 정상과 외교관을 구성원으로 하는 자문 기구로 2004년에 구성되었다. 최종 보고서인 『더 안전한 사회A more Secure World: Our Shared Responsibility』에서 향후 인류가 직면할 위협을 열 가지로 정리하고 그에 대한 대책을 밝혔다. 옮긴이

고위급 패널은 안전보장이사회 개혁의 밑바탕이 될 몇 가지 원칙을 수립했다. 유엔에 재정적, 군사적, 외교적 기여를 더 많이 하는 회원국에게 더 많은 영향력을 행사할 권한을 주어야 한다는 원칙과 개발도상국의 입장을 더 많이 대변할 수 있도록 해야 한다는 원칙이 포함되었다. 또한 안전보장이사회가 더 민주적이고

더 책임감 있는 기구가 되도록 만들되 기존의 영향력을 위협해서는 안 된다는 원칙도 수립되었다. 안전보장이사회 개혁을 위한 원칙들에는 서로 모순되는 요소가 포함되어 있었고 총회에서 3분의 2 이상의 지지를 받아야 하는 상황이었기 때문에 난관이 예상됐다. (중국의 경우 [표결에 붙이지 말고] 합의하자고 요구했다.) 사실 2005년 다양한 보상책과 함께 "절호의 기회"라고 떠들어 댄 것은 안전보장이사회 확대 개편안 통과에 필요한 추진력을 충분히 확보하기 위한 일종의 전략이었다.

2005년 7월 상임이사국 지위를 얻을 가능성이 높은 국가들과 4 인방이라 불리는 브라질, 독일, 인도, 일본은 안전보장이사회 확대 개편안을 확정했다. 이 국가들은 비상임이사국 4석, 거부권이 없는 상임이사국 6석을 신설하여 안전보장이사회 회원국을 25개국으로 확대하자고 제안했다. 인도는 거부권 없는 상임이사국 6석 신설안에 동의하기를 주저했다.(219쪽 참고) 여섯 개 상임이사국 중 2석은 아프리카 몫이었고, 그중 1석은 남아프리카공화국 차지가 될 공산이 컸다. 또 2석은 아시아, 그중에서도 일본과 인도에, 1석은 라틴아메리카, 그중에서도 브라질에 돌아가고, 나머지 1석은 유럽 국가 중 독일에 돌아갈 예정이었다. 제안이 제출되자마자 아프리카에 돌아갈 2석을 두고 이집트와 나이지리아가 경쟁하기 시작했고 다른 아프리카 국가들도 경쟁에 뛰어들었다. 과열 경쟁 탓에 개혁안의 통과 가능성도 낮아졌다. 또 다른 개혁안으로 상임이사국은 신설하지 않되 준상임이사국(제3계층)을 설치하자는 제안이 있었다. 그러나 아프리카뿐 아니라 중국과 미국까지 반

거부권

안전보장이사회가 출범하고 첫 40년 동안 이어진 냉전 상황에서 거부권은 눈길을 끌기 위한 수단으로 자주 활용되었다. 첫 20년 동안은 소비에트연방이 101차례의 거부권을 행사한 반면 총회에서 다수의 지지를 받고 있던 미국은 단 한 차례도 사용하지 않았다. 한국전쟁의 경우와 마찬가지로 안전보장이사회에서 거부된 안건이라도 다수결로 결정되는 총회에서 통과시키면 그만이기 때문이었다. 냉전이 끝난 뒤에는 상황이 역전되었다.

	중국	프랑스	영국	미국	소비에트연방
1946~1955	1	2	0	0	75
1956~1965	0	2	3	0	26
1966~1975	2	2	8	12	7
1976~1985	0	9	11	34	6
1986~1992	0	3	8	23	0

1980년대 말 하비에르 페레스 데 케야르 사무총장이 안전보장이사회 회원국의 비공식 모임을 주선한 뒤로 안전보장이사회의 활동 양상이 변했다. 3분의 2 이상의 찬성표를 얻을 수 없고 안전보장이사회에서 거부권이 행사될 만한 공식 결의안은 아예 회의 석상에 안건으로 제출하지 않게 된 것이다. 오늘날 거부권 보유국은 여러 압력을 받으면서도 실제로 거부권을 행사하는 경우는 드물다.(2003년 3월 이라크 전쟁에 대한 안전보장이사회 논의에서 프랑스가 거부권을 행사한 적이 있다.) 코피 아난 사무총장의 고위급 패널은 거부권을 "무소불위의 권리"라고 표현했지만 거부권 보유국은 그 권리를 포기하려 하지 않는다. 상임이사국이 추가되더라도 거부권을 주지 않는다는 합의만 이뤄졌을 뿐이다. 고위급 패널은 거부권 보유국에게 대량 학살과 대량 인권 침해 사건에 대해서는 거부권 행사 자제를 요청했지만 명문화시키지는 못했다.

▶출처―Report of the High-Level Panel op. cit; Roberts and Kingsbury(1993) op. cit.

대하고 나서는 바람에 이 개혁안도 채택되지 못했다. 안전보장이
사회 개혁안은 2005년 유엔 세계정상회의에 제출된 개혁안에서
제외되었고 두 달 뒤 총회에 회부해 재논의하기로 했다.[10]

　총회는 안전보장이사회 개혁을 논의할 위원회를 해마다 새로
구성한다. 그러나 이런 유엔의 행태를 바라보는 시선은 결코 곱
지 않다. 2005년 개혁의 물꼬가 트일 것만 같던 역사적 순간에도
개혁안을 상정하지 못한 마당에 이제와서 개혁이 가능하겠냐는
것이다. 그렇다면 안전보장이사회 구성을 두고 각국이 과열 경쟁
을 벌이는 이유는 무엇인가? 아마도 유엔 기구 가운데 가장 중요
한 기구에 속하게 되면 국가의 지위가 높아지고 휘두를 수 있는
권력도 많아지기 때문일 것이다. 중요성이 더 큰 유엔 기구일수
록 개혁안 도출이 어려운 이유다. 어쩌면 [안전보장이사회의 개혁 자
체보다는] 개혁을 염원하는 국제사회의 열기를 고조시키는 게 목
적일지도 모른다. 즉, 유엔에서 이뤄지는 많은 일들이 그러하듯
과정이 결과보다 우선시된다고 할 수 있다. 그러나 새로 임명되
는 유엔 주재 각국 대사들은 저마다의 포부를 품고 유엔에 입성
하기 때문에 개혁을 향한 바람은 앞으로도 계속 이어질 것이다.
외교적인 노력을 여러 차례 되풀이하다 보면 2005년 4인방이 제
안한 것과 같이 납득할 만한 제안이 홀연히 등장해 모두의 지지
를 받게 될 날이 올지도 모른다.

　개혁 가능성이 보였던 "중대한 시기"에, "절호의 기회"를 놓치
고 말았지만 안전보장이사회는 살아남아 여전히 제 기능을 다하
고 있다. 안전보장이사회가 무정부주의적 구조로 운영되는 것은

사실이지만 안전보장이사회의 결의안이 쓸모없는 것으로 치부되어 기각될 날은 오지 않을 것이다. 안전보장이사회는 그 어떤 국제 정치 기구도 하지 못하는 일을 수행하고 있다. 지역 포럼이 점점 중요성을 더해 가면서 그만큼 많은 성과를 낸다 할지라도 전 세계적 사안을 두고 각국 대표들이 모여 논의할 수 있는 다국적 차원의 논의의 장은 아니기 때문이다. 설사 안전보장이사회의 결의안이 적법성을 잃는 날이 오더라도 국제 안보를 논의할 최고위급 기구는 다시 만들어질 것이다. 유엔은 꾸준히 전진해 왔고 유엔의 정치적 심장이라 할 수 있는 안전보장이사회도 전진해 왔다. 안전보장이사회가 전 세계가 안고 있는 결함을 한 방에 해결할 마법 탄환이 아닌 것은 분명하다. 그러나 안전보장이사회는 회원국들이 '부차적인 것'으로 취급하는 문제들을 유엔 안에서 해결할 수 있도록 돕는 중요한 기구다.[11]

유엔 체계 정비

탈냉전기에 개발도상국들은 유엔과 사무총장에게 정치적 사안 이외의 사안에 더 많은 시간을 할애하라고 요구했다. 이런 요구에 공감한 부트로스 갈리 사무총장은 『평화를 위한 의제』에 이어 『개발을 위한 의제』를 발표했다.(4장 참고) 그러나 개발도상국의 요구에 가장 크게 부응한 인물은 코피 아난 사무총장이었다. 코피 아난 사무총장은 유엔 새천년정상회의를 개최해 새천년개발목표를 수립했고 인도주의 원조와 인권 문제에 주안점을 두었으며 환경의 지속 가능성 문제를 핵심 사안으로 추진했다. 아프리카를 중심으로 혁신이 이뤄졌고 에이즈 퇴치 노력도 펼쳐졌다. 이 두 가지 사안은 리처드 홀브룩 유엔 주재 미국 대사가 적극 추진한 정책으로, 전통적으로 안전보장이사회가 다뤘던 사안과는 성격이 크게 달랐지만 2000년 안전보장이사회는 이 사안들을 정식 의제로 채택했다. 이런 사안은 일반적으로 전문기구, 프로그램, 기금이 맡아 살필 사안이었기에 과거에는 유엔의 외교에서 중심 사안으로 다뤄지지 않았던 것들이다.

유엔의 최고위 기구에서 이런 사안이 다뤄지면 장점도 있지만 단점도 있다. 가장 큰 단점은 개념이 서로 겹치면서 모호해진다는 점이다. 3장에서 이미 인도주의 활동의 근거를 '인간의 필요'가 아니라 인권 침해에 두게 되면 희생자에게 오히려 불이익이 될 수도 있다는 사실을 확인한 바 있다. 『더 폭넓은 자유』에 나타난 것처럼 정치적 안보, 개발, 인권이라는 쟁점이 개념적 차원에서 융합될 경우 각 기구의 임무가 중첩되거나 개념적 경계가 흐릿해져 버릴 수 있다. 유엔은 특정 영역에서 나타나는 정치적 어려움이 다른 영역으로 넘어가지 않도록 하기 위해 자율주의를 바탕으로 신중하게 구성된 조직 틀을 갖추고 있다. 그러나 아무리 전 세계의 관심을 한 몸에 받는 사안이라도 유엔의 핵심부에서 논의가 필요한 사안과 기술적 조언이 필요한 사안이 뒤섞여 버린다면 참으로 심각한 문제가 아닐 수 없다. 결국 〈아프리카연합〉 같은 지역 조직의 역량을 구축하고 서로 다른 기구들에게 독립적인 활동 공간을 보장해 해결하면 될 일이 사무국 안으로 수렴되는 결과가 초래된다. 모든 토론 활동이나 현장 활동이 사무국으로 집중되어 버리는 것이다.

유엔 기구의 '중복성'을 줄여 달라고 호소해 왔던 기부국들은 통합 움직임을 반기는 분위기다. 겉보기에는 각 기구들의 성격이 동일하고 그들이 지원하는 내용도 같아 보이기 때문이다. 그러나 본부에서 외교 활동을 하거나 사무 업무를 보는 직원들은 이런 입장을 받아들이기 힘들다. 개발 프로그램에 포함된 쟁점들을 살펴보면 각각의 쟁점들을 굉장히 여러 각도에서 접근할 수 있다는 사실을 이내 깨닫게 될 것이다. 수자원 문제를 생각해 보자. 수자원 관리는 농업, 공중 보건, 담수 보존, 경제 생산성, 국경을 넘나드는 강물 이용, 어족 자원 보호, 광물, 도시 성장, 수력발전, 관광 같은 여러 가지 쟁점에 연계된다. 또한 수자원 관리는 정보 수집, 연구, 법과 규제, 정책 규범, 원조 프로젝트와 원조 프로그램 같은 다양한 활동에 연계된다. 따라서 적어도 15개의 유엔 기구가 수자원 문제를 다룰 수 밖에 없는데 이를 두고 비효율적이라고 마냥 비난할 수는 없다.

기부국들은 꾸준히 유엔의 업무 '조정'을 요구해 왔지만 이 역시 피상적인 분석의 결과로 보인다. 제대로 조정이 안 되는 상황을 옹호할 사람은 없을 것이다. 그러나 조정이 필요하다는 기부국들의 불평은 조악한 정보에 의거한 무리한 감축 요구나 다름없다. 그들의 요구대로 감축에 나서면 결국 업무는 형식적이 되고 각 기구들이 독자적으로 활동할 여지는 축소되고 말 것이다. 그렇게 되면 기능에 따라 효과적으로 진행되고 있는 유엔 프로그램의 질을 떨어뜨릴 우려가 있다. 국제사회의 합의가 필요한 쟁점의 경우에는 유엔의 중심부에서 집중적으로 다루는 것이 도움이 될지도 모른다. 그러나 지역적인 맥락에서 해결해야 하는 사안이라면 얘기가 달라진다. 유엔 기구들이 각자 맡은 임무의 독자성을 옹호하면 자기 이권, 자기 지분, 자기 예산만을 맹목적으로 챙기는 이기적인 조직으로 비난받는다. 그러나 사실 그 기구들은 유엔 체계를 효과적으로 기능하게 하는 가장 중요한 원칙 중 하나를 수호하고 있는 것이다. 유엔이 지나치게 체계화될 경우 유엔 조직 전체가 한꺼번에 무너질 수 있으므로 유엔의 중심부만이라도 원활하게 기능하게 하려면 분권화되어야 한다는 원칙 말이다. 관료제의 조직망에 난 구멍은 그대로 두어야 한다. 그 공간에서 창의력이 만발할 수 있기 때문이다. 그렇지 않으면 모든 것이 행위의 바탕을 이루는 최소 공통분모를 찾는 수준으로 환원될 수 있다. 반대로 생활수준 향상처럼 '성과'가 문제시되는 곳에서도 성과보다 행정 절차를 앞세우는 결과를 초래할 수도 있다.

유엔의 제국주의적 성격이 가장 강하게 표출되었던 부트로스 갈리 사무총장 체제 당시, 개발이라는 이름으로 운영되는 유엔의 모든 기금과 프로그램을 통합해 유엔 개발 기구라는 단일한 거대 기구를 출범시키자는 과감한 제안서가 제출되었다. 당시 〈유니세프〉 총장이던 캐럴 벨러미Carol Bellamy는 〈유엔개발계획〉을 재편해 고유한 정체성을 지니는 다양한 기구를 그 안에 모두 포괄하겠다는 제안에 반대해 무산시켰다. 그 대신 더 온건하고 실용적인 개혁안이 채택되었다. 각 기구들이 각자의 활동을 그대로 유지하되 개별 국가 차원에서는 기구 간 협력 활동을 강화한다는 게 개혁안의 내용이었다. 일부 유엔 직원들은 '업무 중복'을 없애야 한다는 요구 때문에 유사한 제안이 다시 나오지 않을까 하는 두려움에 떨고 있다. 유엔을 중앙 집중적인 조직 체계로 개편해 인간 개발, 인도주의 구호, 인권 향상에 기여하는 유엔의 활동을 개선할 수 있다고 생각하는 사람들은 현장 경험이 없는 정치인, 외교관, 공직자뿐이다. 오히려 중앙 집중화를 통한 '효율성' 확보라는 과거의 유물이야말로 불필요한 것이다. '개혁'이 이뤄져야 할 마지막 문제는 재정인데, 관료들과 중재자들이 할당된 기금을 활용할 항목을 규정하는 게 유일한 고려 사항이 될 것이다.

　좌우파 이데올로그들이 퍼뜨린 악의적인 소문이 무성하지만 유엔 체계는 다른 조직에 비해 비교적 부패가 덜한 깨끗한 조직이다. 다른 정부의 공직자들과 비교해 보면 유엔의 재정이 특별히 방만하게 운영되고 있다고 할 근거도 없다.(44쪽 참고) 물론 개선해야 할 점도 있을 것이다. 그러나 전반적으로 유엔 체계와 유엔에 속한 기구들은 중앙 집중화되지 않아서 어려움을 겪는 것이 아니라 중앙으로 집중된 위계 구조 때문에 어려움을 겪고 있다. 또한 '효율성'을 담보하기 위해 그 어느 때보다 복잡해진 관리 운영 체계와 책임성 강화 절차 역시 이들을 괴롭히는 주된 요인이다. 유엔에 자금을 지원하는 주요 기부국이 유엔을 재구조화하거나 개혁하려는 시도를 줄이는 것이 오히려 조직의 시간과 에너지를 절약하는 일이라고 제안한다면 유엔은 새롭게 거듭날 수 있을 것이다. 어쩌면 쇠퇴야말로 구조 변화를 이끌 실질적인 통로일지도 모른다. 유엔의 조직도에 떡하니 자리 잡고 있지만 오랫동안 회의 한 번 소집되지 않았던 신탁통치이사회처럼 제 기능을 하지 못하는 기구는 누구도 후원하려 하지 않기 때문에 자연스럽게 약화되기 마련이다.

유엔 개혁은 말로만 이뤄지는 경우가 대부분이다. 진지한 태도로 개혁안을 신중하게 검토해 과거보다 더 낫다고 확신하지 못한다면 개혁은 이뤄질 수 없다. 안타깝게도 유엔 개혁을 논하는 이들에게서 이런 신중한 태도를 찾아보기란 어렵다. 그러므로 유엔 체계의 구석구석에 숨어 있는 오류를 제거해 나가려는 정치적 흐름은 당분간 쉽게 사라지지 않을 것이다.

진정한 변화를 위해 필요한 것

지금껏 유엔이 저지른 실패를 꼽아 보라고 한다면 1994년 르완다 대학살에 제대로 대처하지 못한 일을 으뜸으로 꼽을 수 있을 것이다. 당연하게도 르완다 대학살은 유엔 개혁을 정당화하는 근거가 되었다.[12] 수많은 연구, 보고서, 조사 위원회, 평가 위원회가 학살이 진행되는 상황을 무력하게 지켜보고 있을 수밖에 없었던 이유를 설명하려고 했다. 안전보장이사회 대표들이 학살을 멈추기 위한 무력 개입을 거부하게 내버려 둔 '유엔'의 실수인가? 아니면 부트로스 갈리 사무총장과 코피 아난 사무총장의 실수인가? 아니면 사태의 본질을 제대로 파악하지 못해 안전보장이사회를 설득하지 못한 평화유지군 사령관의 실수인가? 이런 일이 다시 일어나지 말라는 법이 있는가? 이런 일이 재발하지 않게 할 방안은 무엇인가?

잠시 유엔에서 파견 근무를 했던 마이클 바넷Michael Barnett 국제관계학 교수는 르완다 대학살을 돌이켜 보면서 당시 자신도 다른 사람들과 마찬가지로 유엔의 무력 개입에 반대했던 경위를 밝혔다.[13] 바넷 교수에 따르면 당시 유엔은 르완다 대학살 진압 활동이 성공할 수 없다고 확신하고 있었으며 다만 기대에 부응하고자 구조대를 꾸리려 했다. 그 다음 해에도 바넷 교수는 르완다 대학살은 유엔이 개입할 수도, 개입해서도 안 되는 일이라는 견해를 고수했다. 그러다 바넷 교수는 르완다 대학살을 추모하기 위해 제작된 텔레비전 프로그램을 보게 되었다. 그 프로그램은 르완다 사람들을 전면에 내세웠다. 그제서야 바넷 교수는 인도에 반하는 그런 범죄를 무시하는 게 원칙이 되어서는 안 된다는 사실을 처음으로 깨닫게 되었다.

바넷 교수는 뉴욕에 자리 잡은 유엔 본부의 관료적 문화 때문에 세계적 사안에서 유엔이 그렇게 대처할 수밖에 없었다고 결론 내렸다. 유엔의 문화가 유엔에서 업무를 수행하는 사람들의 관점에 영향을 주었다는 말이었다. 전 세계적 문제를 판단하고 대처해야 하는 직원 개개인의 사고방식은 유엔의 관료적 문화에 푹 젖어 있다. 고위직 임원 대부분은 사무실, 컨퍼런스장, 각국 수도에 있는 고급 호텔 밖으로 나가 '현장'의 현실을 경험해 보지 못한 사람들이다. (학자나 지식인도 별반 다르지 않다. 바넷 교수 역시 르완다 대학살이 일어났을 당시 르완다에는 한 번도 가 본 적이 없었다.) 국제적인 문제를 다루는 유엔 핵심 인력의 역할은 자신의 지식을 총 동원해 적절한 대처법을 결정하고 현장에 전달하는 것이다. 유엔 본부는 대학살을 눈앞에 두고도 르완다에 개입해서는 안 된다는 결정을 내렸다. 실용적인 차원에서뿐 아니라 정당하고 적절한 일이라는 근거에서 내려진 결정이었다. 유엔 본부는 대학살이 펼쳐지는 현장과 너무나도 동떨어진 곳에 있었던 것이다.

전 세계 평범한 사람들의 실제 경험과 유리돼 있는 문화적 한계, 그리고 '최고위층'에서 내린 결정이 전 세계적으로 행할 수 있는 모든 노력들의 처음이자 끝이라는 생각이야말로 유엔에 속한 모든 조직들이 극복하기 위해 힘써야 할 문제다. 1994년 4월 키갈리에 파견된 로미오 달레어Roméo Dallaire 유엔 평화유지군 사령관이 뉴욕의 유엔 본부에 있는 결정자들에게 무슨 조언을 했든 간에 달레어 사령관의 조언은 "의무를 넘어서는 것" 혹은 "유엔 헌장에 반하는 것"으로 치부되어 기각되었다.* 현장에 대한 이해나 의사 결정이라는 관점에서 보면 중앙과 현장 사이의 균형이 무너져 있다는 사실을 알 수 있다. 바로 이것이 유엔 체계 곳곳에 포진해 있는 문제의 핵심이다. 따라서 체계의 '일관성'이라는 완곡어구로 표현되는 조직 구조를 달성하려고 노력하기보다는 지금보다 더 탈중심화되고 유연한 틀을 구축하기 위해 애써야 한다. 즉, 유엔의 설립자들이 신중하게 고안해 낸 구조화된 무정부 상태야말로 유엔이 목표로 삼아야 할 바람직한 조직의 모습이다. 국제 시민사회에 봉사하는 공직자들이 집단 학살이라는 끔찍한 사건을 두고도 아무런 행동을 취하지 않는 것이 정당화되는 환경은 유엔 스스로 조성한 것이다. 이런 환경은 유엔 본부에 포진한 행정 관료들에게나 유리할 뿐 현장에서 일하는 직원들에게는 아무런 도움이 되지 못한다. 유엔 체계의 힘은 '일관성'이 없고 단정하지 못한 데서 나온다. 유엔 체계가 제대로 기능할 수만 있다면 그 정도 대가는 얼마든지 치를 만하다.

요약하면 유엔에는 유엔 기구를 일렬로 줄 세우거나 통합하는 것이 아니라 현장에서 효과적인 활동을 벌이고 있는 지역 기구와

■ 깊이 읽기

악마와의 악수

1994년 1월 11일, 르완다에 주둔하고 있던 유엔 평화유지군 사령관 로미오 달레어는 유엔 본부에 르완다에서 대량 학살의 기미가 보인다고 보고했다. 유엔은 달레어 사령관의 보고에도 아무런 조치를 취하지 않았고 도리어 학살의 주범인 후투족과 내통하던 르완다 대통령에게 관련 정보를 전달하라고 명령한다.

당시 미국이나 프랑스, 벨기에 등 각국 정부가 르완다에서 벌어질 유혈 사태를 충분히 짐작하고 있었다는 사실이 미 중앙정보국 극비 문서를 통해 드러났다. 그럼에도 미국은 학살이 이어진 100일 동안 당국 관리들에게 '학살'이라는 용어 대신 '혼돈'이나 '무법 상태'라는 용어를 쓰라고 지시했다.

로미오 달레어 사령관은 세계가 르완다와 인류애를 등졌던 당시를 회상하며 『악마와의 악수Shake Hands with the Devil』(2004)를 회고록으로 남겼고, 이는 2007년 같은 제목으로 영화화됐다. 옮긴이

▶참고―『잔혹한 세계사』, 조지프 커먼스 지음, 제효영 옮김, 시그마북스, 2011.

각국에서 시행되는 프로그램에 더 많은 책임을 이양하는 식의 변화가 필요하다. 여기에는 공식 유엔 기구가 아닌 비정부기구에게 임무를 넘겨 주는 조치도 포함된다. 오늘날 유엔은 비정부기구에 그 어느 때보다도 많이 의존하고 있으면서도 시민사회 조직을 아마추어로 얕잡아 보는 경향이 있다. 기껏해야 유엔이 회원국 설득에 실패할 경우 회원국에 압력을 넣기 위해 써먹기 편한 동지 정도로 인식하는 수준이다. 바로 이것이 유엔의 또 다른 조직 문화다. 유엔은 우월하다는 자만 때문에 유엔보다 더 많은 지식과 현장 경험을 가진 국제 비정부기구, 국내 비정부기구, 지역 비정부기구가 유엔의 보조자로 기능할 수 있다는 사실을 깨닫지 못한다. 비정부기구조차도 '조정'이니 '일관성'이니 하는 말을 신주단지 모시듯 하면서 자신을 얕잡아 보는 유엔의 평가에 동의하고 거대 국제 공동체에 굽신거리는 경향을 보인다.

국제적인 관심과 기금이 조성되는 일에 더 많은 사람들이 참여할 수 있도록 더 민주적인 환경을 조성하는 것이야말로 유엔이 성취해야 할 가장 중요한 혁신이다. 그렇게 되면 유엔 프로그램도 확대돼 사람들의 삶에 진정으로 다가갈 수 있을 것이다. 유엔 기구들은 바로 이 지점을 너무 자주 놓친다. 대신 청소년이나 환경에 관한 '전 세계적 보고서'를 작성하는 일에나 매달린다. 이런 보고서는 통합적이고, 따라서 구체적이지 않은 정보를 담고 있거나 너무도 다양한 맥락에서 벌어지는 사안이기에 실현 가능성이 낮은 '행동을 위한 의제' 따위를 담기 마련이다.

이 책의 서두에서 '유엔'이라는 단일한 실체는 없다는 점을 강조했었다. 복잡하고 형태가 정해지지 않은 유엔이라는 조직은 각기 다른 유형, 각기 다른 조직 구조를 지닌 다양한 기구를 포괄하고 있다. 그러므로 특정 현장이나 국가에서 '유엔'이 일을 잘한다거나 못한다거나 하는 판단을 내릴 수는 없다. 현장에 개입하는 것은 '유엔'이 아니라 유엔과 관련된 다양한 기구들이기 때문이다. 바로 이것이 내가 이 책을 통해 독자들에게 하고 싶은 말이다. 유엔 사무국이나 기금, 프로그램, 각종 이사회, 전문기구에 어떤 비판이 쏟아지건 그 비판은 주어진 현장에 간여하는 해당 기구에만 적용되는 비판일 뿐이다. 더불어 '유엔'이 책임지고 수행하는 활동은 회원국이 결정한 것이므로 유엔에서 근무하는 직원들의 탓으로 돌려서도 안 된다. 물론 직원들의 잘못을 유엔의 책임으로 돌려서도 안 될 것이다.

무엇보다 유엔 체계는 구조적 틀일 뿐이다. 유엔 자체, 사무총장, 유엔 기구가 주권국 정부와 유사한 지위를 가지고 국제적인 행위자로 행동할 수 있는 범위는 지극히 제한적이다. 이런 현실은 유엔이 출범할 당시 품었던 이상주의와 전혀 다르다. 유엔은 그때나 지금이나 전 세계 사람들의 기대를 충족시키지 못하고 있다. 그러나 대단하지 않은 것 같아 보여도, 바로 그런 이상과 기대가 유엔을 평가하는 기초가 되어야 한다. 만일 유엔이 컨퍼런스 주관, 과학 전문가나 기술 전문가 제공, 행정 업무 처리, 국제 규약이나 조약 체결, 각종 기구 감시 및 정보 전달망 구축 등, 온갖 잡다하고 지루한 일을 하기 위해 존재하는 조직이라면 유엔은 이미 자신의 할 일을 충실히 다하는 셈이다. 하지만 유엔은 그 이상의 일을 할 수 있고 또 해야 하는 조직이다.

유엔 체계에서 일하는 헌신적인 직원들은 유엔의 행동 범위가 지극히 제한적이라는 사실에 좌절하고 독자적인 계획을 세워 활동할 수 있는 여지를 넓히기 위해 노력한다. 그렇게 될 싹이 보이는 기구도 있지만 전반적으로 보았을 때 그런 노력은 수많은 회의, 쏟아지는 보고서, 이런저런 절차에 둘러싸여 발현되기도 전에 무산되기 쉽다. 유엔 직원들은 바로 이런 현실에 개탄을 금치 못한다. 유엔 사무총장 역시 운신의 폭을 넓히기 위해 애써 왔다. 역대 유엔 사무총장은 국제적인 의제의 범위를 극적으로 확대시켜 왔고 외교, 질병 통제, 자연 자원 관리 같은 영역에서 돌파구를 찾아 왔다. 거기에 투입된 에너지는 상상을 초월한다. 트리그브 할브란 리 사무총장이 후임자에게 했던 말을 빌리자면 어쩌면 "유엔은 세상에 있을 법하지 않은 존재"일지 모른다. 그러나 그렇기 때문에 유엔에 속한 일부 기구의 잘못을 유엔 전체의 잘못으로 돌려서는 안 된다. 그런 무정부적 구조 덕분에 유엔은 업무를 더 잘 수행해 왔고 더 많은 기회를 창출할 수 있었기 때문이다.

설사 유엔이 침몰하더라도 그 뒤에는 그와 유사한 또 다른 조직이 만들어질 것이다. 그러나 그런 일이 일어날 가능성은 희박하다. 유엔이 제시하는 일부 의제에 담긴 허풍은 무시하자. 2015년이 되어도 새천년개발목표 대부분이 달성되지 않을 거라는 사실도 신경 쓰지 말자. 무엇이 잘못되었는지는 그때 가서 가리면 된다. 교토 의정서에 비준한 국가 대부분이 약속한 배출 감축 목표 언저리에도 다가가지 못했다는 사실도 신경 쓰지 말자. 다양한 승객과 짐이 실려 있는 유엔이라는 배는 전 세계의 안녕을 위해 앞으로도 계속 항해에 나설 테니 말이다.

NO-NONSENSE

N 부록

본문 내용 참고 자료

원서 주석

유엔의 기구

함께 보면 좋을 책과 영화

유엔 조직도

주요 기관

신탁통치이사회

산하기구
군사참모위원회
상설기구와 임시기구
평화유지 활동과 평화유지군
반테러위원회

계획 및 기금
유엔무역개발기구
　국제무역센터(UNCTAD/WTO)
유엔마약통제계획
유엔환경계획
유엔아동기금(유니세프)

연구 및 훈련기관
유엔지역간범죄처벌조사기관
유엔훈련조사연구소

기타 유엔 기구
유엔프로젝트사업사무소
유엔대학교

기타 유엔신탁기금
유엔파트너십기금

안전보장이사회

산하기구
구유고슬라비아국제형사재판소
르완다국제형사재판소

유엔개발계획
　유엔여성개발기금
　유엔봉사단
　유엔자본개발기금
유엔인구기금
유엔난민기구

유엔사회개발조사연구소
유엔군축연구소

유엔참모양성학교
유엔에이즈계획

유엔민주주의기금

총회

산하기구
주요 위원회
인권이사회
기타 회기별 위원회
상설 기구와 임시기구
기타 보조 기관

자문보조기구
유엔평화구축위원회

세계식량계획
유엔팔레스타인난민구호사업기구
유엔인간거주정착센터 또는
유엔인간정주계획(UNHABITAT)

유엔여성지위향상조사
훈련연구소

경제사회이사회

전문위원회
마약위원회
범죄방지및형사사법위원회
과학기술개발위원회
지속가능개발위원회
여성지위위원회
인구와개발위원회
사회개발위원회
통계위원회

지역위원회
아프리카경제위원회
유럽경제위원회
라틴아메리카-카리브해경제위원회
아시아-태평양경제사회위원회
서아시아경제사회위원회

기타기구
지역고유문제에대한연구포럼
유엔산림포럼
회기별 및 상설위원회
전문, 임시 및 관련 기구

관련 기구
세계무역기구
국제원자력기구

포괄적핵실험금지조약기구
준비위원회
화학무기금지기구

국제사법재판소

전문기구
국제노동기구
유엔식량농업기구
유엔교육과학문화기구(유네스코)
세계보건기구

세계은행 그룹
국제부흥개발은행
국제개발협회
국제금융공사
국제투자보증기구
국제투자분쟁해결센터
국제통화기금
국제민간항공기구
국제해사기구
국제전기통신연합
만국우편연합
세계기상기구
세계지적재산권기구
국제농업발전기금
유엔산업개발기구
유엔세계관광기구

사무국

부서와 사무소
사무총장 사무소
유엔감사실
법률실
정무부
군축실
평화활동작전부
현장지원부
인도주의업무조정실
경제사회부
총회의의운영지원부
공보부
관리부
최빈국내륙도서개발도상국
최고대표실
인권고등판무관실
유엔마약범죄사무소
안보국

유엔제네바사무소
유엔빈사무소
유엔나이로비사무소

▶화살표─주요 조직에서 뻗어 나온 굵은 선은 직접 보고하는 관계를 나타냄.
점선은 비(非)보조(non-subsidiary) 관계를 나타냄.

유엔의 직원

사무국, 기금, 프로그램, 전문기구는 직원 채용이나 급료, 수당, 혜택 같은 직원 복지에 관련된 문제를 공동으로 처리한다. 2008년 초를 기준으로 근무 인원은 5만 2천 명이다.

국제 전문가(IP급), 국장급(D급), 임원급(사무차장 및 사무차장보), 지역에서 충원되는 인력 사이의 근무 조건은 차이가 난다. 지역에서 충원되는 인력인 '행정 직원 (GS급)'은 해당 기구가 위치한 지역에서 고용되기 때문에 보수와 지위가 낮다. 국제기구 직원 급여 수준은 고위 외교관과 마찬가지로 미국 외무부 직원 급여 수준에 상당한다. 어느 유엔 기구든 D급 이하의 직원은 업무 평가와 동료들의 평가를 근거로 승진이 이뤄지고 IP급으로 승진하려면 시험을 치러야 한다.

널리 알려진 소문과 다르게 유엔 직원의 급여는 그렇게 많지 않다. 국제 비정부 기구(INGOs) 직원에 비하면 많은 편이지만 선진 산업국가의 공무원에 비하면 적은 편이다. 미국 달러 가치가 낮을 때는 특히 더 그렇다. 가난한 개발도상국에서 온 직원들은 출신국 공직자에 비해 굉장히 많은 급여를 받지만 재직하고 있는 기구가 위치한 나라에서 생활해야 하기 때문에 출신국과의 단순 비교는 의미가 없다. GS 급 직원들의 급여는 해당 지역에서 비슷한 업무를 하는 사람들의 급여를 기준으로 정해진다.

일부 유엔 기구는 국내 전문가(N급)를 고용하기도 한다. 국제 전문가가 출신 국가에서 근무하지 못하는 이유는 출신국 정부의 이해관계를 위해 일하거나 출신국 정부의 압력을 받을 가능성을 차단하기 위해서다. N급이라는 직급은 유엔이 추진하는 공동 개발 프로그램에 지역 관련 지식과 경험을 반영하기 위해 신설되었다. N급 직원의 급여 역시 해당 지역에서 비슷한 업무를 하는 노동자의 급여 수준에 맞춰 정해진다.

국제기구 직원들이 받는 임금도 과세 대상이다. 유엔 직원의 '근로 소득'에는 유엔이 자체적으로 정한 규정에 따라 소득세가 부과된다. 미국인 직원에게도 동일한 방식으로 과세하기 때문에 국제기구에서 근무하는 미국인 직원은 미국 세법에 따른 세금 공제를 받지 못하고 유엔의 내부 규정에 따라 공제받는다.

고용 시스템이 원활히 작동하지 않으면 신규 직원 채용이 늦어져 번거로워지고 다양한 국적의 직원을 채용할 수 없게 된다. 직원을 국적별로 안배하다 보면 역량이 부족한 사람이 채용되기도 하고 역량 있는 사람이라도 영어를 모국어로 사용하는 나라 출신이라는 이유로 채용되지 못하기도 한다.

모든 유엔 기구가 그런 것은 아니지만 일부 기구는 4년 이상 근무한 직원에 한해 종신 근로 계약을 맺는 경우도 있다. 그 때문에 직원의 업무 수행 능력이 떨어지기도 한다. 일부 나라에서는 국적 안배 원칙을 이용해 자국민을 유엔 기구 직원, 특히 고위직으로 밀어 넣기도 한다. 그러다 보면 썩은 나무도 생기게 마련이고 할 일이 별로 없는 한직에만 머물면서 월급만 꼬박꼬박 받는 철밥통도 생기게 마련이다.

▶ 출처 — www.un.org/Deprs/OHRM/salaries_allowances/common.htm
www.un.org/Depts/OHRM/examin/examin.htm

국가별 유엔 예산 분담 지도

다음은 2003년 유엔 정규 예산에서 각 국가가 분담한 몫을 지도로 나타낸 것이다. 유엔 예산의 국가별 분담률은 각국의 실제 납부 능력을 기준으로 정하며 분담액은 유엔 직원을 채용할 때 회원국의 인구와 더불어 중요한 기준이 된다.

2003년 유엔 정규 예산 분담금

▮ 100만 달러 이상 분담한 국가

(단위: 100만 달러)

585
340
150
40
20
2

미국 340
캐나다
멕시코
베네수엘라
콜롬비아
브라질
아르헨티나
칠레

▶출처―『르몽드 세계사: 1. 우리가 해결해야 할 전 지구적 이슈와 쟁점들』, 르몽드 디플로마티크 기획, 권지현 옮김, 휴머니스트, 2008.

유럽연합 25개 회원국
585

노르웨이

러시아

터키

스위스

이란

한국

중국

일본
300

이스라엘

사우디
아라비아

인도

타이

싱가포르

말레이시아

남아프리카공화국

오스트레일리아

군축과 핵 확산 방지

이 책에서 '국제 안보'의 구성 요소를 세세히 다루면 좋겠지만 지면이 부족하니 간략히만 소개해 본다. 유엔 헌장 11조는 총회에 "군비 축소 및 군비 규제를 규율하는 원칙을 포함하여 심의"할 권한을 부여하고 있다. 최초의 핵폭탄 투하에다 냉전기의 적대적인 분위기가 더해져 군축에 대한 요구는 극에 달했고 "일반적이고 완전한 군축"을 요구하는 결의안이 채택되었다. 군축 문제에서는 그동안 눈에 띄게 핵무기 증강 경쟁을 벌여 온 강대국들을 탈핵화하는 게 핵심 사안이었지만 강대국 중 누구도 유엔 결의안을 준수할 생각이 없었다. 군축 위원회, 총회, 두 차례의 "군축 10년 운동", 1976년, 1982년, 1988년 세 차례에 걸친 "특별 총회"에서 어마어마한 시간과 종이를 낭비했지만 군축 논의를 의제에 올렸다는 것 이상의 성과를 거두지는 못했다. 결국 미국과 소비에트연방은 양자 간 교섭에 들어갔다.

현재 핵무기 통제를 담당하는 기구는 빈에 있는 〈국제원자력기구〉다. 〈국제원자력기구〉는 1957년 총회의 결의로 구성된 정부 간 자율 기구로, 유엔과 연계돼 있는 법정 기구다. 〈국제원자력기구〉는 핵기술을 평화적인 목적에만 사용하도록 독려하고, 군사적 목적으로 사용하지 못하도록 규제하며, 오용을 방지하기 위한 보호 조치를 강구하고, 안전 기준 적용을 장려한다. 〈국제원자력기구〉의 활동은 높이 평가되고 있으며 2005년에는 노벨평화상을 수상했다.

▶출처—Michael Howard, "The Historical Development of the UM's Role in International Security", in Roberts & Kingsbury, op cit and www.iaea.org

유엔의 과다한 서류 업무

회원국과 사무국은 보고서의 홍수에 빠져 있다. 아래 표는 2006년 사무총장이 유엔 사무국의 행정 절차 개혁을 위한 청사진을 작성하는 도중에 취합된 자료다. 사무총장이 제안한 개혁안은 77그룹의 결의안에 의해 부결되었다. 아래 표에는 2005년 회기에 행정과 예산 문제를 담당하는 총회 제5위원회에 제출된 보고서만 열거되어 있다.

제5위원회의 59차 회의와 관련된 보고서 양

보고 기관	제출된 보고서 수
평화 유지 재정 분과	보고서 45권
행정 및 재정 문제 자문 위원회	보고서 78권(1만 5천 쪽)
합동조사단	보고서 13권
회계 이사회	보고서 21권
내부감사국	보고서 25권
인적자원 관리국	보고서 13권
프로그램 예산 계획 분과	보고서 28권(2만 6천 쪽)
관리부 소속 기타 분과	보고서 31권
기타 부서	보고서 21권
	연간 총 275권의 보고서
그 밖에 80차례의 사무국 구두 진술 추가	

▶출처—Investing in the United Nations: for a stronger organization worldwide, Report of the Secretary-General, 7 March 2006.

해양오염에 관련된 〈국제해사기구〉 협약

- 선박이 유발하는 오염 방지를 위한 국제 협약(1973) (의정서(1978)를 통해 수정)
- 유류 오염 사고에 대한 공해상의 조치에 관한 국제 협약(1969)
- 폐기물 및 그 밖의 물질의 투기에 의한 해양오염 방지에 관한 협약(1972)
- 유류 오염 대응·대비 및 협력에 관한 국제 협약(1990)
- 유해, 유독 물질에 의한 오염 사고에 대한 대비, 대응 및 협력에 관한 의정서(2000)

▶출처―Elizabeth R. DeSombre, op cit

유엔의 평범한 하루

뉴욕에 위치한 유엔 사무국이 발간하는 유엔 공식 신문은 나날의 행사를 간략하게 소개한다. 아래 내용은 2007년 4월 16일자 신문에 실린 내용을 추린 것이다. 아래 내용을 보면 어떤 주제들이 다뤄지는지 알 수 있고 그 주제들이 주로 '대화' 형태로 논의된다는 사실도 알 수 있다.

안전보장이사회

오늘 : 핵 확산 방지

내일 : 에너지, 안보, 기후

총회

개발, 인도주의 원조, 환경문제를 다루는 유엔 체계의 일관성 문제 논의

군비 축소 위원회(3개의 작업그룹)

행정과 예산에 관한 자문위원회

국제 무역법에 관한 유엔위원회

경제사회이사회

브레튼우즈 기구, 〈세계무역기구〉, 〈유엔무역개발협의회〉가 참석하는 특별 고
위급 회동

숲 포럼

다양한 언어 사용자 모임(프랑스가 주관하는 비공식 모임)

협상 중인 협약에 관한 워크숍

재정 발전에 관한 패널 논의

체계의 '일관성'을 높이기 위한 비정부기구 패널

▶출처―Newton Bowles, Alive at Sixty-two: the United Nations Today, 21 April 2007.

• 1장

1. "The New Charter", *The Economist*, London, 30 June 1945.
2. *The Times*, London, 27 June 1945.
3. Thomas M. Franck, *Nation against Nation: What happened to the UN dream?* Oxford University Press, New York, 1985.
4. Adam Roberts and Benedict Kingsbury(Eds), *United Nations, Divided World*, first edition 1988, second revised edition 1993, Oxford University Press.
5. Javier Prez de Cullar, "The Role of the UN Secretary-General", in Roberts and Kingsbury 1993, op cit.
6. Kenneth W. Stein, *Heroic Diplomacy: Sadat, Kissinger, Carter, Begin, and the Quest for Arab-Israeli Peace*, Routledge, New York, 1999.
7. James Traub, *The Best Intentions: Kofi Annan and the UN in the Era of American Power*, Bloomsbury, London, 2006.
8. Simon Chesterman (Ed), *Secretary or General? The UN Secretary-General in World Politics*, Cambridge University Press, 2007.
9. Maggie Black, *The Children and the Nations*, UNICEF, 1986; revised edition with Macmillan, Australia, 1987.
10. Shirley Hazzard, *Defeat of an Ideal*, Macmillan, London, 1973.

• 2장

1. James S. Sutterlin, *The United Nations and the Maintenance of International Security: A Challenge to be Met* (second Edition), Praeger, Westport Connecticut, 2003.
2. Stanley Meidler, *United Nations: The First Fifty Years*, Atlantic Monthly Press, New York, 1995.
3. Michael Howard, "The UN and International Security", in Roberts and Kingsbury

(eds), *United Nations, Divided World*, Oxford, 1989.
4. 유엔 홈페이지.
5. Edward R. Stettinius, *Report to the President on the San Francisco Conference*, US Department of State, 26 June 1945; Sutterlin, op cit.에서 재인용.
6. Roberts and Kingsbury, op cit. 5.
7. Daniel Patrick Moynihan, *A dangerous place*, Secker and Warburg, London, 1979.
8. Meisler, op cit.
9. Burton Yale Pines(ed), *A World without a UN*, The Heritage Foundation, Washington, 1982.
10. Jeffrey Harrod and Nico Schrijver, *The UN Under Attack*, Gower, Aldershot (UK), 1987.
11. Eric Hobsbawm, *Age of Extremes: The Short Twentieth Century, 1914-1991*, Michael Joseph, London, 1994. [『극단의 시대 - 20세기 역사 상, 하』, 이용우 옮김, 까치, 1997]
12. Samuel P. Huntington, *The Clash of Civilizations and the Remaking of World Order*, Simon and Schuster, 1996. [『문명의 충돌』, 이희재 옮김, 김영사, 1997]
13. Javier Perez de Cuellar, *Anarchy or Order*, UN, New York, 1991, Sutterlin op cit.에서 인용.
14. Boutros Boutros-Ghali, *An Agenda for Peace*(second edition), UN, New York, 1995.
15. 같은 책, 8.
16. Thomas G. Weiss et al (eds), *The United Nations and Changing World Politics* (fifth edition), Westview Press, 2007.
17. James S. Sutterlin, op cit.
18. 같은 책.
19. James Traub, *The Best Intentions: Kofi Annan and the UN in the Era of American Power*, Bloomsbury, London, 2006.

• 3장

1. Winston Churchill, Speech, 20 August 1940; Hansard, Parliamentary Debates, Vol 364, 1161.
2. Maggie Black, *A cause for our times*, Oxfam and OUP, 1992.
3. www.savethechildren.net/alliance/about_us/history.html
4. Maggie Black, *The Children and the Nations*, UNICEF and Macmillan Australia, 1987.

5. www.un.org/unrwa/finances/index.htm
6. www.unhcr.org/basics.html
7. Jamie Doward and Mark Townsend, "Just one in six of Iraq's refugees is accepted", *The Observer*, 7 October 2007.
8. www.unhcr.org
9. Amartya Sen, *Poverty and Famines*, OUP 1987; and (with Jean Dreize) *The Political Economy of Hunger*, OUP 1991.
10. www.wfp.org
11. Black, *A cause for our times and The Children and the Nations*, op cit.
12. Black, op cit; also William Shawcross, *The Quality of Mercy*, Simon and Schuster, New York, 1984.
13. Sadako Ogata, *The Turbulent Decade*, WW Norton, 2005.
14. Michael Barnett, *Eyewitness to a Genocide*, Cornell University Press, 2002.
15. Angela Penrose, "UN Humanitarian Machinery", in Erskine Childers (ed), *Challenges to the United Nations*, CIIR and St. Martin's Press, UK, 1994.
16. Larry Minear and Thomas G. Weiss, *Mercy under Fire*, Westview, 1995.
17. Sadako Ogata, "A Challenge to the United Nations: A Humanitarian Perspective", Lecture to the Centre for Global Governance, LSE, University of London, May, 1993.
18. Angela Penrose, op cit.
19. Stanley Meisler, *United Nations: The First Fifty Years*, Atlantic Monthly Press, 1995.
20. Thomas G. Weiss and Cindy Collins, *Humanitarian Challenges and intervention*, Westview, 2000.
21. Thomas G. Weiss et al, *The United Nations and Changing World Politics* (fifth ed), Westview, 2007.
22. David Rieff, "Humanitarianism in Crisis", in *Foreign Affairs*, Vol 81, No 6, Nov-Dec 2002.
23. *UNICEF Humanitarian Report 2007*, UNICEF New York, February 2007.
24. 2007년 3월 세네갈 남부 카자망스Casamance 지갱쇼르Ziguinchor 방문.
25. Thomas G. Weiss, 2007, op cit.

■ 4장

1. '국제 개발'의 탄생과 관련된 내용을 상세히 알고 싶다면 다음 책을 참고하라. Maggie Black, *No-Nonsense Guide to International Development* (revised edition), New Internationalist, 2007.

2. Kenneth Dadzie, "The United Nations and the Problem of Economic Development", in Roberts and Kingsbury (eds), *United Nations, Divided World* (first edition) OUP, 1989.

3. *Partners in Development: Report of the Commission on International Development*, Praeger, 1969.

4. Paul Kennedy, *The Parliament of Man*, Allen Lane, 2006.

5. Maurice Bertand, "The Historical Development of Efforts to Reform the UN", in Roberts and Kingsbury(eds) *United Nations, Divided World* (second edition) OUP, 1993.

6. *The Ecologist 21*(2), March/April 1991.

7. *FAO: The Challenge of Renewal*, Report of the Independent External Evaluation of the Food and Agriculture Organization of the United Nations, September 2007.

8. Maurice Bertand, "Some Reflections on Reform of the United Nations", Dadzie, op cit. 에서 재인용.

9. 이 논의를 더 정교하게 기술한 내용을 보려면 다음 책을 참고하라. Maggie Black, *No-Nonsense Guide to International Development*, New Internationalist, 2007.

10. Maggie Black, *The Children and the Nations*, MacMillan Australia and UNICEF, 1987.

11. John Toye and Richard Toye, *The UN and Global Political Economy*, Indiana University Press, 2004.

12. 같은 책.

13. 토머스 웨이스와 루이 에메리가 나눈 대화, UN Intellectual History Project, September 2005, www.unhistory.org/CD/Emmerij_author.html

14. Michael McLean, "Hope on the Horizon", article in *New Internationalist*, Issue 42, August 1976.

15. *Human Development Report 1990*, UNDP and OUP.

16. Tom J. Farer and Felice Gaer, "The United Nations and Human Rights: at the end of the Beginning", in Roberts and Kingsbury, 1993, op cit.

17. Boutros Boutros-Ghali, *An Agenda for Development*, UN Department of Information, New York, 1995.

18. Nitin Desai, "The Monterrey Consensus", in Paul Heinbeker and Patricia Goff(eds) *Irrelevant or Indispensable: The United Nations in the 21st Century*, Wilfrid Laurier University Press, Canada, 2005.

19. www.un.org/millennium-goals를 참고하라.

20. Heinbeker and Goff, op cit, *Investing in Development: a Practical Plan to Active the Millennium Development Goals*, Report to the UNSG, January 2005에서 인용.

21. Sarah Boseley and Larry Elliott, "Poverty, hunger and disease: so much done yet so much left to do", *The Guardian*, 10 December 2007.

5장

1. Tom J. Farer and Felice Gaer, "The United Nations and Human Rights: at the End of the Beginning", in Roberts and Kingsbury, (eds) United Nations, Divided World (second ed.) OUP, 1993.

2. 같은 책.

3. Julie Mertus, *The United Nations and Human Rights: A guide for a new era*, Routledge, 2005.

4. James Traub, *The Best Intentions: Kofi Annan and the UN in the Era of American Power*, Bloomsbury, London, 2006.

5. Ian MacKinnin, "Cambodia's genocide trial gets under way", *The Guardian*, London, 21 November 2007.

6. Kirsten Sellars, *The Rise and Rise of Human Rights*, Sutton, UK, 2002.

7. Philip Alston, "Conjuring up new Human Rights: A Proposal for Quality Control", *American Journal of International Law*, 78 (1984), p. 607; Tom Farer, "The UN and Human Rights", in Roberts and Kingsbury(first edition), op cit. 에서 재인용.

8. Maggie Black, *Children First: The story of Unicef*, OUP, 1996.

9. Farer and Gaer, op cit.

10. Barbara Harrell-Bond, "Along the way home", Sadako Ogata's The Turbulent Decade, op cit 서평, *Times Literary Supplement*, London, 5 May 2006.

11. Felice Gaer and Benedict Kingsley in United Nations, Divided World, op cit의 도표 참고.

12. Julie Mertus, op cit.

13. 같은 책.

14. Secretary-General Kofi Annan, Address to mark International Human Rights Day, 8 December 2006, http://hrw.org/un/pdfs/annan_address120806.pdf

15. "The Shame of the United Nations", editorial in the *New York Times*, 26 February 2006 (영문 위키페디아의 Human Rights Council 항목을 통해 접속)

16. Secretary-General Kofi Annan, Address to mark International Human Rights Day, op cit.

17. Human Rights Council, Sixth Session, Draft Report of the Council, 5 October 2007, A/HRC/6/L.11 www2.ohchr.org/english/bodies/hrcouncil/docs/6session/A.HRC.6.L.11.pdf

18. "Universal Periodic Review launched", Human Rights Tribune, Geneva, 22 September 2007, www.humanrights-geneva.info/article.php3?id_article=2248

1. *Our Common Future*, Report of the World Commission on Environment and Development, Oxford University Press, 1987. [『우리 공동의 미래』, 새물결, 조형준·홍성태 옮김, 2005.]
2. Thomas G. Weiss, David P. Forsythe, Roger A. Coate and Kelly-Kate Pearce, *The United Nations and Changing World Politics* (fifth edition), Westview Press, 2007.
3. Barbara Ward and Rene Dubois, *Only One Earth*, WW Norton, 1972.
4. *Our Common Future*, op cit.
5. Thomas G. Weiss, et al, op cit.
6. Elizabeth R. DeSombre, *Global Environmental Institutions*, Routledge, 2006.
7. 같은 책.
8. Zoe Young, *A New Green Order? The World Bank and the Politics of the Global Environmental Facility*, Pluto Press, London, 2002.
9. Thomas G. Weiss, et al, op cit.
10. DeSombre, op cit.
11. www.un.org/Depts/los/index.htm
12. 영문 위키페디아의 "United Nations Convention on the Law of the Sea" 항목을 보면 "유엔해양법협약"에 찬성한 나라와 반대한 나라 명단을 확인할 수 있다. 부시 대통령과 상원 대외관계위원회는 2007년 "유엔해양법협약" 가입을 촉구했다. http://en.wikipedia.org/wiki/UNCLOS
13. DeSombre, op cit.
14. www.ipcc.wg2.org에서 IPCC에 대해 참고.
15. http://tinyurl.com/36jzds
16. Reuters, "Pachauri buries Gore feud after Nobel", 12 October 2007, http://tinyurl.com/3y4n5j; article by Susan Baliard in *The Guardian*, 29 May 2002.
17. George Monbiot, "This crisis demands a reappraisal of who we are", 4 December 2007, http://tinyurl.com/36jzds
18. 발리에서 합의된 결정에 대해서는 http://unfccc.int/2860.php를 참고하라.
19. "Fighting climate change: Human solidarity in a devided world", *Human Development Report 2007/2008*, UNDP New York, 2007, http://hdr.undp.org/en/

7장

1. United Nations, "In Larger Freedom: Towards Development, Security and Human

Rights for All", Report of the Secretary-General, A/59/2005, 21 March 2005.

2. James Traub, *The Best Intentions: Kofi Annan and the UN in the Era of American Power*, Bloomsbury, London, 2006.

3. Thomas G. Weiss, et al, *The United Nations and Changing World Politics*, Preface to the fifth edition, Westview Press, 2007.

4. Traub, op cit.

5. "US suggests end-of-year deadline for UN reforms", *The Washington Post*, 12 September 2006에서 재인용, www.una.org.uk/reform/index.html 참고.

6. Maurice Bertrand, "Can the UN be reformed?" in Adam Roberts and Benedict Kingbury, *United Nations, Divided World*, first edition, OUP, 1988.

7. 같은 책.

8. UN General Assembly 60th Sesscion, 50th Plenary Session, Official records, A/60/PV.50, 11 November 2005.

9. Report of the High-level Panel on Threats, Challenges and Change and a Note by the Secretary-General, UNGA, A/59/565, UN New York, 2 December 2004.

10. UN reform topics, www.una.org.uk/reform/index.html and James Traub, op cit.

11. Jeremy Greenstock, *The Future of the United Nations*, Director's Note of the Ditchley Foundation Conference of June 2007, www.ditchley.co.uk

12. Traub, op cit.

13. Michael Barnett, *Eyewitness to a genocide*, Cornell University Press, 2002.

• 유엔 사무국

경제사회국(Department of Economic and Soaal Affairs, DESA)

www.un.org/esa/desa/

공보국(Department of Public Ingormation, DPI)

www.un.org/News/

관리국(Department of Management, DM)

군축국(Department for Disarmament Affairs, DDA)

http://disarmament.un.org

내부감사실(Office if Internal Oversight Services, OIOS)

www.un.org/Depts/oios/

법률실(Office of Legal Affairs, OLA)

http://untreaty.un.org/ola/

사무총장사무소(Executive Office of the Secretary-General, EOSG)

www.un.org/sg/

인도주의업무조정국(Office of the High Coordination of Humanitarian Affairs, OCHA)

http://ochaonline.un.org/

정무국(Department of Political Affairs, DPA)

www.un.org/Depts/dpa/

총회회의운영국(Department of General Assembly and Conference Management, DGACM)

www.un.org/Depts/DGACM/

최빈국 내륙국고위대표실(Office of the High Representative for the Least Developed Countries, Landlock Developing Countries and Small Island Developing States, OHRLLS)

www.un.org/ohrlls/

평화유지활동국(Department of Peacekeeping Operations, DPKO)

www.un.orh/Depts/dpko/dpko/index.asp

▪ 지역 경제위원회

라틴아메리카 카리브해 경제위원회(Economic Commission for Latin America and the Caribbean, ECLAC) .

www.eclac.org

서아시아 경제사회위원회(Econimic and Social Commission for Western Asia, ESCWA)

www.escwa.un.org

아시아 태평양 경제사회위원회(Economic and Social Commission for Asia and the Pacific, ESCAP)

www.unescap.org

아프리카 경제위원회(Economic Commission for Africa, ECA)

www.uneca.org

유럽 경제위원회(Economic Commission for Europe, ECE)

www.unece.org

« 그 밖의 유엔 기구

국제노동기구(International Labour Organization, ILO)

　www.ilo.org

국제농업개발기금(International Fund for Agricultural Development, IFAD)

　www.ifad.org

국제무역센터(International Trade Centre UNCTAD/WTO, ITC)

　www.intracen.org

국제민간항공기구(International Civil Aviation Organization, ICAO)

　www.icao.org

국제사법재판소(International Court of Justice, ICJ)

　www.icj-cij.org

국제원자력기구(International Atomic Energy Agency, IAEA)

　www.iaea.org

국제전기통신연합(International Telecommunication Union, ITU)

　www.itu.int

국제해사기구(International Maritime Organization, IMO)

　www.imo.org

국제협력을 위한 유엔기금(UN Fund for International Partnerships, UNFIP)

　www.un.org/unfip/

만국우편연합(Universal Postal Union, UPU)

　www.upu.int

세계관광기구(World Tourism Organization, UNWTO)

www.world-tourism.org

세계기상기구(World Meteorological Organization, WMO)

www.wmo.ch

세계보건기구(World Health Organization, WHO)

www.who.int

세계식량계획(World Food Programme, WFP)

www.wfp.org

세계지적재산권기구(World Intellectual Property Organization, WIPO)

www.wipo.int

유엔 감시·검증·사찰위원회(UN Monitoring, Verification and Inspection Commission, UNMOVIC)

www.unmovic.org

유엔개발계획(United Nations Development Programme, UNDP)

www.undp.org

유엔공업개발기구(IN Industrial Development Organization, UNIDO)

www.unido.org

유엔교육과학문화기구(유네스코)(UN Educational, Scientific and Cultural Organization, UNESCO)

www.unesco.org

유엔군축연구소(UN Institute for Disarmament Research, UNIDIR)

www.unidir.org

유엔나이로비사무소(UN Office at Nairobi, UNON)

www.unon.org

유엔난민기구(Office of the UN High Commissioner for Refugees, UNHCR)

www.unhcr.org

유엔대학교(UN University, UNU)

www.unu.edu

유엔마약범죄사무소(UN Office on Drugs and Crime, UNODC)

www.undoc.org

유엔무역개발회의(UN Conference on Trade and Development, UNCTAD)

www.unctad.org

유엔봉사단(UN Volunteers, UNV)

www.unv.org

유엔빈사무소(UN Office at Vienna, UNOV)

www.unvienna.org

유엔사회개발연구소(UN Research Institute for Social Development, UNRISD)

www.unrisd.org

유엔식량농업기구(Food and Agricultural Organization, FAO)

www.fao.org

유엔아동기금(유니세프)(UN Children's Fund, UNICEF)

www.unicef.org

유엔안보조정사무소(Office of the UN Security Coordinator, UNSECOORD)

유엔에이즈계획(Joint United Nations Programme on HIV/AIDS, UNAIDS)

www.unaids.org

유엔여성지위향상조사훈련연구소(International Research and Training Institute for the Advancement of Women, INSTRAW)

www.instraw.org

유엔연구사업소(UN Office for Project Services, UNOPS)

www.unops.org

유엔인간거주정착센터(유엔인간정주계획)(UN Human Settlements Programme, UN-HABITAT)

www.unhabitat.org

유엔인구기금(UN Population Fund, UNFPA)

www.unfpa.org

유엔제네바사무소(UN office at Geneva UNOG)

www.unog.ch

유엔지역간범죄처벌조사기관(UN Interregional Crime and Justice Research Institute, UNICRI)

www.unicri.it

유엔참모양성학교(UN System Staff College, UNSSC)

www.unssc.org

유엔토착원주민문제에관한상임포럼(Permanent Forum on Indigenous Issues, PFII)

www.un.org/esa/socdev/unpfii/

유엔팔레스타인 난민구호사업기구(UN Relief and Works Agency, UNRWA)

www.un.org/unrwa/

유엔환경계획(United Nations Environment Programme, UNEP)

www.unep.org

유엔훈련조사연구소(UN Institute for Training and Research, UNITAR)

www.unitar.org

인권고등판무관실(Office of the UN High Commissioner for Human Rights, OHCHR)

www.ohchr.org

포괄적핵실험금지조약기구 준비위원회(Preparatory Commission for the Comprehensive Nuclear-test-ban Treaty Organization, CTBTO)

www.ctbto.org

화학무기금지기구(Organization for the Prohibition of Chemical Weapons, OPCW)

www.opcw.org

■ 책

더 많이 구하라 ― 유엔 활동가가 본 밑바닥 10억의 삶

얀 에겔란드 지음, 박현주 옮김, 검둥소

"세계의 양심"이라 불린 얀 에겔란드가 전 세계 재난과 분쟁 현장을 오가며 유엔 긴급 구호 조정관으로 일했던 경험을 바탕으로 쓴 책이다. 비정부기구 등 여러 국제기구들과 함께 펼친 유엔 인도주의 활동의 면면을 확인할 수 있다. 전 세계에서 빈곤과 기아에 시달리는 사람들은 10억 명에 이른다. 저자는 이들의 목소리에 귀를 기울이고 그들의 처참한 상황에 눈을 맞춘다. 그러면서 전 세계적으로 어떠한 인도주의 활동이 벌어지고 있는지, 그 한계는 무엇이며 더 나은 지원 방법은 무엇인지를 말하고 있다.

세계의 절반 구하기 ― 왜 서구의 원조와 군사 개입은 실패할 수밖에 없는가?

윌리엄 R. 이스털리 지음, 황규득 옮김, 미지북스

가난한 나라를 구하겠다고 나선 거대한 개발계획은 왜 하나같이 재앙으로 끝이 나는지, 국제 원조 프로그램은 왜 늘 실패하는지, 도울수록 가난해지는 원조의 역설을 고발하고 있는 책이다. 16년간 〈세계은행〉에서 일한 경험이 있는 저자는 서구가 자신들의 힘으로 세계를 구할 수 있다는 오만을 버리고 지역 현장에 뿌리를 둔 개발계획을 세워 빈민 스스로 아래로부터의 성장을 성취할 수 있도록 도와야 한다고 말한다.

스티글리츠 보고서

조지프 스티글리츠 지음, 박형준 옮김, 동녘

2008년 유엔 총회 의장 미겔 데스코트 브로크만은 세계 경제 위기를 타개할 방안을 마련하기 위해 스무 명가량의 전문가들로 구성된 국제 위원회를 소집했다. 노벨 경제학상 수상자인 조지프 스티글리츠가 위원장을 맡아 2009년 최종 보고서를 발표해 '스티글리츠 보고서'가 탄생했다. 세계 경제 위기 이후, 단편적인 여러 대안들이 무수히 쏟아져 나온 가운데, 이 보고서는 '글로벌'한 시대 상황 속에서 어떻게 지속 가능한 성장을 도모하고, 더 민주적이며, 더 공정하고, 더 평등한 세상을 만들 수 있을 것인지 모색한다.

왜 인도주의는 전쟁으로 치닫는가?

카너 폴리 지음, 노시내 옮김, 마티

인도주의적 개입의 문제와 한계를 날카롭게 파헤치고 있는 책이다. 저자 카너 폴리는 〈국제앰네스티〉와 〈유엔난민기구〉 등 각종 국제기구에서 활동한 경험을 토대로 인도주의의 불편한 진실을 드러내고 있다. 정치적 중립이라는 원칙의 한계, 인도주의의 이름으로 이뤄지는 무력 개입, 관료 조직이 되어 버린 국제기구의 문제, 수십억 달러짜리 사업이 되어 버린 인도주의 활동 등, 유엔과 비정비기구가 직면하고 있는 딜레마를 상세하게 보여 준다.

인권은 정치적이다

앤드류 클래펌 지음, 박용현 옮김, 한겨레출판

국제사회에서 인권이 어떤 법적 · 제도적 지위를 획득하고 있는지 살펴면서 인권이 국제적으로 제도화되는 과정, 유엔의 인권 관련 체계를 한눈에 알기 쉽게 정리하고 있다.

유엔 리포트

린다 파술로 지음, 김형준 외 옮김, 21세기북스

유엔의 이름으로 수행되는 수많은 프로그램과 활동, 그리고 인권과 기후변화, 대테러 활동이나 핵무기 확산 방지 등, 핵심 이슈들을 다루고 있다. 유명 텔레비전 방송국에서 유엔 주재 특파원으로 활동한 바 있는 저자가 유엔 내부에서 일하는 이들의 실제 증언에 바탕해서 글을 썼다. 주요 인사들의 연설이나 인터뷰를 실어 생생함을 더했다.

▪ 영화

노맨스랜드

다니스 타노비치 감독, 2001

1993년 보스니아 전쟁을 배경으로 만든 영화. 보스니아와 세르비아가 팽팽하게 대치하고 있던 시기, 보스니아 군인인 치키는 안전한 참호를 찾다가 세르비아 군인들에게 매복 공격을 당해 고립된다. 그러다 역시 참호를 살피러 나온 세르비아 군인 니노와 마주친다. 두 사람 사이의 목숨을 건 줄다리기와 여기에 끼어든 평화유지군, 언론의 행태가 블랙 코미디 형식을 빌려 가볍지만 씁쓸하게 그려지고 있다.

뉘른베르크의 재판

스탠리 크레머 감독, 1961

제2차 세계대전이 끝나고 독일 뉘른베르크에서 열렸던 전범 재판 과정을 영화화한 작품이다. 뉘른베르크 재판은 제2차 세계대전 종전 후, 미국, 영국, 프랑스, 소련 4개국이 독일의 전쟁 지도자(중대 전쟁 범죄인)들에게 죄를 묻기 위해 세운 국제 군사재판이다. 영화는 전쟁 당시 제3제국 고위 법관으로 재직한 사람들을 피고인석에 세워 독일 지식인들의 심리적 행적을 쫓고 있다.

블랙호크다운

리들리 스콧 감독, 2001

1993년 10월 3일 최정상의 미군 부대가 유엔 평화 유지 작전의 일환으로 수도 모가디슈에 파견된다. 소말리아 민병대 지도자 모하메드 파라 아이디드의 부관 2명을 납치하는 게 이들의 임무였다. 그러나 작전 수행 과정에서 미군이 탄 전투 헬리콥터인 블랙호크 두 대가 나란히 격추되는 일이 벌어지면서 작전은 '공격'이 아닌 '구출'과 '생존'이 목적이 된다. 미국이 소말리아에서 철수하는 계기가 된 실제 사건을 바탕으로 만든 영화다.

호텔 르완다

테리 조지 감독, 2004

1994년, 한창 화해 분위기가 무르익던 찰나에 후투족 출신 대통령이 암살당하면서 르완다는 다시 내전에 돌입한다. 후투족 자치군이 대통령 살해의 책임을 투치족에게 돌리며 남녀노소를 가리지 않는 무차별 살육에 나선 것이다. 내전 상황이 격화되면서 평화협정의 진행을 돕기 위해 파견된 유엔 평화유지군과 외신 기자들까지 철수한다. 국제사회의 외면 속에서 르완다 최고급 호텔 '밀 콜린스'의 호텔 지배인인 루세사바기나는 호텔로 몰려든 수천 명의 피난민이 안전하게 탈출할 수 있도록 돕는다.

유엔이 걸어온 길, 그리고 가야 할 길

추선영

어떤 책에서 그랬다. 세계는 넓고 할 일은 많다고. 그 책이 학생들의 책상 위를 장식하던 시절은 주변에 외제 물건 쓰는 사람이 아예 없거나 손에 꼽을 정도였고 외국 유학만 다녀와도 바로 교수 자리가 보장되던 그런 시절이었다. 그러니 외국물 한 번 먹어보지 못한 당시의 웬만한 사람들에게 '세계'라는 무대는 문자 그대로 '남의 나라' 이야기였고 한 발은 땅을 딛고 한 발은 바다에 담그고 오대양 육대주를 누비는 훌륭한 사람이 되라는 어른들의 충고는 한낱 은유로만 여겨졌다. 외교관만 되어도 우러러보이던 시절, 언 감생심 유엔 같은 국제기구에서 일한다니, 달나라 토끼나 다름없었다.

그러다가 '세계화'라는 단어가 본격적으로 세간의 입에 오르내리기 시작한 1990년대에 IMF 경제 위기를 거치면서 상황이 180도 달라졌다. 우리 생활은 이제 '세계'와 떼려야 뗄 수 없게 됐다.

바야흐로 영어는 기본, 아니 국어보다 더 중요하게 되었고 통신 기술의 발달로 클릭 한 번이면 해외 쇼핑몰에서 간단하게 물건을 주문할 수 있으며 국내 연예인들은 전 세계를 무대로 공연을 다닌다. 달이나 화성까지 개척하겠다는 꿈에 부푼 오늘날, 정말 세계는 넓고 할 일은 많다. 유엔 같은 국제기구에 취직하지 말란 법 없지 않은가? 게다가 2007년에는 반기문 사무총장이 유엔 사무총장으로 선출되었고 연임에 성공해 지금도 재임중이다. 청소년들이여 꿈을 크게 가지시길.

지피지기백전불태知彼知己百戰不殆

모름지기 알아야 면서기라도 하는 법. 알아야 취직도 할 게 아닌가? 아, 그러면 이 책이 바로 유엔 입성을 도와줄 유엔 취업의 모든 것? 안타깝지만 아니다. 그런 거라면 유엔에 적합한 스펙을 쌓는 방법부터 이력서 쓰는 법까지 친절하게 설명해 주는 책이나 외교통상부에서 운영하는 국제기구 인사 센터가 더 유용할 게다. (웹사이트 http://www.mofat.go.kr/unrecruit, 트위터 @mofatUNrecruit, 페이스북 http://www.facebook.com/mofatUNrecruit)

그러나 취직해야 할 곳이 뭐하는 곳인지조차 모르는데 취직의 기술이 무슨 소용이라는 말인가. 그러니 가장 먼저 알아야 할 것은 유엔 그 자체다. 유엔은 무엇을 하는 기구고 어떤 활동을 해 왔는가? 유엔이니 안보리니 같은 말은 방송을 통해 많이 들어 봤지만 막상 설명해 보라고 하면 쉽게 입이 떨어지지 않는 것도 사실이다. 유엔은 세계를 다스리는 정부인가? 곰곰이 생각해 보면 그런 것 같지는 않다. 유엔이 각국의 의사를 묻지 않고 독자적으로 활동하는 곳은 아니기 때문이다. 그렇다면 굳이 유엔이 필요한 이유는 무엇인가? 세계적 사안이 벌어질 때마다 각국 정부들이 만나서 논의하면 그만 아닌가? 유엔 말고도 〈국제통화기금〉, 〈세계은행〉, G8 정상회담 등, 그런 논의가 가능한 장은 다양하게 존재하니 말이다. 그러면 유엔은 그런 기구들과 어깨를 나란히 하는 여러 국제기구 중 하나에 불과한가? 그럼 뭐 대단한 곳도 아닌데? 난감하다. "정말 유엔이 뭐지?" 하는 궁금증이 생겼다면 이제 유엔을 소개하는 책을 찾아 들여다볼 때다. 바로 그때 이 책이 도움이 될 것이다. 아차, 유엔은 1945년에 만들어졌다는데 그럼 책 분량도 어마어마하겠지? 하는 생각에 지레 겁먹지 마시기를. 친절하게도 이 책은 짧으니까.

시작은 미약했으나 나중은 창대하리라

1945년 출범할 당시 유엔은 전 세계의 모든 국가를 아우르는 기구가 아니었다. 제2차 세계대전을 일으킨 나라를 비롯해 식민지 국가들도 가입 대상에서 배제되었기 때문이다. 그렇게 일부 국가들의 모임으로 남을 뻔한 유엔이 명실상부한 국제기구로 발돋움하게 된 것은 식민 통치를 벗어난 국가들이 신생 독립국으로 국제무대에 등장하면서부터다. 이른바 제3세계에 속하는 신생국들 하나하나는 미국, 소련, 영국, 중국 같은 기존의 강대국에 비하면 보잘 것 없었지만 똘똘 뭉쳐서 세력을 형성함으로써 유엔에서 자신들의 목소리를 관철시킬 수 있었다. 2012년 현재 193개의 회원국을 거느린 유엔은 시작은 미약했으나 지금은 창대하게 되었다.

유엔의 임무

유엔의 임무는 시대를 거치면서 끊임없이 변화해 왔다. 유엔은 전쟁을 끝내고 전후 질서를 바로 세우기 위해 결성되었으므로 전쟁으로 피폐해진 지역을 재건하는 일이 유엔의 첫 번째 임무가 되었다. 그러나 유엔은 이내 냉전이라는 정치적 소용돌이에 휘말렸고 미국이 주도하는 마셜계획에 전후 재건 사업의 임무를 넘겨주게 된다. 그럼에도 인도주의 차원의 구호 활동은 유엔 고유의 임무로 남았고 천재와 인재를 아우르는 모든 형태의 재난 앞에서 유엔이라는 이름으로 구호 활동을 벌이게 된다. 인도주의 차원의 구호 활동은 그것을 역이용하려는 세력 때문에 간혹 정당성을 의심받기도 하지만 기후변화로 자연재해의 발생 빈도와 규모가 점점 더 커지고 있는 오늘날에는 유엔 본연의 임무로 그 중요성이 커질 것으로 예상된다.

한편 식민지를 벗어난 신생 독립국들에 대한 개발 원조도 유엔의 몫이 되었다. 유엔과 유엔 산하 전문기구들이 각자 활발한 활동을 폈고 신국제경제질서 같은 대안적 제안도 있었지만 개발도상국들의 성에 차지는 못했다. 선진 산업국과 개발도상국 사이의 힘겨루기가 계속되던 와중에 1990년대 말, 경제 위기가 세계를 덮쳤다. 이를 통해 세계의 상호의존성이 높아졌음을 인식한 각국은 다시금 유엔의 울타리 안에 모여 새천년개발목표를 설정했다. 이제 그 목표를 효율적으로 달성할 수 있도록 현장에 힘을 실어 줄 때다.

인권 수호 역시 유엔의 임무 중 하나다. 오늘날에는 인권 수호가 중요한 문제라는 사실에 이견이 없지만 처음부터 그런 것은 아니었고 많은 우여곡절 끝에 인권 관련 협약이 체결되었다. 냉전기에는 개발 담론이 우세했다면 냉전이 끝난 뒤부터는 인권의 시대가 열렸다. 그러나 각국의 인권 침해 현장을 유엔이 속속들이 파고들기란 여전히 여간 어려운 일이 아니다.

최근 들어서는 환경문제가 유엔이 다뤄야 할 주요 화두가 되었다. 개발 원조와 마찬가지로 환경 규제에 대한 북반구와 남반구의 입장차가 컸다. 오늘날의 선진 산업국 대부분은 환경 규제가 없는 상태에서 승승장구 개발에 성공했다. 이들을 뒤쫓는 남반구가 선진 산업국이 이미 야기한 환경문제 탓에 발목을 잡힌다면, 그 현실은 분명 공정치 못할 것이다. 교토 의정서의 경우, 이런 현실을 반영해 남반구 국가에 특혜를 부여했다. 그러나 아무리 많은 규제를 만들어 시행한다 해도 각국이 이에 제대로 응하지 않으면 아무런 소용이 없다. 안타깝게도 유엔에는 이 문제에 효과적으로 대응할 만한 권한을 지닌 기구가 없다. 따라서 인류 공동의 미래는 여전히 안개 속에 휩싸여 있다.

한계를 뚫고 앞으로

전 세계 거의 모든 나라를 회원국으로 두고 있는 유엔이지만 그 위상에 걸맞은 활동을 펴지 못한 것이 사실이다. 오랫동안 유엔의 울타리 안에서 근무했던 저자는 그런 유엔의 한계를 담담하게 지적하면서도 애정 어린 시선으로 유엔의 개혁을 말한다. 유엔을 개혁해야 한다는 주장이 반복되어 왔음에도 유엔은 실질적인 개혁을 이루지 못했다. 안전보장이사회 개혁 역시 논의만 분분할 뿐 변한 것은 아무 것도 없다. 어지러울 정도로 많은 기구들이 얽혀 중구난방으로 활동을 벌이는 유엔 체계 자체도 정비할 필요가 있다. 그러나 저자는 사무총장을 필두로 일사불란하게 움직이는 상명하달식 조직은 거부한다. 다양성이야말로 유엔을 지탱해 주는 든든한 버팀목이기 때문이다. 저자는 현장 경험 없이 펜대만 휘두르는 고위층 때문에 일을 그르치고 만 르완다 대학살을 예로 들면서 '현장'에 힘을 실어 주는 조직 정비를 촉구한다.

마치며

이처럼 이 책은 유엔의 시작을 알린 샌프란시스코 회의에서부터 출발해 유엔의 다양한 활동들과 유엔 내부를 끊임없이 들썩이게 했던 온갖 개혁 논의까지, 유엔과 관련된 내용을 포괄적으로 다루고 있다. 그 과정에서 독자들은 유엔이 품었던 꿈과 그 꿈이 현실 앞에 좌절되는 순간들을 함께 지켜보게 된다. 저자는 유엔이 모든 국제 문제와 위기를 일거에 해소해 줄 요술 방망이가 아니라는 사실을 분명히 하지만 그럼에도 존중해야 할 유엔의 고유한 활동 영역이 있다는 것을 독자들에게 입증한다.

유엔의 역사는 길다. 게다가 저자가 지적하듯 유엔의 울타리 안에 모여 있는 국제기구의 수도 어마어마하다. 그러니 이 책 한 권만으로 유엔을 다 알았다고 할 수는 없을 것이다. 그러나 무슨 일이든 시작이라는 것이 있는 법이다. 처음부터 방대한 분량의 책을 잡았다가는 시작도 못해보고 자빠지기 쉽다. 다행히 이 책은 짧아서 출발점으로 삼기에 안성맞춤이다. 이른바 세계화 시대를 살아가며 세계를 자신의 활동 무대로 삼고 싶은 젊은이들이여, 노래와 춤으로 한류 열풍을 일으키며 오대양 육대주를 누비는 것도 좋겠지만 제2의 반기문이 되어 보는 것도 좋지 아니한가? 그렇다면 비판과 애정의 양날을 한 손에 쥐고 명쾌하게 유엔을 해부하는 이 책을 유엔 입성의 출발점으로 삼아 보는 것도 좋을 것이다.

《아주 특별한 상식 NN-유엔》

유엔, 강대국의 하수인인가, 인류애의 수호자인가?

지은이 ı 매기 블랙
옮긴이 ı 추선영
펴낸이 ı 이명희
펴낸곳 ı 도서출판 이후
편집 ı 김은주, 신원제, 유정언
마케팅 ı 김우정
디자인 디렉팅 ı Studio Bemine
표지·본문 디자인 ı 이수정

첫 번째 찍은 날 2012년 8월 24일

등록 ı 1998. 2. 18(제13-828호)
주소 ı 121-754 서울시 마포구 동교동 165-8 엘지팰리스빌딩 1229호
전화 ı 대표 02-3141-9640 편집 02-3141-9643 팩스 02-3141-9641
홈페이지 ı www.ewho.co.kr

ISBN 978-89-6157-061-9 03300

이 도서의 국립중앙도서관 출판시도서목록(CIP)은 e-CIP홈페이지
(http://www.nl.go.kr/ecip)와 국가자료공동목록시스템(http://www.nl.go.kr/kolisnet)
에서 이용하실 수 있습니다.(CIP제어번호: CIP2012003656)